「日中問題」という「国内問題」

戦後日本外交と中国・台湾

丹羽文生
Niwa Fumio

推薦の言葉

　躍進著しい中国は、アジアのみならず、世界の「驚異の的」となっているが、その中国は今後も発展を続け、いずれはアメリカを追い抜く国になるのであろうか。2017年秋に開かれた中国共産党の第19回大会を無事に通過した習近平の権力基盤は盤石のように見える。しかし、中国の内情は、極めて複雑である。
　中国は早くも2049年の建国100年を祝すため、国家的大事業を計画していると言われている。さらに、それまでに台湾統一の実現を目指すとの見方もある。
　戦後日本外交は、日米関係と日中関係の中で進展してきた。そのうち、日中関係（日台関係を含む）は今日、そして将来に亘る日本の進路を決める重大事である。私たちは将来を展望する時、少なくとも、その10倍に及ぶ期間を対象として過去の歴史を振り返らねばならない。そこから得る教訓を今後の日中関係に、どのように生かしていくべきか。このことは現代を生きる私たちの仕事であり、それを後世に引き継ぐ大きな責任を有している。

本書は、新進気鋭の政治学者である丹羽文生君の日中国交正常化という戦後日本外交史の中でも最も難儀な外交課題を「国内問題」として捉え、その政治過程を学術的に検証した大著である。彼は戦後の日中台関係史を論理的に解きほぐしながら隠された歴史を掘り起こし、それを数多くの外交史料によって見事に証明している。これこそ絶えざる学問的研鑽から生まれた所産である。

　本書を読んで深い感銘を覚えるのは、専門家として、その歴史的事実に真摯に向き合った丹羽君の態度である。彼の研究成果が今後の日中台関係を模索する重要な指針となることを衷心より期待するところである。

拓殖大学総長
元防衛大臣

森本　敏

「日中問題」という「国内問題」

——戦後日本外交と中国・台湾——

目次

推薦の言葉（森本　敏）……………………………… 1

序章　本論の視角
第1節　研究動機 …………………………………… 11
第2節　先行研究と本論の分析方法 ………………… 12
第3節　本論の焦点と仮説 …………………………… 15
第4節　「中華民国」を選択した戦後日本外交 ……… 19

第1章　池田外交と日中台関係
第1節　日中貿易促進と日台関係の危機 …………… 29
1　池田内閣発足 …………………………………… 29
2　池田訪米と訪欧 ………………………………… 31
3　LT貿易 ………………………………………… 33
4　張群来日と周鴻慶事件 ………………………… 35
第2節　日台関係の修復 ……………………………… 37
1　吉田訪台に向けた準備 ………………………… 37
2　吉田・蔣介石会談と「吉田書簡」 …………… 40
3　大平訪台と張群再来日 ………………………… 44

第2章　佐藤外交における中台バランスの模索
第1節　佐藤と中国問題 ……………………………… 55
1　佐藤の対中観形成過程 ………………………… 55
2　「Sオペ」の対中政策に関する提言 ………… 59
3　佐藤内閣始動 …………………………………… 62
第2節　強まる中国側の攻勢 ………………………… 67
1　佐藤訪米と中国問題 …………………………… 67
2　悪化する日中関係 ……………………………… 69
3　佐藤訪台と蔣経国来日 ………………………… 71
4　MT貿易 ………………………………………… 75
第3節　ニクソン・ショックと国連における中国代表権問題 … 77
1　アメリカの頭越し外交 ………………………… 77
2　水面下における中台双方との接触 …………… 81
3　「中華人民共和国」の国連加盟と「中華民国」の国連脱退 … 84

第3章　宰相の椅子と中国問題

第1節　宰相への道 …………………………………… 99
1. 田中と中国問題 …………………………………… 99
2. 日中国交正常化へのシナリオ ………………… 101
3. 中国側からの要請 ……………………………… 103
4. 親中派議員との接触 …………………………… 105
5. 加速する田中の勢い …………………………… 108
6. 戦後最年少の宰相 ……………………………… 110

第2節　田中内閣発足 ………………………………… 112
1. 天下獲りの後遺症 ……………………………… 112
2. 野党外交 ………………………………………… 114
3. 「竹入メモ」の意味合い ……………………… 116
4. 訪中決断 ………………………………………… 120
5. 上海舞劇団の来日 ……………………………… 122
6. 台湾側の焦り …………………………………… 124

第4章　椎名特使派遣における日台間の駆け引き

第1節　椎名の特使起用 ……………………………… 137
1. 日中国交正常化協議会 ………………………… 137
2. ハワイ会談 ……………………………………… 140
3. 椎名の特使受諾 ………………………………… 143

第2節　椎名訪台の準備 ……………………………… 145
1. 特使受け入れ工作 ……………………………… 145
2. インフォーマルな要請 ………………………… 149
3. 断交準備 ………………………………………… 152
4. 個人レベルでの情報収集と宣伝工作 ………… 153
5. 田中親書の起筆過程 …………………………… 156
6. 椎名の苦悩 ……………………………………… 161
7. 幻のステートメント …………………………… 165

第3節　椎名訪台へ …………………………………… 166
1. 冷淡な扱い ……………………………………… 166
2. 相次ぐ会談 ……………………………………… 169
3. 中華民国民意代表・日本国会議員座談会 …… 170
4. 椎名・蔣経国会談 ……………………………… 171
5. 激怒した周恩来 ………………………………… 174
6. 蔣介石からの返簡 ……………………………… 175

第5章 田中訪中と日中国交正常化

第1節 訪中前夜 …………………………………… 189
 1 一命を賭す覚悟 …………………………… 189
 2 機内の田中 ………………………………… 192

第2節 交渉初日 …………………………………… 193
 1 周恩来との握手 …………………………… 193
 2 第1回会談 ………………………………… 194
 3 周恩来の逆鱗に触れた「ご迷惑」発言 …… 196

第3節 交渉2日目 ………………………………… 198
 1 高島への罵倒と「ご迷惑」発言の波紋 …… 198
 2 栗山の腹案と橋本の妙案 ………………… 202

第4節 交渉3日目 ………………………………… 205
 1 車中会談 …………………………………… 205
 2 尖閣諸島への言及 ………………………… 207
 3 突然の呼び出し …………………………… 209
 4 毛沢東との会談模様 ……………………… 211
 5 『楚辞集注』贈呈の意味合い ……………… 218
 6 最後の詰め ………………………………… 222
 7 交渉妥結へ ………………………………… 223

第5節 交渉4〜6日目 …………………………… 226
 1 台湾への事前通告 ………………………… 226
 2 調印式 ……………………………………… 227
 3 上海へ ……………………………………… 231
 4 対日断交宣言 ……………………………… 232
 5 帰国 ………………………………………… 233

終章 結論

第1節 機会主義的動機 …………………………… 245
第2節 現代への示唆 ……………………………… 249
 1 「角福戦争」と日本の対中外交 …………… 249
 2 政治主導 …………………………………… 252
 3 対中外交における態度 …………………… 253
 4 「歴史研究」の新たな視点 ………………… 255

参考・引用文献一覧 ……………………………………… 261

参考資料
　小谷秀二郎が台湾側に渡した「竹入メモ」の要旨 …… 275
　正木良明がS教授に洩らしたとされる竹入・周恩来会談
　に関するレポート ……………………………………… 280
　早坂茂三が伊藤昌哉に宛てた書簡 …………………… 283

人名索引 ………………………………………………… 287

謝　辞 …………………………………………………… 295

著者紹介 ………………………………………………… 300

序章

本論の視角

第1節　研究動機

　1972年9月の日本と「中華人民共和国」との日中国交正常化、台湾の「中華民国」との断交から半世紀近くが経った[1]。今や中国は、日本のみならず東アジア諸国、さらには国際社会にとっても無視できない存在となっている。

　約13億7,000万人もの人口を抱え、安価な労働力をバックに国際競争力を高め、「世界の工場」としてのポジションを築くまでに至った。軍事力増強も加速する一方である。海洋覇権拡大は東シナ海と南シナ海を含めた西太平洋全体へと広がりを見せ、周辺諸国と一触即発の状態が続いている。

　日本とは「アジア及び世界に対して厳粛な責任を負うとの認識の下、アジア及び世界に共に貢献する中で、お互い利益を得て共通利益を拡大し、日中関係を発展させる」という「戦略的互恵関係」を土台に相互依存化、緊密化していることに異論はあるまい。しかし、それに比例するかのように数多くの長期的難問を抱えていることも冷徹な現実である。

　実際、外務省は「日本と中国は東シナ海を隔てた隣国であり、緊密な経済関係や人的・文化的交流を有し、切っても切れない関係にある」と捉えながらも、「政治・社会的側面において相違点があり、隣国同士であるがゆえに時に両国間で摩擦や対立が生じることは避けられない」としている。当然、それぞれの国民感情も、日中国交正常化時のような牧歌的なものとは程遠く、複雑に入り組み、とても一言では言い表せない。

　他方で台湾とは着実に安定した実務関係が継続、進展している。貿易、投資といった経済関係、日台間の人的往来は、質的にも量的にも断交以前にも増して良好になっているように映る。

　外務省も「台湾は、日本との間で緊密な人的往来や経済関係を有する重要なパートナー」と見做し、「引き続き非政府間の実務関係として維持しつつ、関係を緊密化させるための実務的協力を進めていく」としている。勿論、外交関係がない以上、その脆弱性は否めない。そして、これからも中台関係に大きく左右されるだろう。

　本論は、中国問題、換言すれば「2つの中国」問題が日本にとって大きな政治問題となり始めた池田勇人内閣から、「日中共同声明」調印と相成った田中角栄内閣期までの凡そ12年間を対象期間に、日中国交正常化と、それに伴う台湾と

の断交の政治過程を論じたものである(2)。言わば、今日の日中関係、日台関係の起点を検証したのが本論である。尖閣諸島の領有権問題を始めとする課題が山積する中、このような作業を通じて新たな未来を見出すことができるのではないか。それが本論の研究動機である。

第2節　先行研究と本論の分析方法

　日中国交正常化をテーマとする先行研究は膨大な数に上る。ここでは、本研究を進めるに当たって特に活用した代表的な研究成果を挙げておきたい。

　日本の敗戦から日中国交正常化までの30年余の日中関係を全般的に扱ったものとしては古川万太郎の『日中戦後関係史』（原書房、1981年）がある。この間に日中間で起きた事件、出来事が中国の公式見解に基づいて整理されており、戦後の日中関係史の大枠を理解するには極めて有益である。

　しかしながら本書は、些か主観的な内容となっている。日華平和条約を厳しく批判し、日中国交正常化に尽力した政党人、民間人を中国「友好」派と呼ぶ一方、それ以外を「敵視」派として糾弾している。学術書のスタイルを採ってはいるものの、その内容は実証性に乏しい。

　田中明彦の『日中関係：1945-1990』（東京大学出版会、1991年）は、日中関係半世紀の歩みを時系列で解説している。日中関係を2国間関係で捉えるのではなく、日中間における「相互作用のダイナミックス」に加え、「国際情勢と国内情勢の3つを重視したものになって」おり、戦後の日中関係史を研究する際の「たたき台」とも呼べる著作である(3)。

　ただし、田中も認めているように間接史料ばかりが目立つ。田中は「取り扱う時代が長いため、多くの研究者の業績に依存」しなければならなかったと、その理由を説明している(4)。

　添谷芳秀の『日本外交と中国：1945-1972』（慶應義塾大学出版会、1996年）も戦後の日中関係の推移を事実関係に即しながら通覧した著作である。本書は日本が戦争に敗れた1945年8月から1972年9月の日中国交正常化に至るまでを検証対象としている。

　添谷は、それぞれの時期における国際社会の状況を踏まえ、その中における日本の立ち位置を明確にした上で、日本外交の構図を「対米『協調』路線、対米『自

主』路線、対米『独立』路線が交錯するもの」と捉え、この間の日本の対中外交はアメリカを軸とする国際秩序「パックス・アメリカーナ」を前提にして展開されていったと論じている[5]。さらに、その行動主体を「政府」に限定せず「非政府アクター」までも含めた「複合的様態」として捉えており、それらの関係性を細かく、鮮やかに描き出しているところに本書の独自性が発揮されている[6]。

しかし、参考・引用文献を一瞥すれば明らかなように中国、あるいは台湾で刊行された出版物は、ほとんど使用されていない。そのため若干の物足りなさも感じる。

続いて取り上げるのが井上正也の『日中国交正常化の政治史』（名古屋大学出版会、2010年）である。井上が指摘する通り、占領支配から脱し、主体的に「外交活動を再開」した日本にとって中国との関係改善は「重要な外交課題」であり、敗戦国たる日本に課せられた「最大の『戦後処理』」でもあった[7]。井上は1972年9月以前の日中関係の枠を規定した中国との講和問題、日華平和条約の締結から日中国交正常化までの「日本政府の中国政策」の形成過程を、外交史料を駆使しながら検証している[8]。

その中心的なアクターとして井上が注目しているのが「中国に関する専門知識を有する外務官僚」であり、彼らの冷戦観、あるいは対中観の相違を踏まえながら、外務省で検討された「構想」が、いかにして「政府として遂行される『政策』」になっていったかについて、その実相を明らかにしている[9]。外交史料を極めて丹念に分析し、そこから新しい見方を数多く示しており、本研究に取り組むに当たり大きな刺激となった。

日中国交正常化の政治過程におけるクライマックスとも言える田中角栄の訪中前後にポイントを絞ったものとしては、日中国交正常化から40年を迎えるに当たって出された服部龍二の『日中国交正常化：田中角栄、大平正芳、官僚たちの挑戦』（中央公論新社、2011年）がある。ちょうど筆者が本論を執筆しているのと同時期に登場し、しかも筆者の研究スタイル、問題意識に近い内容となっている。

服部は中国との交渉に係った人々からの証言を交えながら、日中国交正常化に向けた交渉の流れを主題に、特に「決断実行型」の田中、「熟慮調整型」の大平に焦点を当て、2人の「個性が共振する姿」を追い、「ありうるべき政治指導の姿」を鮮明に描き出している[10]。さらに「政治指導のあり方は、少なからず官僚の使い方に表れるもの」として、彼らを支えた「無名の官僚たちが果たした役

割」にも触れながら「田中と大平の指導がなければ、いつ中国と国交正常化できたかわからない」と評価している(11)。

本書は第11回大佛次郎論壇賞（朝日新聞社）受賞作品でもある。受賞に際し服部が「田中・大平も外務官僚も本当に決死の思いでやっていました。その強い願いが、私の文章に乗り移ったのかもしれません」と述べているように(12)、リアリティーが感じられる内容となっている。井上の『日中国交正常化の政治史』と併せ、本論を執筆するに当たり全体を通して大いに参考となった。

以上のように日本では日中国交正常化に関する先行研究は、数多く存在する一方、それと同時に進行した日本と台湾との断交については、明らかにされていない部分が少なくない。日本は日中国交正常化と同時に台湾との日華平和条約を終了させ、外交関係の全てを断ち切った。幕末の開国以来、日本が戦争以外で断交したのは台湾との例のみである。それ故、殷燕軍が指摘しているように「日本側にとって台湾問題は極めて微妙でデリケートな問題」であり、当時、「『静かに』処理したかった」ことから、まるで「『大した出来事ではない』かのように」扱われてきたために外交史料も乏しく、台湾との断交を検証対象とした先行研究はないに等しい(13)。

そんな中、唯一、長年に亘って戦後の日台関係史を体系的に描いた大作と評されてきたのが林金莖（りんきんけい）の『梅と桜：戦後の日華関係』（サンケイ出版、1984年）、それを加筆、修正した『戦後の日華関係と国際法』（有斐閣、1987年）である。台湾における断交前後の動向が丁寧に記されており、今日においても未公開の外交史料も収録されている。ただ、林金莖は当時、駐日台湾大使館の政務参事として日中国交正常化と台湾との断交の阻止に向けて粒々辛苦した人物であるが故に、自らの主張が随所に見られ、些か客観性に欠けている傾向にあることは指摘しておかなければならないだろう。

それから四半世紀後、日本と台湾双方の研究者によって著された本格的な戦後の日台関係の通史が登場した。川島真（しん）、清水麗（うらら）、松田康博、楊永明（ようえいみん）による『日台関係史1945-2008』（東京大学出版会、2009年）である。本論との関連で言えば、清水による第4章「日華断交と72年体制の形成：1972-1978年」が最も関心を引く。清水は行政院長の蔣経国（しょうけいこく）が展開した実質外交に焦点を当て、「今日中国側からは堅持すべきものとして、あるいは台湾側からは打破すべき対象」とされる「72年体制」の生成過程(14)、断交後における日台間の実務関係の構築過程について論じている。今後の日台関係を考える上でも参考になる。

しかしながら、これら先行研究に全て欠落しているのは田中の訪中時、即ち1972年9月25日から30日までの外交史料[15]、中国で刊行されている出版物が不足していることである。その大きな理由は、この時期の外交史料が公開されたのが、比較的最近（2011年12月22日）、つまり、先行研究が発表された後、あるいは発表前後と重なっているからであろう[16]。さらに国自体の閉鎖性故か、そもそも中国における当該分野の出版物は日本と比べて圧倒的に少ない。

台湾との断交に至る日本、台湾双方の動向に関する外交史料についても同じことが言える。それは、台湾との断交に関する研究自体、日中国交正常化を論ずる際の添え物に過ぎないと見做（みな）されてきたことが最大の要因であると考えられる。そのため、台湾における当該分野の外交史料には関心が集まらず、日本で公開されている外交史料も日中国交正常化のそれと比較すれば、それほど多くない。

本論では、先行研究に依拠しながらも、このような空白部分を埋めるべく先行研究では使用されなかった外交史料、限られた範囲でしか流通していない出版物の収集、分析に取り組んだ。併せて、日本における外交史料に加え、台湾の中央研究院近代史研究所檔案館（とうあんかん）に保存されている外交部の「檔案」と呼ばれる外交史料も活用し、さらにインタビューを通じて、事実関係の確認、エピソードを丹念に拾い上げながら独創性を捻出した。

第3節　本論の焦点と仮説

従来の先行研究では、総じて1971年7月のニクソン・ショックに象徴される米中接近、その年の秋の中華人民共和国の国連加盟と中華民国の国連脱退といった国際政治環境の変化が主因となって、日中国交正常化が可能となったとする見方が言わば定説となっていた。代表的な先行研究としては、田中明彦、添谷芳秀のそれが該当する。いずれも戦後における国際政治環境の変動に伴い日中関係、あるいは米中関係が、どのように推移し、日中国交正常化へと辿り着いたのかを客観的に論じている。

しかしながら、このような環境要因のみで説明するのは明らかに不十分である。外交は洋の東西を問わず内政の延長と言われる。戦後日本の対中外交も、国際政治環境の変容による戦略的判断というよりは「国内問題」、即ち1955年11月の保守合同以来、長年に亘って政権与党の座を独占してきた自民党の党内力学に

左右されてきた。
　具体的には日本における中国問題の核心とも言える台湾問題が、対中政策の形成過程において主流派と反主流派、あるいは日中関係を重視する親中派議員、日台関係を重視する親台派議員との抗争、対立と密接にリンクしながら展開されてきたのである。田中角栄は次のように指摘している[17]。

> 日本における日中問題は、外交問題であるよりも国内問題だ。明治百年の歴史を見ると、いかなる内閣においても、最大の難問だった。日中問題が国内問題として、大きなガンとなっているのは、日本にとっていいことじゃない。日中問題がおさまると、国内のゴタゴタは、三分の二はなくなる。

　実際、「北京との将来の窓を閉ざすまい」と経済交流を通じて中国との関係強化を図ろうとした池田に対し、自民党の右派勢力たる「親国府グループ」は倒閣運動を起さんとばかりに激しく反発し、「池田主流と党内右派勢力の対中国政策の食い違いが浮きぼり」となった[18]。その頂点に立つ前首相の岸信介に至っては「池田君が首相をやめないかぎり、国府との親善関係はあり得ない」と公言するほどだった[19]。
　佐藤栄作の場合、その政権基盤の核となっていたのが次兄の岸を中心とする親台派議員の面々であった。彼らとの「結びつき」と「国府との人脈の厚さ」から、佐藤は日中国交正常化を含めて「日中関係の改善に消極的」な態度を見せたため親中派議員からの攻勢に悩まされる[20]。しかし、円滑な政権運営を図るためには、いずれも敵に回すわけにはいかない。「佐藤政権にとって中国問題とは、最大の党内問題」だったと言われるように[21]、佐藤は、親中派議員と親台派議員の狭間で揺れ動きながら、最後まで中国問題に悩まされた。
　日中問題が完全に国内問題として顕在化したのが、佐藤後を決める自民党総裁選挙であった。日中国交正常化が派閥間の駆け引き、根回しの材料として使われ、日中国交正常化を推進する田中、これに慎重な福田赳夫が熾烈な争いを繰り広げ、田中の発言通り、愛憎入り混じる「ゴタゴタ」が続いた。
　日中問題の史的展開を検証する場合、国際政治環境の動向を鳥瞰するマクロな見地は不可欠である。同時に、その行動主体となった人々の人間ドラマを、まだ発掘されていない、あるいは語られていない史実を掘り起こしながら描くというミクロの見地からの分析も経なければ、全てを理解することはできない。本論に

おいては、日中問題を国内問題として捉えながら、そのダイナミズムを可能な限り忠実に論じていく。

次に本論では、筆者なりの仮説に基づいて、池田、佐藤、田中それぞれの外交観、対中スタンスに関する通説の修正を試みたい。そもそも「政治を職業とする」人を突き動かす動機要因とは、いかなるものなのか。

ドイツにおける近代社会学の泰斗とされるヴェーバー（Max Weber）は「政治を職業とする」人は「政治『のために』（für）生きる」人、「政治『によって』（von）生きる」人の「そのどちらか」に大別できると論じた[22]。それらは言い換えると「政治を職業とする」人の動機要因には、理念的動機（「政治『のために』」）、自らの利益のために形勢を窺いながら判断する機会主義的動機（「政治『によって』」）があるということになるだろう[23]。さらにヴェーバーは「ボスははっきりした政治『原則』をもたない。彼はまったく主義をもたず、票集めのことしか考えない」と手厳しい批判を浴びせている[24]。ここで言う「票集め」とは選挙に限ったものではなく、権力維持、あるいは権力奪取のための行動全てを意味するものと解される。

「話は来る日も来る日もゼニ・カネの話であった」と揶揄される池田は[25]、一般に経済一辺倒のイメージが定着している。事実、池田は経済分野、特に通産行政には精通していたものの、外交問題は、どちらかと言えば不得手であった。政務秘書官を務めた伊藤昌哉は「池田のまだ未熟な分野があった。それは外交である」と証言している[26]。

しかしながら一方で池田は、中国との関係強化、延いては日中国交正常化への道筋を立てようともしていた[27]。それは、巨大市場の可能性を有する中国を世界に先駆けて開拓したいというプラグマチストとしての経済的意図があったからではないか。

7年8ヵ月という戦後歴代首相の中で最も在任期間が長かった佐藤は、日韓基本条約の締結や沖縄返還と、輝かしい外交成果が挙げられる一方、中国問題では何の進展も生み出すことができなかった。佐藤と言えば、根っからの反中派で「体質的にといっていいくらい共産党嫌い」で知られる[28]。実際、ニクソン・ショックによる米中接近の後も、表面上は日中国交正常化に前向きな態度を見せながらも、その対応は自らの後継として考えていた台湾寄りの福田に託そうとしていた。それが定説である。しかしながら、そう単純に括ることは果たして正しいのだろうか。

例えば佐藤は1964年12月1日の夜、「石井、松村謙三等と会ふ。一は台湾、一は中共問題なり」と(29)、親台派議員の石井光次郎、親中派議員の松村謙三という2人の長老と会談している。この日は、佐藤が自民党臨時党大会において、前任の池田が掲げた対中政策を存続させることを約束し、満場一致で新総裁に選出された日である。双方への配慮が窺えよう。

日中国交正常化を実現させた張本人である田中の場合も同様で、日中国交正常化に対し、それほどの拘りがあったようには思えない。田中のアドバイザーとして日中間の仲介役を果たしてきた自民党における親中派議員の中核的存在だった古井喜実によると、田中は「俺は外交は素人(しろうと)だ、玄人(くろうと)の大平に任せる、責任は俺が負う」と言いながら、実際の作業は全て大平正芳に託し、特段、細かな指示も出さなかった(30)。

では、なぜ日中国交正常化に取り組もうとしたのか。それは田中が述べたとされる「日中国交正常化は政権奪取の多数派工作のカードだった」との言葉に象徴されるように(31)、「ポスト佐藤」を決する自民党総裁選挙において中国問題が争点化したことで、無視できない政策課題となっていったからではないか。即ち、田中にとって中国問題はトップに立つための手段に過ぎなく、自らのポリシーによって導き出されたものではなかったと見ることができよう。

彼らが中国問題に取り組んだ理由は理念的動機に基づくものではなく機会主義的動機によるものだったのではないか。この仮説が成り立つかどうか、根拠を示しながら検証していきたい。

最後に本論の構成について触れておく。次の第4節では日中国交正常化に向けた動きが具体化する以前の日中台関係、東アジアにおける国際政治環境を俯瞰する。

それを踏まえ、第1章は、当時、外交関係のあった台湾からの反発を買ってまでも日中間の関係改善に取り組んだ池田外交の狙いを検証していく。第2章は、佐藤が模索し続けた中台間におけるバランス外交の実際を分析する。第3章は、首相就任前後において田中が、どのように日中国交正常化への下準備を進めていたのかを見ていく。第4章は、日本と台湾との断交前夜の交渉過程を考察する。その上で、第5章において日中国交正常化の山場である田中訪中の全容を明らかにしていく。

以上の論考により、終章において一定の結論を導き出す。最後に台湾の中央研究院近代史研究所檔案館で発見した、日本では未公開、入手困難な史料を参考資

料として掲載した。

第4節　「中華民国」を選択した戦後日本外交

　1951年9月4日から8日まで、アメリカのサンフランシスコにあるオペラハウスにおいて全52ヵ国代表が参加して講和会議が開催された。インド、ビルマ、ユーゴスラビアの3ヵ国、それに中華人民共和国か、あるいは中華民国か代表権が決まらない「中国」は不参加、さらに講和会議内で条約内容に不満を表明したソ連、ポーランド、チェコスロバキアが調印を拒否し、その結果、日本は残る48ヵ国との間で講和条約に調印した。

　講和に際しては、日本国内でも西側諸国だけとの多数講和か、東側陣営をも含めた全面講和かで国論が割れる中、最終的に首相の吉田茂は多数講和に踏み切った。これにより、それぞれの国において批准がされれば、条約発効日の1952年4月28日に日本は国際社会の仲間入りを果たし、併せて、占領下からの独立が確定することになった。しかし、ここで日本にとって大きな政治課題として浮上したのが、日本の交戦国たる「中国」との講和問題であった。

　根本原因は国共内戦の結果である。中国大陸では1912年1月に中華民国が成立していたが、戦後の1946年6月、「農村地域に根拠地を固めていた」毛沢東率いる中国共産党と「中央政府を握る」蒋介石率いる中国国民党との間で激烈な全面対決が開始される[32]。

　この武力抗争は凡そ3年半に及んだが、最終的に中国共産党が勝利し、1949年10月1日、中国共産党は、中国大陸の北京を首都とする中華人民共和国の建国を宣言した。一方の国民党は台湾に逃れ、中華民国を移植し、台北を臨時首都にして、共産主義政権を撃ち破り中国大陸を取り戻すという意味の「大陸反攻」を最終目標に打ち立てる。ここに台湾海峡を挟んで「2つの中国」の原型ができ上がった。

　この頃、北緯38度線を挟んで南部をアメリカ、北部をソ連が分割統治していた朝鮮半島でも一触即発の状況が続き、1948年8月15日、アメリカの庇護で南部に大韓民国が建国、これに対抗して9月9日、ソ連が北部に朝鮮民主主義人民共和国を立ち上げ、アメリカとソ連を後ろ盾にした韓国と北朝鮮による対峙が始まった。

その朝鮮半島において実際に戦火を交えたのは、1950年6月25日のことである。北朝鮮が38度線を越えて韓国へと侵攻し、朝鮮戦争が始まった。停戦までの2年余の戦いの中で、アメリカを中心とする国連軍と、ソ連に加え北朝鮮を支援する中華人民共和国の力の行使は、米中衝突を決定的なものにした(33)。火力万能、物量作戦を展開する国連軍に対して、中華人民共和国の中国人民志願軍は人海戦術とゲリラ作戦を併用して反撃し、戦いは熾烈を極めた。

　中華人民共和国とすれば、陸続きの朝鮮半島への自由主義陣営の勢力拡張は直接的な脅威と映ったに違いない。自由主義陣営と国境を接することを阻止し、北朝鮮にも一定の影響力を持つには、軍事介入は不可避であったように思える。伝統的に中国は朝鮮半島を勢力圏内と見做していた。イデオロギー的連帯や安全保障上の必要性に加え、民族的本能に訴えるものがあったのかもしれない。

　アメリカは国共内戦時、国民党を支援していたが、その腐敗ぶりが著しく、台湾に移転した後は見限る方向にあった。だが、朝鮮戦争勃発2日後の27日、台湾海峡に第7艦隊を派遣、中国人民志願軍による台湾侵攻を阻止すると同時に(34)、台湾を「反共の砦」と見做して中華民国の国民政府（国府）へのバックアップを再開し、国連でも中華民国は「中国」としての代表権を保持した(35)。それ以降、台湾はアメリカの軍事保護下に置かれ、西側陣営の一員となる。

　日本は中華人民共和国か中華民国か、どちらと講和するかは自主的判断で決め、2国間条約を結ぶことになっていた。ただし、日本の自主的判断とは言え、アメリカが中華人民共和国を選択することを許すはずはなかった。

　中華人民共和国は1950年2月、ソ連との間で中ソ友好同盟相互援助条約を結び、その中で仮想敵国として「日本国又はこれと同盟している他の国」（第1条）と規定し、名指しこそしなかったものの、アメリカへの対抗意識を剥き出しにした。朝鮮戦争でも「抗米援朝」をスローガンに朝鮮人民軍を支援、1951年2月の国連総会で中華人民共和国は「侵略者」との烙印を押されていた。ヨーロッパでの冷戦状況がアジアにも及び、アメリカの影響下で自由主義陣営の一員として国際社会復帰と主権回復を促進された日本が、中国大陸の共産主義政権を選ぶことは、そもそも想定していなかった。

　吉田も、日本に自主的判断が与えられているとは、毛頭考えてはいなかった。しかし、できるだけ決断を引き延ばそうとはしていた。

　実際、1951年10月18日の衆議院平和条約及び日米安全保障条約特別委員会において吉田は、国民民主党の芦田均に対し、「選択権はかりに日本にありとしても、

これを行使するには、日本としては、列国の間の関係をよく考慮して、そうして決定をいたさなければならないのであります。ゆえにしばらく今後の推移を待って決定をいたしたいと考えております」と答弁をしている。さらに29日、社会党右派の曽祢益への答弁の中で日中間における通商貿易に触れ、「今日は貿易発展が日本としては最も重要な問題であるのですから、外交とか政治とかいうようなことは暫くおいて、主として貿易、経済の面に主力を注いで、幾らか日本の貿易発展に資するという形ならば満足だろうと、こう思うということをくれぐれも申しておる」のであって、仮に「中共が上海に在外事務所を置いてくれないかということがあれば置いて差支えないと思っておるのであります。そのイデオロギー如何にかかわらず、或いは政治組織如何にかかわらず、通商関係のある所或いは在留民のある所、その保護のためには如何なる国にも置きたいと思います」と曖昧な答弁を繰り返した。

だが、このような曖昧な態度はアメリカを大いに刺激した。そこで、業を煮やした国務省顧問のダレス（John F. Dulles）は自ら日本へ赴き決着を図ろうとした。来日したダレスは「日本は国民政府とのみ国交回復する、といった意思表示を取り付けたい」と吉田に迫った[36]。その確証がなければ講和条約の上院での批准が危うくなると示唆した。

吉田は悩んだ挙句、ダレス宛ての書簡を認め、そこで、国府との2国間条約を締結することを約束した。これが、所謂「吉田書簡」である。そこには「わが政府は、法律的に可能となり次第、中国国民政府が希望するならば、これとの間に、かの多数国間平和条約に示された諸原則に従って両政府の間に正常な関係を再開する条約を締結する用意があります」とし、併せて「わたくしは、日本政府が中国の共産政権と二国間条約を締結する意図を有しないことを確信することができます」と記されており、これに対し、ダレスは「貴簡に対して感謝」し、「勇敢で直截な態度に敬意を表します」との返簡を送った[37]。

こうして、1952年4月28日、講和条約発効の7時間30分前、日本と中華民国の国府との間で日華平和条約が調印された。しかしながら、吉田は国府との講和を了としながらも、一方で中華人民共和国の存在を否定することには躊躇していた。吉田は次のように回想する[38]。

> 私としては、台湾との間に修好関係が生じ経済関係も深まることは、もとより望むところであったが、それ以上に深入りして、北京政府を否認する立

場に立つことも避けたかった。というのは、中共政権は現在こそソ連と密接に握手しているようにみえるけれど、中国民族は本質的にはソ連人とはあいいれざるものがある。文明を異にし、国民性を異にし、政情もまた異にしている中ソ両国は、ついにはあいいれないようになるにちがいない、と私は考えていた。したがって、中共政権との間柄を決定的に悪化させることを欲しなかったからである。

　当時、中ソ間の蜜月関係が、やがて敵対関係に変わると考える人物は少数だった[39]。それに対して吉田は別の見解を持っていた。外務省在勤時、吉田は、その多くを中国大陸で過ごしており、「中国民族」の「本質的」なるものを知悉していたのであろう。中ソ離間を予想していた吉田の洞察力は、結果的に正しかったということになる。

　一方、日本と中国とは外交関係はないものの「戦前における中国大陸との経済的結びつきが示すように、日本経済にとって中国大陸との経済関係の復活は必要である」として、「日本国内において中国との貿易の再開を望む声が大き」くなっていった[40]。1949年5月、「中日貿易促進会」や「中日貿易促進議員連盟」が発足し、1950年9月にアメリカが日本に対して軍需品以外の対中輸出を許可、1952年4月には、ソ連で開かれた国際経済会議に日本代表として参加していた参議院議員の高良とみ、同じく参議院議員の帆足計、衆議院議員の宮腰喜助が、中国国際貿易促進委員会主席の南漢宸の招聘で、そのまま中国入りし、民間協定として第1次日中民間貿易協定を締結する。

　朝鮮戦争休戦後の1953年10月には第2次日中民間貿易協定、1955年5月に第3次日中民間貿易協定と深化し、日中貿易は文化面も含め少しずつ拡大していった。当時、こうした漸進的な日中間の民間交流は「積み上げ方式」と呼ばれた。

　吉田から鳩山一郎、石橋湛山と政権移行する中、日本は飽くまで民間レベルでの経済関係であることを前提とし、「政治」と「経済」を切り離して「国交のないままに大陸との貿易関係を進めていこう」とする「政経分離」を掲げた[41]。だが、政経分離とは言いながら、その距離が次第に縮まり、政治関係までも緊密化していくような「政経不可分」の傾向が見られるようになると、アメリカ、そして台湾からも、それを抑制するよう求める動きが起る[42]。就中、台湾は蔣介石の「以徳報怨」を引き合いに、その都度、日本を諌めた[43]。

　ところが、筋金入りの台湾贔屓で知られる岸信介が首相となると、中国の態

度は硬化していく。岸は、日中貿易そのものを否定はしていなかった。しかし、1957年5月、東南アジア6ヵ国歴訪の旅に出た岸は、最後の訪問地として台湾に出向き、蔣介石との会談で、中国に対する「基本的な考え方」は「政経分離」で、「経済的な分野、例えば貿易関係は積み重ねていくけれども、政治的な関係は持たない」との主張を繰り返したことで、周恩来から「怪(け)しからん」と批判されるようになる(44)。

1958年3月、第4次日中民間貿易協定が締結された。その際、「互いに相手国に常駐の民間通商代表部をおくこと」が決まり、覚書には「相手側の通商代表部の所属人員にたいし出入国の便宜、通関の優遇および貿易活動を目的とする旅行の自由をあたえること」や「業務遂行上に必要な暗号電報を使用することができること」といった外交特権に加え、「その建物に本国の国旗をかかげる」ことを認めるという項目が盛り込まれた。積み上げ方式から実質的な政治関係への一歩を踏み出したのである。

だが、これに台湾側から不満の声が挙がる。ついには予定されていた「日本との貿易交渉を中止、対日買い付けを停止する」との挙に出たため、岸は、これを反故(ほご)にし、台湾側の要求を受け入れることにした(45)。

すると今度は中国側が岸を攻撃し始め、5月には長崎県にある浜屋百貨店で開催された日中友好協会長崎支部主催の「中国切手・切り紙展覧会」において、会場内に掲げられていた中国国旗である「五星紅旗」を2人組の男性の1人が引き摺り下ろし、破損させたという長崎国旗事件が起こった。日中関係は一気に冷え込んだ。

経済交流も一時的な中断を余儀なくされる。日本は中国と台湾との間で完全な板挟み状態に陥ってしまった。8月、訪中した社会党国際局長の佐多忠隆(さたただたか)に対し、中国側は、所謂「政治3原則」を提示した(46)。

> (1) 直ちに中国を敵視する言動と行動を停止し、再びくり返さないこと。
> (2) 「二つの中国」をつくる陰謀を停止すること。
> (3) 中日両国の正常関係の回復を妨げないこと。

その上で、これを履行しなければ「政府代表であろうと、民間代表の形式であろうと門戸は開かない」とした(47)。しかしながら、「中国政府の強硬路線」は僅か2年余りで「転換を余儀なくされる」のであった(48)。大躍進運動の失敗によ

る食糧危機は自然災害も加わって壊滅的な状況に至り、吉田が予想していた如く、対外関係の要であるはずの中ソ関係も悪化の一途を辿り、ソ連からの技術供与が途絶したのである[(49)]。

そのため中国は再び日本に傾斜してくるようになる。この中ソ関係の対立こそ、中国が日中国交正常化を急いだ遠因でもある。時を同じくして日本では岸が退陣し、日中間の経済交流の拡大に意欲を見せていた池田勇人が首相に就いたことで、中国側の態度も徐々に軟化していった。

注

(1) 一般に中国大陸にある「中華人民共和国」を「中国」、「中華民国」が実効支配している全地域を「台湾」と呼ぶ。本論では引用や特に必要がある場合を除いて全て「中国」、「台湾」と記した。さらに日中国交正常化前後に多用された中国共産党政権を指す「中共」や「共匪」、台湾の中国国民党政権を指す「国民政府（国府）」という呼称も頻繁に登場する。引用に限って言えば、今日においては侮蔑的、差別的な用語も出てくるが、原文に忠実に引用するというスタンスを採用した。併せて「日中関係」は「日本と中華人民共和国の関係」を意味し、「日華関係」、あるいは「日台関係」は「日本と中華民国の関係」、「日本と台湾の関係」を意味する。

(2) 「2つの中国」という言葉は先行研究において人によって捉え方が異なる。陳肇斌は台湾にある「国民政府を承認」したまま中国大陸の「人民政府との外交関係」を持つことを最終目標にしたものとしている（陳肇斌、『戦後日本の中国政策：1950年代東アジア国際政治の文脈』、東京大学出版会、2000年、1-5頁）。池田直隆は「日本政府が台湾政府と外交関係を維持しつつ中共政府との間に民間貿易・文化交流その他を推進した事実」が「「2つの中国」政策」であったとし（池田直隆、『日米関係と「2つの中国」：池田・佐藤・田中内閣期』、木鐸社、2004年、24頁）、佐藤晋は「地政学上の重要性をもつ台湾を中国の支配下に渡さないことを目指した政策」を「「2つの中国」政策」と呼んでいる（佐藤晋、「鳩山・石橋内閣期の中国政策：中・台関係についての情報と政策」、『現代史研究』第8号、東洋英和女学院大学現代史研究所、2012年、109頁）。本論では、この「2つの中国」を単純に自らの「中国」としての正統性を自任する中国大陸にある中国共産党政権と台湾にある中国国民党政権が存在、並立している状態という意味で使うこととする。

(3) 田中明彦、『日中関係：1945-1990』、東京大学出版会、1991年、210頁。

(4) 同上書、209頁。

(5) 添谷芳秀、『日本外交と中国 1945-1972』、慶應義塾大学出版会、1995年、4頁。

(6) 同上書、3頁。

(7) 井上正也、『日中国交正常化の政治史』、名古屋大学出版会、2010年、2頁。

(8) 同上。

(9) 同上書、6頁。

(10) 服部龍二、『日中国交正常化：田中角栄、大平正芳、官僚たちの挑戦』、中央公論新社、2011年、211-222頁。

(11) 同上。

(12) 「朝日新聞」、2011年12月19日朝刊。

(13) 殷燕軍、「日中国交正常化と台湾政権」、『関東学院大学経済学会研究論集』第222集、関東学院大学経済学会、2005年、16頁。

(14) 川島真、清水麗、松田康博、楊永明、『日台関係史 1945-2008』、東京大学出版会、2009年、95頁。

(15) 外務省では 1976 年 3 月以降、30 年を経過した外交史料を順次、外務省外交史料館にて公開してきた。さらに 2001 年 4 月に情報公開法が施行され、「行政機関の長は、開示請求があったときは、開示請求に係る行政文書」を特別な理由がない「場合を除き、開示請求者に対し、当該行政文書を開示しなければならない」とする規定（第 5 条）に基づき、従来と比べて格段に外交史料の入手し易くなった。
(16) この部分は第 5 章で扱っている。その内容は、複数の先行研究において使用されている参考・引用文献と重複する箇所が多いことを断っておく。
(17) 柳田邦男、『日本は燃えているか』、講談社、1983 年、266 頁。
(18) 「周事件をめぐる自民党内抗争」、『エコノミスト』1964 年 1 月 28 日号、毎日新聞社、1964 年、31 頁。
(19) 林房雄、『随筆池田勇人：敗戦と復興の現代史』、サンケイ新聞社出版局、1968 年、520 頁。
(20) 井才徳彦、「日華断交と日中国交正常化：自由民主党内の親台湾派の行動論理を中心に」、『政経研究』第 50 巻第 3 号、日本大学政経研究所、2014 年、439 頁。
(21) 早坂茂三、『政治家田中角栄』、中央公論社、1987 年、144 頁。
(22) マックス・ヴェーバー著、脇圭平訳、『職業としての政治』、岩波書店、1980 年、21 頁。
(23) 同じくサルトーリ（Giovanni Sartori）は、ヒューム（David Hume）の分類方法をベースに、政党における派閥の行動動機を権力や利権欲しさといった「利益」、イデオロギーや原理といった「理念」によって成ると述べた（Giovanni Sartori, *Parties and party systems: A framework for analysis*, vol.1, New York: Cambridge University Press, 1976, pp.76-78)。これは「政治を職業とする」人個人にも置き換えることができよう。
(24) マックス・ヴェーバー著、脇圭平訳、前掲書、67 頁。
(25) 石川真澄、『人物戦後政治』、岩波書店、1997 年、6 頁。
(26) 伊藤昌哉、『池田勇人：その生と死』、至誠堂、1966 年、123 頁。
(27) この事実が明らかになったのは 2002 年 12 月 24 日、外務省による外交記録公開の時であった。それはマス・メディアでも大きく報道された。例えば、この日の『毎日新聞』朝刊第 1 面には、「冷戦下中国承認を検討」との見出しで、サブタイトルに「池田内閣台湾と国交両立模索」とあり、第 3 面のクローズアップで「『経済重視』との評価が定着している池田氏であるが、外交文書ではアジアで独自外交を目指した姿があったことも明らかに」と書かれている（「『毎日新聞』、2002 年 12 月 24 日朝刊）。
(28) 堀越作治、『戦後政治裏面史』、岩波書店、1998 年、114-115 頁。
(29) 佐藤栄作、『佐藤栄作日記』第 2 巻、朝日新聞社、1998 年、203 頁。
(30) 古井喜実、『日中 18 年：政治家の軌跡と展望』、牧野出版、1978 年、123-124 頁。
(31) 早野透、『田中角栄：戦後日本の悲しき自画像』、中央公論新社、2012 年、240 頁。
(32) 若林正丈、『台湾：変容し躊躇するアイデンティティ』、筑摩書房、2001 年、60 頁。
(33) しかし、当初、アメリカの朝鮮半島への軍事介入は曖昧だった。例えば 1950 年 1 月、国務長官のアチソン（Dean G. Acheson）はナショナルプレスクラブでのスピーチにおいて、アメリカにとってアリューシャン列島から日本へ、さらに沖縄諸島からフィリピン諸島に連なるラインは「不後退防衛線」であると述べる一方、その中に朝鮮半島と台湾を含めなかった。即ち、朝鮮半島における明確な軍事介入への意思表示をしなかったのである。これが北朝鮮による韓国への攻撃の引き金を引いたとも言われている。全文は Dean G. Acheson, "Crisis in Asia : An Examination of U.S. Policy", *The Department of State Bulletin*, XXII, No.551（January 23, 1950), Washington, D.C.: GPO,1950, pp.111-118 を参照。
(34) 蔣介石の大陸反攻を牽制する意味合いもあったと考えられる。
(35) 1951 年 2 月、「米華共同防衛相互援助協定」が調印されると、アメリカは台湾に軍事顧問団を派遣し、5 月には執務が開始された。1954 年 12 月には「米華共同防衛条約」を締結する。アメリカの台湾への軍事援助は 1974 年度から中止となるが、朝鮮戦争勃発時から 23 年間に亘って総額 25 億 6,594 万 4000 ドル、相互安全保障法に基づく経済援助は 1965 年度の打ち切りまで 14 億 8,200 万ドルにも及んだ（若林正丈、前掲書、89 頁）。

(36) 吉田茂、『激動の百年史：わが決断と奇跡の転換』、白川書院、1978 年、161 頁。
(37) 霞山会、『日中関係基本資料集 1949 年 -1997 年』、霞山会、1998 年、27-28 頁。
(38) 吉田茂、前掲書、162-163 頁。
(39) 1956 年 2 月、ソ連共産党第 20 回大会において第 1 書記のフルシチョフ（Nikita S. Khrushchjov）がスターリン（Joseph V. Stalin）を批判した。これに東側陣営の間に動揺が走る。社会主義諸国のリーダーの多くが「権力の正当性」をスターリンの威信に求めており、スターリンを批判することは自らの権力基盤を揺るがすことにもなる恐れがあったためである。さらにフルシチョフは西側陣営との平和共存（デタント）を提唱し、冷戦の「雪どけ」ムードを演出した。毛沢東は、このような態度を「修正主義」と呼んで反発し、中ソ関係は急速に悪化していった。
(40) 田中明彦、前掲書、43 頁。
(41) 同上書、46 頁。
(42) 同上書、48 頁。
(43) 1945 年 8 月 15 日正午、蔣介石は重慶の中央広播電台において自ら「抗戦勝利告全国軍民及全世界人士書」を読み上げ、戦勝を告げると同時に日本への対応を示した。そこでは、日本人に対する報復が強く戒められていた。それは、後に「以徳報怨」という 4 文字で呼称されることとなる。ただし、この中で蔣介石は以徳報怨なる言葉は用いていない。日本人が自らの解釈によって考案した造語である。さらに、敗戦国たる日本への賠償請求権を放棄、中国大陸に残った日本人の引き揚げ、日本が分割占領を免れ天皇陛下を護持できたのは、蔣介石が以徳報怨という東洋道徳に基づき寛大な対日政策を採用したからに他ならないとする「蔣介石恩義論」も存在するが、この中には登場しない。全文は黄自進主編、『蔣中正先生対日言論選集』、台北：財団法人中正文教基金会出版、2004 年、942-944 頁を参照。
(44) 原彬久編、『岸信介証言録』、毎日新聞社、2003 年、159-160 頁。
(45) 林金莖、『梅と桜：戦後の日華関係』、サンケイ出版、1984 年、164 頁。
(46) 霞山会、前掲書、148 頁。
(47) 同上書、149 頁。
(48) 宮城大蔵編、『戦後日本のアジア外交』、ミネルヴァ書房、2015 年、113 頁。
(49) 田中明彦、前掲書、55-56 頁。

第1章

池田外交と日中台関係

第1節　日中貿易促進と日台関係の危機

▶1　池田内閣発足

「経済宰相」こと池田勇人が宰相の椅子を射止めたのは1960年7月のことである。日米安保条約改定の反対騒動の余韻冷めやらぬ中、わざわざ火中の栗を拾う必要はないと進言する者もいた。しかし、池田は「安保騒動で暗くなった人心を所得倍増で明るくきりかえ」るとして「満々たる自信と、俺以外にはないという使命感」に溢れていた(1)。「政治の季節」に終止符を打ち、世の中を「経済の季節」に移行させる。そこで打ち出したのが「高度経済成長」をスローガンとする「国民所得倍増計画」だった(2)。

「安保反対運動に対して自衛隊の出動まで口にした岸信介のこわもて路線と比較すると、どちらかといえば、池田勇人のそれは低姿勢路線」だったが(3)、若かりし頃の池田は、豪放磊落、直情径行で知られた。大蔵大臣の時は「所得に応じて、所得の少い人は麦を多く食う、所得の多い人は米を食うというような、経済の原則に副ったほうへ持って行きたい」と言い放ち、所謂「貧乏人は麦を食え」発言として物議を醸した。通産大臣兼経済審議庁長官の頃は、中小企業経営者が「倒産から思い余って自殺するようなことがあってお気の毒でございますが、やむを得ない」と本音を洩らし、波紋を広げたこともあった。

そんな歯に衣着せぬ物言いとは裏腹に首相となった池田は「国のためになるのなら、電信柱にさえ頭を下げる気持だ」とまで言い切り(4)、「寛容と忍耐」を前面に「低姿勢」に徹したのである(5)。国民は日米安保条約改定で権勢を振るった岸信介に反感を抱いていた。池田は岸とのスタイルの違いを鮮明にし、国民との距離感を縮めることに主眼を置いたのである。社会党からも「池田さんはヒタヒタと地を這うようにやってくるので、やりにくい。岸さんなら高姿勢でやってくるので、やりやすいのだが」との不満が洩れるほどだった(6)。

このような態度は対中政策にも表れた。かつて、池田は「安保改定で日本がはっきり自由国家群にはいる地固めができるので、その立場に立ち積極的に中共、ソ連との友好関係を作るように話し合っていきたい」とした上で、「まず中共との友好関係を結びたいと思う」と語ったこともあった(7)。

しかし、池田は全くと言っていいほど中国問題には理解がなかった。池田は、

大蔵省では長らく主税畑を歩み、やがて大蔵次官にまで登り詰め、吉田茂の引きで国政入りを果たした。その経歴が示すように中国との接点そのものがなく、外交問題にも無関心だった。実際、9月7日に首相官邸で行われた記者会見で「経済問題に比べたとえば日中問題など新政策ではおざなりのように受け取れるが」との質問に次のように答えている[8]。

> 私の基本的な考え方は自由諸国からは信頼され共産国には尊敬されるような外交を行ないたいということである。そのためには外国から信用を高めることが第一であり国内の経済も豊かにして国情を安定させることが大切だ。

「経済成長には熱が入る」が、「日中問題になると避けて通りたい気持ちがありあり」と読み取れた[9]。ただし、「経済の池田」らしく[10]、日中間の経済交流には関心を寄せた。1961年1月30日の施政方針演説おいて池田は日中貿易促進に意欲を見せた。

> ソ連を初めとする共産圏諸国との友好関係の増進、なかんずく、日中関係の改善をはかることもきわめて重要であります。中国大陸との関係改善、特に貿易の増進は、わが国としても歓迎するところであり、本年はこの問題への接近がわれわれの一つの課題であると思います。しかし、中国大陸の問題は、単に日中間の関係としてのみ処理し得るものではなく、広く東西間の関係調整という視野から取り扱わなければなりません。私は、日中双方が、かかる共通の認識に立って、相互の立場を尊重しつつ、与えられた条件のもとにおいて可能なる友好関係の樹立に努め、極東の平和と繁栄の確保をはかるべきものと考えます。

3月6日、池田は来日した台湾の外交部長である沈昌煥と会談した。沈昌煥は池田に「各国とも中共の膨張に不安と重大関心を寄せている」とし、「中共の武力侵略、浸透、転覆の3つについて警戒すべきである」と主張した[11]。だが、池田の反応は膠もなかった。会談時間も僅か10分程度という扱いだった。

この頃、池田は、訪台した自民党の賀屋興宣に対し、蔣介石宛ての親書を託した。賀屋は親台派議員の長老で知られる。4月18日、その返簡が駐日台湾大使の張厲生から届けられる。そこには以下のように記されていた[12]。

共産党は暴力により全世界を赤化しようとする陰謀を抱いています。貴我両国は境遇を同じくし、利害が一致しています。刻下世論が紛々とし危機が切迫している時にあたり、両国が反共の立場を堅持し、一致した政策をとることを希望します。閣下には御明察相成り御同感のことと存じますが、双方を利する道を保持することは相共に協力し赴くべき方向に外なりません。

　蔣介石の中国共産党への警戒心と同時に、池田の中国傾倒に対する牽制が色濃く出ている内容である。この先、懸案事項が続出する日台関係の行方を暗示しているようでもある。池田は、中国に対して強硬な岸とは全く異なるスタイルの確立を目指そうとしていた[13]。

▶2　池田訪米と訪欧

　そんな池田勇人が本格的に中国問題と向き合う機会は程なく訪れた。1961年6月20日、訪米した池田は大統領就任から僅か半年足らずのケネディ（John F. Kennedy）と会談した。池田は中国問題を訪米の際の最大テーマと決めていた[14]。

　ケネディとの会談は、ワシントンで3日連続、3回に亘って行われる予定であった。ところが、最後の会談はケネディの体調不良により中止となり、結局、2回となる。

　最初の会談は到着直後にホワイトハウスの大統領執務室で開かれた。ケネディは早速、国連における中国代表権問題を取り上げ、「中国の国連加盟は認められない」と断じ、池田に「見解を聞きたい」と問うた[15]。

　池田は「日本人は地理的近さ、歴史的深さ、戦時中の行いへの反省故にアメリカと違って中国に対して親近感を抱いている」と答え、続けて「6億の民を有する国が国連加盟していないのは非現実的である」と強調した[16]。するとケネディは「2つの中国」の限界を認めながらも、「中国の国連加盟はアメリカにおいても極めてセンシティブな外交課題であり、これを進んで受け入れるわけにはいかない」と述べ、この件については同行した外務大臣の小坂善太郎と国務長官のラスク（David D. Rusk）との間で協議することを提案し、池田も了承した[17]。

　翌21日の会談は、ポトマック川をクルーズする大統領専用ヨットのハニー・フィッツ号上で開かれた。この会談は池田とケネディの2人だけのもので、双方

の通訳のみが入り、日本側は同行した参議院議員の宮沢喜一が通訳を務めた。宮沢と池田は大蔵省勤務時から親交があり、国民所得倍増計画を策定するに当たって宮沢は、その一翼を担った[18]。

ケネディは中国問題について「中立主義への魅力、中共に対する興味、東西間の争いに巻き込まれたくないという願望、さらに共産主義と社会主義の影響が日本に難問を与えている」と指摘した上で、「中国問題はアメリカにとっても困難な課題」と語った[19]。冷戦の真っ只中にあるアメリカでは反中感情が支配的であった。

これに対し池田は、「中共に対する興味は一種のムード」とし、「日中貿易を優先する余り、日米間の経済関係を乱すことだは避けたいと考えている。そうなれば日本経済を破壊に導くことになる。日中貿易は民間レベルのものであって、その規模も価値も小さい」と断言して、今後も中国問題について緊密に協議を続けていくことを約言した[20]。さらに、池田の政務秘書官である伊藤昌哉は、この会談の際、池田が日中国交正常化を希望していると告げ、その仲介を依頼したと証言している。するとケネディは「中共については、台湾との間でアメリカは安全保障条約もあり、できない。英国も香港の問題ですでに中共を承認している。できるのはフランスのド・ゴールだろう。彼に頼んでみたらどうか」と進言したという[21]。

しかし、22日に発表された共同声明には、中国問題に関しては「アジアの情勢についての両者の会談においては、中共に関連する諸問題も検討された」としか触れられなかった。台湾という小さな島を支配しているに過ぎない「中華民国」が全中国を代表するという考えには所詮、無理がある。巨大な中国大陸を支配する「中華人民共和国」が、いずれ国際社会の表舞台に出てくることは池田もケネディも分かっていたのであろう。

しかしながら、冷戦下故、簡単に処理できるものではない[22]。互いに納得できる解決方法が見当たらないという一種の閉塞状況をも、この共同声明は表しているように見える[23]。

続いて池田は1962年11月4日から25日までの3週間の日程で、西ドイツ、フランス、イギリス、ベルギー、イタリア、バチカン、オランダを歴訪した。注目はフランスのド・ゴール（Charles de Gaulle）との会談であった。池田を「トランジスタのセールスマン」と揶揄したと言われるド・ゴールであるが、会談の際は池田を厚遇した。

会談は9日、エリゼ宮殿にて1時間余りに亘って行われた。中国問題についてド・ゴールが「中国問題に対する貴総理の忌憚のない御意見を承わりたい」と切り出すと、池田は日中貿易に関し「中共の実情及び実体を明白に把握するため政治上の問題を別として経済的にある程度の交流を中共と行ないたいと思う」と述べ、続けて「米国はあまり好まないかも知れないが、中共の法的承認の問題とは別である」と答えた(24)。するとド・ゴールは、「現実の問題としては共産主義諸国と何等かの関係を保っていかなければならない」とし、さらに「日本が中共とある程度の経済関係を持ちたいと考えられることはフランスとしては当然であると考えるし、フランスも、また、中共との現在の僅かな経済関係を強化しようと考える」と応じた(25)。

このド・ゴールの発言を聞けば、池田が伊藤にド・ゴールとの会談を「アジアとヨーロッパの会談だったよ、俺は日中問題を述べた」と語った高揚感も理解できる(26)。池田は「自信と、それにともなう責任」を感じ始めていた(27)。フランスが中国との外交関係を結んだのは、それから約1年後の1964年1月のことである。

▶3 LT貿易

日中貿易促進に前向きな池田勇人に対し、台湾側は強い危機感を抱き始めた。1962年4月、アジア人民反共連盟中国総会理事長の谷正綱が来日し、池田と会談した際、次のような遣り取りがあった(28)。

> 谷　現在大陸では国民が非常に苦しんでいる。そのため大陸反攻を行ない、国民の苦難を救うことは我々の義務であり、総統もこのため努力している次第である。総理にもこの点を理解され、御支援と御同情を賜わりたい。
> 池田　そのようなことはいろいろと各方面から聞いているが、御無理なさらぬように。
> 谷　反共は我々の義務である。今大陸の人々は苦しんでいる。これは救わねばならない。これは一つには自由世界全体の問題でもある。
> 池田　米国はどういっているか。
> 谷　米国側、とくに台湾にある米国機関では我々の状況を理解してくれている。しかし共同防衛条約には中華民国の全地域が含まれていない。金門、

馬祖の防衛はこの条約から除外されている。けれども中華民国に属する地域であり、我々は必要とする所に費用を使うという立場から、米国の援助を実際上同地に注ぎ込んでいるのである。蔣総統は軍事専門家であり、30年にわたる実戦の経験からして、戦闘によってはすべてが片づくものでないこと、戦うからには必ず勝つということから慎重に考えての上で、今日がその好機であると見ている。これを御理解頂きたい。総理には御多忙と存ずるが、是非台湾にお出かけ下されたく、できる限りの歓迎をしたい。

　　池田　お帰りの上は蔣総統、張群さん、何応欽さんによろしく。

　大陸反攻を持ち出し、「理解」、「支援」と「同情」を要請した谷正綱に、池田は多くを語らず冷やかな反応を見せた。「反共」を前面に押し出した岸信介との余りの落差に台湾側がショックを受けるのも無理はなかった。

　同じ頃、自民党内には、池田を揺さぶるような動きも出始めた。台湾と親密な岸の主宰する岸派の流れを組む福田赳夫を中心に「党風刷新懇話会」が結成されたのである(29)。表向きは自民党が「派閥抗争の権力闘争に終始し、国民の期待を裏切るおそれあり」として派閥打破を唱えているが(30)、事実上の反主流派による倒閣運動の根城であった。

　5月には正式に設立総会を開催し、さらに派閥解体と同時に、容共勢力への対抗を訴えた「成立の経過と改革の理論と実践」なるレポートを発表した(31)。そこでは直接的言及はないものの、彼らの言う容共勢力の中には対中傾斜著しい池田、日中貿易促進に力を入れる親中派議員が含まれていることは想像に難くない。実際、党風刷新懇話会には金丸信、田中龍夫、千葉三郎といった親台派議員が数多く参加した(32)。

　対照的に、中国側は態度を軟化させていった。それが明確に好転したのが1962年9月、親中派議員の大御所である自民党の松村謙三が訪中した時である。この松村訪中によって日中貿易の全面修復に関する合意が成され、これを受け、11月に訪中した元通産大臣の高碕達之助と中国アジア・アフリカ連帯委員会主席の廖承志との間で「日中総合貿易に関する覚書」が締結される。これは2人の頭文字から「LT貿易」と呼ばれるようになった。

　LT貿易に関し池田は、無関心を装いながらも、実際には松村、高碕と綿密な打ち合わせをしていた。その意味でLT貿易は言わば「半官方式」で(33)、「実質政府保証の準政府間協定」であり、中でも中国に「高碕事務所北京駐在連絡事務

所」、日本に「廖承志事務所東京駐在連絡事務所」という常設の窓口が設置されることになったのは「画期的」なことであった[34]。

▶4　張群来日と周鴻慶事件

　1963年5月2日、台湾から総統府秘書長の張群が来日した。戦前、日本に留学し陸軍士官学校で学んだこともある知日派である。1957年9月に蔣介石の特使として来日した際、日本は国賓として迎え入れ、天皇陛下から勲一等旭日大綬章を受けており、日本でも尊敬と信頼を集めていた[35]。私人としての来日であり、「面倒な形式的行事はなかった」ものの[36]、この間、いずれも流暢な日本語で池田勇人、外務大臣の大平正芳と相次いで会談した[37]。

　6日午前の大平との会談で、大平は張群に「蔣総統が戦中戦後において、日本に対する非常に英邁(えいまい)な判断をされたことに対し、お国に対しては何でもしなければならない立場にあることは忘れない。日本の一部には戦に敗れたことや、なぜ復興したかを忘れてしまった容易な気風がある。しかし私どもお国に対して何でもすべきことは十分忘れていない」と述べ、「プロジェクト、計画によって良いものはどんどんやる」と経済協力を約束した[38]。翌日には池田が張群のために昼食会を催した。その際、池田は大平と同じく「蔣介石が終戦時に示された恩恵を日本人は決して忘れない」とし、「共産勢力の拡張を全力をあげて阻止したい」と語った[39]。

　その一方で「私は漢民族を偉いと思う。民族主義が根強く、あらゆるものを自分のものにする広さ、包擁力をもっている。中国民衆は何主義であろうとも、生活さえよくなってくれれば良い」とし、「共産主義に対し思想で対抗するのはむずかしい。低開発国に対しては、自由主義がいかに良いかを、生活向上という現実を見せることで納得させることである。6億の国民がなぜ奮起しないのかと云ったが、10年20年前と比べ、中共になってからの生活程度はよくなっている」と語り、中国共産党政権を讃えた上で、プラグマチックな態度を見せている[40]。この発言によって、国共内戦で敗れ、台湾に逃れた国民党軍の重鎮である張群の中に、池田に対する蟠(わだかま)りと疑念が膨らんだとしても何ら不思議ではない。

　実際、12日に開かれた国民歓迎会のスピーチで張群は「日本は共産勢力の浸透について、あまり重要視していないが、それはじつに危険な見方」とした上で、「経済的見地から大陸との貿易を拡大するというのも誤っている」と釘を刺し、「共

産党が大陸を奪ったあと、その冷酷なイデオロギーと残虐な手段」で、「中華民族」を「奴隷に変え」て、「中華民族を永遠に回復できない局面に陥れ」たと断じている[41]。池田との会談ではストレートな物言いは避けた張群だったが、あからさまに日本の対中外交に警鐘を鳴らしたのであった。

それから約3ヵ月後、張群にとってショッキングな出来事が起こる。LT貿易が始まって好調の波に乗る日中貿易を加速化させようと、8月23日、池田が倉敷レイヨンのビニロン・プラント対中延べ払い輸出を了承し、日本輸出入銀行による200万ドルの融資を決断したのである。

台湾側は「日本の政府機関である銀行の融資は、日中貿易が民間貿易から政府関与の貿易になることである」として憤慨し[42]、その後、同じように、大日本紡績にも許可を出そうとしたため、台湾は直ちに日本に取り止め要請をした。蔣介石は親交が深い元首相の吉田茂に池田の決定を阻止するようメッセージを発した。だが、池田は強行の構えを崩さなかった。

さらに9月19日に池田が「中共は3年、5年で変化することはない。台湾の大陸反攻政策は事実の裏付けがなく、空想に近い」と発言したことが火に油を注ぐ結果となり、ついに台湾は「日本の中共への経済援助に対しては、政府は国交断絶をも惜しまぬ決心」として21日、駐日台湾大使の張厲生を召還した[43]。日台関係は断交の危機に直面する。

続けて、さらに厄介な事態が発生した。10月7日に起きた周鴻慶（しゅうこうけい）事件である。この事件は、日本で開催される「63年世界油圧化機械見本市」見学のために来日していた中国からの代表団の一員で通訳の周鴻慶が、帰国日の早朝に宿舎であるパレスホテルを脱出し、タクシーに乗車して駐日ソ連大使館に逃げ込んだことに始まる。「中華民国大使館へと向かおうとしたが、運転手も大使館への道が不案内であったため、とりあえず見つけたソ連大使館に逃げ込んだ」のである[44]。

周鴻慶は台湾への亡命を求めるも、その後、日本への残留、中国と外交関係のない第3国と、亡命希望先が二転三転したため事態は混乱した。台湾側は日本側に対して周鴻慶の引き渡しを要請した。しかし、この間、「治療」を理由に入院した周鴻慶の「病室は、中共工作員の完全な監視下」に置かれ、「中共工作員の面会を受けて、『学習』させられ、洗脳され」たという[45]。台湾側は「中共工作員」からの隔離を要求するが、日本側は受け入れず、面子（めんつ）を潰された格好の台湾側は、帰国していた張厲生の駐日台湾大使辞職許可、高級大使館員の大半を召還させ、経済的な報復措置にも打って出た。断交覚悟の攻勢である。

池田は大いに戸惑った。23日には衆議院解散もあって、一種の政治空白の時期が生まれたことも対応が遅れる原因となった。さらに親台派議員を中心とする反主流派の党風刷新連盟も声を荒げ、池田打倒に向けた攻勢を強めていった[46]。

このような状況に池田は、蔣介石の誕生祝いを理由にして自民党副総裁の大野伴睦、自民党外交調査会長の船田中を台湾に送り込み、事態改善を図ろうと試みる。張群は「日本は口先では、中華民国の以徳報怨政策に感激しているといい、また、日華両国の関係は特別だとか、日華親善は重要なことだというが、日本が実際に行っている事実は、全く食い違っている」と激怒し、その上で「人道上、国際法上、周鴻慶を台湾に亡命させるよう説得」し、同時に「倉敷レイヨンの輸銀延べ払いを思いとどまるよう要請」した[47]。しかし、いずれも実現には至らず、周鴻慶は中国への帰国を決断し、翌年1月9日、中国へ強制送還された。

台湾側の態度は、さらに強硬になっていった。この危機を救うべく、池田が考えた苦肉の策が、自らの師匠である吉田の訪台である。蔣介石とのトップ会談で一気に決着を図ろうと判断したのであった。

第2節　日台関係の修復

▶1　吉田訪台に向けた準備

断交寸前にまで縺れた日台関係修復の切り札となったのが吉田茂の訪台だった。台湾側にとって吉田は「最も信頼できる人」だったが、一方で池田勇人には「国府に対する態度があまりにも酷い」という怒りの感情を持っていた[48]。「日本に対してふり上げた拳を下ろすきっかけをつくるということ」が目標である[49]。

絶対にミスは許されない状況にあった。台湾側は張群と国府の対日工作を続けていた陳建中、日本側は親台派議員の1人で元通産大臣の石井光次郎、外務政務次官の毛利松平が主軸となって「接触し話合いを進め」た[50]。

1964年1月13日、駐台日本大使の木村四郎七から吉田と蔣介石による会談の想定問答集が外務省に送付された[51]。全26ページにも及んでおり、先方に伝えるべきポイントを細かく指摘している。そこでは「池田総理にせよ、誰にせよ保守政権が日本に厳然としている以上中共を政治的に承認したり、これと外交を樹立する考えは絶対に無い」としながらも、「共産圏の国民に自由民主諸国と共産

圏国との生活の状態が如何に違っておるかを知らせることが有意義であり、その意味で共産圏との貿易や人の往来はなるべく盛んにやってゆくことが共産政権を打倒する一つの早道」で、「中共貿易も大陸人民を中共政権から引き離す一つの良い方法」として、日中貿易の正当性を強調している点が注目される(52)。

それをベースに外務省アジア局長の後宮虎郎(うしろくとらお)が17日、「中華民国政府と話合うべき事項（発言要旨案）」を作成した。台湾に対する基本的態度として、「反共政策」には「日本政府も国府と一致する立場にある」が「同等の強さの反共ないし滅共政策は執(と)り得ない」とし、大陸反攻も「国府の立場は十分理解」し、「同情は惜しまない」が軍事力行使には「極度に反対」すると忠告しており、さらに「中共が物理的に存在している事実」は否定できず、「無視しとおす」ことも不可能であると日本の立場を説明している(53)。

一方、吉田本人と外務事務次官の島重信との間でも複数回に亘って打ち合わせが行われた。そこでは蔣介石との「会談内容の件」に関し、「国際情勢の大局を話し合い今後の日華関係について意見を交換」し、「適当な機会に両国外相が会談することについて合意する」ことが確認されている(54)。

外務省は総力を挙げて吉田訪台の成功に向けて下準備を進めた。日程は2月23日から27日までである(55)。

中でも特に時間を割いて慎重に協議されたのが、池田による蔣介石に宛てた親書の内容だった。親書の初稿は外務省アジア局中国課が2月2日までに起筆し、5日に一旦、修正が加えられた上で、11日に完成するが、その後、14日までに当初案と比べ半分の長さに改定される(56)。

　　　拝啓　国務御多端の折からにも拘(かかわ)らず益々御壮健のこと大慶至極(しごく)に存じ上げます。
　　このたび、わが国政界の元老である吉田茂先生は貴総統に敬意を表し、親しく御謦咳(ごけいがい)に接するため貴国を訪問されることとなりました。
　　貴国とわが国とは伝統的な親近関係を有しており、今後ともこの関係は長く続かねばならぬものと信じます。貴我両国が政治的にも経済的にも健全なる発展を遂げ、世界の欣慕(きんぼ)する指針となることが私の念願であります。
　　吉田先生はわが国の生んだ卓越せる政治家であります。今回の貴総統閣下と吉田先生との御歓談が両国のために一層幸福なる途(みち)を拓くことを信じて疑いません。

貴総統閣下の御健康を祝福いたします。　　　　敬具
　　　昭和三十九年二月　日
　　　中華民国
　　　　　蔣　中　正　総統　閣下

　さらに、これに池田直々の手直しが入る。親書案の上段の空白スペースには「全体の感じが些冷いので温味のあるものとする」との走り書きがあり、さらに「このたび、わが国政界の元老である吉田茂先生は貴総統に敬意を表し、親しく御謦咳に接するため貴国を訪問されることとなりました」の部分に「この条低姿勢に過ぎる憾がある」との指摘が記されている(57)。こうして20日、最終案が決定される(58)。

　　　謹啓　国務御多端の折からにも拘らず益々御壮健のこと大慶至極に存じ上げます。
　　　このたびわが国政界の元老である吉田茂先生は親しく貴総統閣下と懇談を交えるため貴国を訪問されることになりました。
　　　貴国とわが国とは伝統的な親近関係を有しており、今後ともこの関係は長く維持さるべきものと信じます。そのためには貴我両国がそれぞれの立場を十分尊重し、相互の信頼と敬愛の上に立って友好関係を発展させるよう努力しなければならぬことを痛感する次第でありまして、今回の吉田先生の貴国訪問は両国間の相互理解を深めこの目的に貢献すること多大なるものあるを信じて疑いません。
　　　私は中華民国が貴総統閣下の深い仁愛と強い道義の精神に貫かれた指導の下に、アジアの繁栄した自由国家としていよいよ発展されんことを祈念し、あわせて貴総統閣下の健康を祝福いたします。　　　　敬具
　　　昭和三十九年二月二十日
　　　池田　勇人（署名）
　　　中華民国
　　　　　蔣　中　正　総統　閣下

　蔣介石に対し、過度に媚びないという池田のスタンスが十分に反映されているのが分かる。完成した親書はタイプで打たれたもので、署名は池田の直筆である。

同時に中国語にも訳された。

▶2 吉田・蔣介石会談と「吉田書簡」

予定通り訪台した吉田茂は、2月24日、25日、26日に連続3回に亘って蔣介石と会談した[59]。吉田が池田の親書を蔣介石に手渡し、池田が「蔣総統を心から尊敬している」こと、「天皇から蔣総統の恩徳に謝意を述べるよう命ぜられた」ことを伝えると、蔣介石は「天皇へのあいさつの意」を述べた[60]。

続けて蔣介石は「戦後、日本が早く復興できるよう中華民国から300万人もの日本軍民を復員させたのは、中華民国の伝統的対日友好の精神からである」としながらも、池田が大陸反攻を「夢想とけなし」たことを批判した上で、「倉敷レイヨンのプラント輸出、周鴻慶事件などを具体的にあげ」ながら「池田は中華民国を軽視している」と嗜め、続けて「大陸の人民は共産政権に背を向けている、共産政権は一時的虚構でしかない、共産政権と共存できるという幻想を改めるよう、日本国民を指導してほしい」と要望した[61]。張群を始め、蔣介石が日本に送り込んだ人々の多くが、池田のプラグマチックな態度を冷徹と感じ、そのことを蔣介石に逐次報告していたのであろう。積年の恨みが吉田の前で吐露された感がある。

だが、吉田は反論することなく、淡々と蔣介石の主張に耳を傾けた。外務省の言う「日本に対してふり上げた拳を下ろすきっかけをつくる」作業は、この会談で全て終えた。

2人の様子を綴った記録を外務省アジア局中国課事務官の吉村和子が「吉田元総理一行の訪台に関連する印象について」というレポートにしている。中でも興味深いのが、蔣介石が述べた「以徳報怨」に対する吉田の反応である[62]。

> 蔣総統は終戦直後、国府の日本占領軍派遣中止、天皇制廃止反対、日本軍隊、在留邦人の引き揚げ等に努力したことを、淡々としてではあるが語られた。しかしやはりまた始まったとの印象を受けざるを得なかった。これに対し吉田元総理はうんうんと頷いて聞いておられるが、特にそれに感謝の意を表明するようなことはされなかった。

以徳報怨は日本人を相手にすると必ず持ち出す蔣介石の常套句である。しか

し、この言葉を何度も繰り返すことに、さすがの吉田も恩着せがましく感じ、嫌気が指したのであろう。レポートには次のような社交辞令も散見される。

> 吉田元総理が、大磯に台湾桧を取寄せ新築した家に、まずマッカーサー元帥を御招待したいと考えている。次は是非蔣総統にお宿りいただきとしきりに勧められたのに対し、蔣総統はその好意を謝すとともに、マ元帥は偉大な人物であったと称讚した。

晩餐会の席上では、こんな場面があった。

> 木村大使から蔣総統へ好きな花は何かと質問したところ、菊が最も好きであり、次は梅の花であると答えられた。しかしこれは菊は日本の国花であり、梅は中華民国の国花であるから多少儀礼的な感を免れない。

吉田訪台は成功した。最終的に吉田と蔣介石との間で、5項目から成る「中共対策要綱」と題する合意事項が交わされる[63]。

> 一、中国大陸六億ノ民衆ガ自由主義諸国ト平和的ニ共存シツツ、此等諸国トノ貿易ヲ拡大シテ、世界ノ平和ト繁栄ニ寄与出来ル様ニスル為ニハ、中国大陸民衆ヲ共産主義勢力ノ支配ヨリ解放シ、自由主義陣営内ニ引キ入レルコトガ肝要デアル。
> 一、右目的ノ為、日本、中華民国両国ハ具体的ニ提携協力シテ、両国ノ平和ト繁栄ヲ実現シ、自由主義体制ノ具体的模範ヲ中国大陸民衆ニ示スコトニ依リ、大陸民衆ガ共産主義政権ヨリ離反シ、共産主義ヲ大陸カラ追放スル様、誘導スルコト。
> 一、中華民国政府ガ中国大陸内ノ情勢、其他、世界情勢ノ変化ニヨリ、客観的ニ見テ、政治七分軍事三分ノ大陸反攻政策ガ成功スルコト確実ト認ムル時ハ、日本ハ大陸反攻ニ反対セズ、之ニ精神的道義的支持ヲ与フルコト。
> 一、日本ハ、所謂二ツノ中国ノ構想ニ反対スルコト。
> 一、日本ト中国大陸トノ貿易ハ民間貿易ニ限リ、日本政府ノ政策トシテ、中国大陸ニ対スル経済的援助ニ支持ヲ与フルガ如キコトハ、厳ニ之ヲ慎シムコト。

帰国翌日、吉田は首相官邸に出向いて池田と会い、2人だけで約30分間、蔣介石との会談内容や今後の日台関係について意見を交わした。吉田は池田に「わが国の立場」を台湾側も「よく理解したと思うので自分としては満足だ」と述べたようである(64)。

暫く経って、蔣介石から池田の親書に対する返書が送られてきた。そこでは池田の親書を「感銘の至り」としながらも、「現在のいろいろな問題を合理的に解決する道を見つけ出すことができましたならば、閣下の御希望も叶えられるでありましょうし、私も望むところであります」と牽制することも忘れなかった(65)。

4日、総統府秘書長の張群から吉田に蔣介石との3回に亘る会談記録と中共対策要綱が同封された書簡が送られてきた。合意内容を確認するためである。

1ヵ月を経た4月4日、吉田は返答の書簡を張群へ送付した。張群の号である「岳軍(がくぐん)」先生で始まる書簡には「会談記録（吉田-蔣会談。二回分）および中共対策要綱案を拝見しました。第三次会談記録の小生の談話の中で、インドとあるのはインドネシアの誤りですので、ご訂正ください。その他については、おおむね誤りはありません。とくにお手紙をさし上げます」とあった(66)。張群は、この書簡について「吉田はこれについて、書簡は外務省が起草し、池田勇人の決定を得た上で、吉田が署名したものだから、むしろ『池田書簡』と呼ぶべきだと述べている。吉田の意思は、これを政府間公文書と同じであると承認しているのである」と述べ、蔣介石も、この書簡を「日華平和条約の補完文書」と見做(みな)していたという(67)。

中でも台湾側が重要視したのが中共対策要綱の3項目にある「日本ハ大陸反攻ニ反対セズ、之(これ)ニ精神的道義的支持ヲ与(あた)フルコト」との一文であった。それを含め吉田は「誤りはありません」と言明したことで、台湾側は大陸反攻に対する日本側の支持を得られたと理解したのである。

これとは別に吉田は3月20日、張群に書簡を送り「大日本紡績のビニロン・プラント輸出は当分の間許可しない」として(68)、台湾を刺激した倉敷レイヨンのビニロン・プラント対中延べ払い輸出は既定事実となったものの、それに続く大日本紡績の分に関しては不許可としたことを伝えた。しかしながら「当分の間」ということは、池田のスタンスからして、いずれ動き出す可能性は十分あると張群は考えた。

そこで4月10日、張群は吉田に再度、書簡を送付し、その中で「今後は再び之が輸出を考慮することのないよう説得阻止方(かた)切望致します」と要請してい

る⁽⁶⁹⁾。これを受け、吉田は「中共向けプラント輸出に関する金融を純粋の民間ベースによることについては、貴意に副い得るよう研究をすすめたい」こと、「本年中には、日本輸出入銀行を通ずる大日本紡のビニロン・プラントの対中共輸出を認める考えはない」ことを5月7日、書簡を通じて張群に伝えている⁽⁷⁰⁾。最後は「早急に大使を派遣すことを含め、日華両国の関係を正常化するための一切の措置を急速に展開してほしい」と結んであった⁽⁷¹⁾。実は吉田は3月8日に池田へ「プラント（輸出中共への）可成阻止若くは可成引延ハされ度きものと存候、少なくとも民間ベースには政府か顔を出さぬ躰ニ致候」と記された手紙を送付していた⁽⁷²⁾。これを池田が聞き入れた格好である。

それに対し張群は23日、吉田に書簡を送り、「今後も貴国政府は先生の高明なる御指導が必要であり両国関係の改善は一に懸って先生の御力によるところ極めて大なるものがある次第であります」と丁寧な謝意を表した⁽⁷³⁾。これら「吉田書簡」に対しては、自民党の親中派議員からは無効、破棄を求める声も上がったが、それによって日台関係は断交の危機から脱することとなった。

この間、吉田訪台に続いて外務政務次官の毛利松平も3月5日から17日までの約2週間に亘って台湾を訪れた。「極めて悪化した日華関係に改善の糸口が出来たところで、時機を失わずにこの糸口を元に戻らぬ確実なもの」にするためである⁽⁷⁴⁾。

滞在中、毛利は蔣介石を始め、行政院長の厳家淦、外交部長の沈昌煥といった大物と相次いで会談した。併せて、彼ら「最高幹部との会談を補うもの」として、陳建中の斡旋により国民党の「実力者」とも「隔意なき意見の交換」を行った⁽⁷⁵⁾。台湾側の態度は相変わらず厳しいものがあった。蔣介石は毛利に次のように語った⁽⁷⁶⁾。

> 今日の中華民国の立場環境は終戦直後の日本の立場に似ている。中華民国としては、日本の政府に対し必ずしも物質的に支援を求めておるのではなく、精神面で中華民国を支持してほしいのであるのに逆に日本の態度は池に落ちた人間に石を投げつけておるようなものであり、非常に悲しいことである。これは国際道義上から見ても決してかんばしいことではないことは勿論かかる日本の行為は中華民国の自尊心を傷つけるものである。自分は、ビニロン・プラント延払い問題と周鴻慶問題の直後には日本と国交を断絶してもよいとまで考えていたが、これを断行した場合日本国内に逆に左翼勢力が抬頭し、日本自身が困

るのではないかと心配し、かかる観点から国交断絶を思い止まったのである。

厳しい言葉が並んでいるが、それでも毛利は「吉田訪台が実現し、これにより一時は国交断絶さえ考えられた程冷却した対日空気が緩和し、日本に対して振り上げた拳を下す契機が与えられたことを卒直に喜び安堵(あんど)の気持ちをもったもの」との印象を持ったという[77]。6月11日には、不在となっていた駐日台湾大使に魏道明(ぎどうめい)が着任した。

▶3 大平訪台と張群再来日

日台関係修復の仕上げは、7月3日から5日までの大平正芳の訪台であった。台湾滞在中、大平は蔣介石と1回、外交部長の沈昌煥と2回、いずれも間の4日に立て続けに会談した。

沈昌煥が「今後日華間の問題」は「吉田・蔣総統会談の同意点及び吉田・張群往復書簡の同意を基礎」にして、そのラインに従って「調整処理して行きたい」と言うと、大平は「然(しか)り、その通りである」と答え同意し、続く会談では国際情勢全般が話題となり、沈昌煥は最後に「今回程長時間に亘って日本の外交責任者と卒直にフランクに話合ったことは始めてであり、実に愉快である。この次は是非東京でお話をしたい」と語った[78]。

蔣介石との会談は、6月16日に発生した新潟地震の話題から始まった。大平が「先般の新潟震災に際しては早速総統からお見舞いの言葉を頂戴し日本政府、国民は感謝しています」と述べると、若かりし頃、陸軍第13師団高田連隊で実習を受けたこともある蔣介石は、新潟県を「第二の故郷」と呼び、「当時の同僚や長官もおり、特に今回の震災の被害には関心をもっています」と応じた[79]。本題に移ると、蔣介石は「今日は具体的問題に触れることは差控える」として、「中共問題が解決せねば東亜の安定はあり得ない」と、単に原則だけを述べるに止まった[80]。

夜に開かれた蔣介石主催の晩餐会では「中共を倒さざる限り日本を含む東亜の安定も繁栄もなき」ものと、「強い言葉で強調」する蔣介石に対し、大平が「最も進んだ民主政治体制を採っておる日本政府としては、政治は国民とともに行わざるを得ず、政府の意思を国民に押しつけ強要することは出来ない。共産主義も弾圧でなく、大きく呑み込み解毒しつつ消化しなくてはならぬ」と諌める場面も

あったが、終始、和やかであった(81)。これ以上、詰めるべき内容は何もなかった。大平にとって、この時が初めての訪台であった。しかも、10日には自民党総裁選挙が行われ、池田勇人が３選を果し内閣改造に伴い外務大臣も大平から椎名悦三郎に交代する。大平は池田内閣の外務大臣として、最後の外遊が台湾になったのである。

だが、台湾側は、これで安心したわけではなかった。内閣発足以来、池田の対中政策を疑問視してきた台湾側は、大平の訪台だけでは満足せず、引き続き念押しを試みる。それが蔣介石の代理として、吉田茂の訪台に対する答礼を名目にした張群の再来日であった。

日程は８月12日から21日までである。旧盆休みの中の10日間の来日自体、異例と言えよう。台湾側は「純私的旅行」であると強調し、「宮中への挨拶は記帳程度にしたい」とも伝えた(82)。

午後３時45分、羽田空港に到着した張群を、大平を始め石井光次郎、前首相の岸信介、池田の３選阻止を目指して自民党総裁選挙に出馬し惜敗したばかりの佐藤栄作、椎名、元農林大臣の福田赳夫、吉田の側近である元官房副長官の北沢直吉、さらに経済界からも大勢の重鎮が出迎えた。滞在中、張群は、面会順に石井、衆議院議長の船田中、椎名、池田、無任所国務大臣の河野一郎、文部大臣兼科学技術庁長官の愛知揆一、通産大臣の桜内義雄、岸、大平、佐藤、法務大臣の賀屋興宣、吉田といった錚々たる面々と会談した(83)。

蔣介石の意を受けた張群が日本を台湾側に引き寄せておくことに、いかに努力を傾注したかが、これらの顔触れを見ただけでも窺える。13日に会談した椎名は1972年９月の日中国交正常化に伴う中華民国との断交時、田中角栄からの要請を受け、釈明のために特使として台湾に赴き、集中砲火を浴びせられるという損な役回りを引き受けることになるが、この頃から親台派議員の中核として存在感を増していた。

14日には吉田に台湾から「一等特種大綬卿雲勲章」が贈呈された。これは外国の元首級に贈られる最高位の勲章であり、日本に対する言わば切り札とも言えた。

16日、張群は自ら吉田邸に足を運び、昼食を挟んで３時間、吉田と意見交換を行った。この中で張群は「蔣介石総統との会談で得られた了解事項」は今後の日台関係の基礎であり、「これまでの努力と成果は、両国政府首脳がひとしく称賛するところであり、今後も努力をつづけることを期待したい」と述べると、吉

田は、これに「同意」し⁽⁸⁴⁾、経済協力については「できるだけのことをしたい」と答えた⁽⁸⁵⁾。

　張群は13日に池田を表敬訪問するが、実質的な会談は離日前日の20日に首相官邸で40分間に亘って行われた。張群は日本側の厚遇に謝意を表し、日台関係の緊密化に向け、これまで以上に努力していきたいと述べた⁽⁸⁶⁾。池田は、「経済協力については勿論限度がないわけではないが出来得る限り努力する方針であるから鉄道の電化でも各種のプラントでも御希望があれば遠慮なくドンドン申出て欲しい。台湾に対してはタイやフィリピン等の東南アジア諸国に優先して経済協力を供与したい」とした上で、「日華間の閣僚会議」にまで言及し、「今後は外相だけでなく問題が起きた場合必要に応じ通産大臣、農林大臣等の主管大臣を相互に訪問させることがよろしい」と日台関係の強化に意欲を見せた⁽⁸⁷⁾。

　この席で張群は大日本紡績のビニロン・プラント対中延べ払い輸出にも触れた。すると池田は「取り止めさせた」と断言し、「中共が国連に加入」したとしても、「日本は中共の承認を急がない方針である」と付け加えた⁽⁸⁸⁾。張群としては望み得る最高の形での池田の答えであった。これに対し、さらに張群は「統一見解の通りであるか」と問い、池田は「その通りである」と断言している⁽⁸⁹⁾。

　張群が指摘した「統一見解」とは何か。それは外務省が3月5日に発表した「国民政府と中共政権をめぐる問題は、国連を中心として十分に審議され、世界与論の背景の下に公正な解決策を見出す以外に方法はないと考えるものであり、従来もその方針に沿って国連において努力してきたし、今後もその努力を続ける考えである」とする「中国問題に関する見解」を指しているものと思われる⁽⁹⁰⁾。

　1年3ヵ月前に張群が来日した際の池田の発言と比べれば、その違いは明らかである。「中共になってからの生活程度はよくなっている」といった刺激的な表現は完全に影を潜めた。この間に、日台間で起きた倉敷レイヨンのビニロン・プラント対中延べ払い輸出、周鴻慶事件が、いかに池田を悩ませたかを象徴しているようでもある。

　張群も満足して日本を後にした。帰国後、張群は駐台日本大使の木村四郎七に、訪日時における「心からなる歓待」と「行届いた心遣い」に深謝し、特に池田が駐日台湾大使の魏道明主催のレセプションに1時間以上に亘り出席していたことは「国府に対する好意の象徴」と述べている⁽⁹¹⁾。

　暫くして、池田の喉（のど）に異常が発見された。喉頭癌（こうとうがん）である。病状は予想以上に進行していた。東京オリンピック目前であった。「総理大臣がガンだとなると、民

族の祭典であるオリンピックが暗いものになる」という理由から本当の病名は伏せられた⁽⁹²⁾。

　9月7日には初の東京開催となるIMF（国際通貨基金）・世界銀行年次総会が開かれ、池田は堂々たるスピーチを披露する。これが首相在任中における最後のスピーチとなった。4年以上に亘って日本経済の牽引役として駆け抜けてきた池田は、自らの思いの丈を心置きなく吐露し、東京オリンピック閉会式翌日の10月25日、退陣の意向を明らかにした⁽⁹³⁾。

　池田の施政は4年4ヵ月だった。これは結果的には台湾にとって朗報となる。台湾に近い佐藤栄作が新しく首班指名を受けたからである。

　ところが、その後、池田は最後まで対中接近を図ろうとしていたことが明らかとなる。5月7日に吉田から張群に宛てた書簡を通じて、「本年中には、日本輸出入銀行を通ずる大日本紡のビニロン・プラントの対中共輸出を認める考えはない」ことを表明していた池田であったが、これが翌年2月の通常国会で問題化した際、池田は「あれは年度ということだ。4月以降は自由だよ」と「あっさり答えた」からである⁽⁹⁴⁾。つまり、池田は最初から1965年度には認めるつもりだったのである。池田は、この書簡を「国府に冷却期間を与えるもの」と受け止めていたのであった⁽⁹⁵⁾。

　8月13日、池田は不帰の客となる。仮に池田が健在であったなら、再び日台関係は危機に直面し、池田を悩ませたに違いない。しかし、佐藤は大日本紡績のビニロン・プラント対中延べ払い輸出の日本輸出銀行への適用は許可しなかった。

注
（1）伊藤昌哉、『池田勇人：その生と死』、至誠堂、1966年、76頁。
（2）首相就任1ヵ月前、後に政務秘書官となる伊藤昌哉が「総理になったらなにをなさいますか？」と問うと、池田は「それは経済政策しかないじゃないか。所得倍増でいくんだ」と即答した（同上）。さらに伊藤は「池田の頭脳のなかには数字で構成された世界ができて」おり、「予算がこれだけの規模であれば、米価はいくらで、石炭の価格はいくらである。運賃がどうで、そのときの大学出の初任給はいくらだ。インフレで物価が上がる、石炭、電力、鉄、米、生産量がこう増加し、値段はどうなる、このときの給料はこうでなければならない」といったように、「池田の頭のなかには無意識のうちに、ひとつの均衡した数字の世界」と「数字が互いに関連しあった世界」が存在していたと回想している（伊藤昌哉、『日本宰相列伝（21）：池田勇人』、時事通信社、1985年、142頁）。
（3）小林英夫、『自民党と戦後史』、中経出版、2014年、103頁。
（4）林房雄、『随筆池田勇人：敗戦と復興の現代史』、サンケイ新聞社出版局、1968年、445頁。
（5）「寛容と忍耐」という言葉は、「忍耐」が大平正芳、「寛容」は宮沢喜一が考え出したものだった。「寛容の人で

も忍耐の人でもないタイプ」だったが、「やり始めると自然にそうなるもの」で、「だんだん化けの皮が剥がれなくなって」いき、料亭には行かない、ゴルフはしないという誓いまで発表するほど「寛容と忍耐の人」になっていった（御厨貴、中村隆英編、『聞き書：宮澤喜一回顧録』、岩波書店、2005年、193頁）。

(6) 林房雄、前掲書、446頁。

(7) 「読売新聞」、1960年1月5日夕刊。池田の対中観を早い段階から見抜いていた駐日台湾大使の張厲生は10月の一時帰国の際、「日本と中共との将来の関係については多くの憶測は避けたい」としながらも、池田は「中共側が日本を尊敬し、日本の内政に干渉しない条件の下に漸次中共との関係を改善して行きたいと言っている」と現地に報告している（「張厲生駐日大使の帰国談報告の件」（1960年10月28日）、『日本・中華民国間外交関係雑件』第2巻、外務省外交史料館、分類番号 A' 1.2.1-7、NF/CR 番号 A'-0423）。

(8) 「読売新聞」、1960年9月7日夕刊。

(9) 渡邉昭夫編、『戦後日本の宰相たち』、中央公論社、1995年、163頁。

(10) 同上。

(11) 「沈昌渙外交部長の池田総理訪問に課する件」（1961年3月6日）、『日本・中華民国間外交関係雑件』第2巻、外務省外交史料館、分類番号 A' 1.2.1-7、NF/CR 番号 A'-0423。

(12) 「蔣中正発池田総理閣下宛親書：訳文」（1961年4月7日）、『日本・中華民国間外交関係雑件』第2巻、外務省外交史料館、分類番号 A' 1.2.1-7、NF/CR 番号 A'-0423。

(13) Dennis B. Smith, *Japan since 1945: The Rise of an Economic Superpower*, London: Palgrave Macmillan, 1995, p.97.

(14) 池田訪米前の1961年3月、外務省は極秘で「日本の中国政策」と題するレポートを用意した。そこには「中共と外交関係を確立するとともに、台湾は自由世界に止めることを対中国政策の目標とする」として、「中華民国」と併せて「中華人民共和国」とも外交関係を結ぶことを「長期的目標」に掲げている（「日本の中国政策」（1961年3月17日）、『日本・中華民国間外交関係雑件』第2巻、外務省外交史料館、分類番号 A' 1.2.1-7、NF/CR 番号 A'-0423）。しかしながら、いずれも相手政権の存在を否定しており、「表面的に積極的動きをなすことは困難」であることから「Quiet diplomacy」、即ち「沈黙の外交」の「性格のものとなるべき」であり、そのための具体的方法としては、中国との人的交流の拡大を図ることから始め、「時期をみて国内体制を固めた上、政府間貿易協定締結」をし、「中共の事実上の承認となる関係を漸進的に積み上げてゆくものとする」と述べている（同上）。この「政府間貿易協定の狙い」とするところは、「国府との関係を現状のままとして中共に対し事実上の承認行為を行なう」ことで、「日本に関する限り『2つの中国』の関係をつくり上げることである」と説明し、このアプローチに対しアメリカ側は「国府が対日経済断交等を行なうことにより、中共の思うつぼとなること及び1度日本が中共とこの種交渉を開始すれば、中共は基本問題を持出し、日本国内に混乱を惹起させる危険あり」と心配することが予想されるだろうが、そこは「総理訪米前米側と意見交換を行ない、大統領との会談における presentation を決める」と明記している（同上）。

(15) *Foreign Relations of the United States*, 1961-1963, Vol. XXII, Northeast Asia, Washington, D.C.: GPO, 1996, pp.680-681.

(16) Ibid., p.681.

(17) Ibid., pp.681-682. 小坂とラスクとの会談では中国の国連代表権問題は日本もアメリカも熟考しないことで一致した。小坂は「国府が実効支配する地域は台湾のみに限られる。日本にとって最も重要なのは、台湾が中共支配から自由のポジションを維持することである」と言うと、ラスクは「関係諸国による多国間協議を通じて議論を深めていくことを希望する」と応じた（Ibid., pp.680-681）。

(18) 宮沢は「池田、ケネディ両首脳はキャビンにはいり、私と国務省の通訳をまじえて話をした。日本側の通訳を入れないので、しかたなく私が通訳をした。そのためか、のちに私は外相になったときに知るのだが、会談の内容は外務省に記録がない」と証言している（宮沢喜一、『戦後政治の証言』、読売新聞社、1991年、119頁）。

(19) *Foreign Relations of the United States*, 1961-1963, Vol. XXII, Northeast Asia, Ibid., pp.696-

697.
(20) Ibid., p.697.
(21) 田村重信、豊島典雄、小枝義人、『日華断交と日中国交正常化』、南窓社、2000年、236-237頁。
(22) 小坂は後に、この池田とケネディの会談に関し「やっぱり日本をがっちりつかまえておけということじゃないですか。ウィーンの米ソ首脳会談でフルシチョフ首相から軽くあしらわれた後でしたからね。ソ連の向こうにある日本とはしっかり握っておかないと損だということじゃないでしょうか」と自らの見解を説いている（小坂善太郎、鈴木健二、「検証戦後日米首脳会談：2-K（ケネディ）・K（フルシチョフ）会談が米国の対中政策を変えた　日米対等に固執した池田首相」、『エコノミスト』1991年1月15日号、毎日新聞社、1991年、81頁）。
(23) 池田とケネディが会談した4ヵ月後に発表された「米国務省政策・実施指針文書『日本』」には「私たちは日本を東アジアにおける最も重要な同盟国とし、私たちにとって世界で2番目の貿易相手国であり、アメリカ軍機能の最も重要な前方展開における受け入れ国である。そして技術的にも熟練し、南、そして東南アジアの経済発展に対し、資本を供給することで貢献している。日本は躍進する共産中国のパワーに対して政治的、工業的、あるいは軍事的にも対抗できるだけの可能性を秘めている。日本とは中ソブロックに対し、特に共産中国に対し、密接に共同歩調を採る。しかし、日本の対中政策は、ある部分においてはアメリカの対中政策と異なっている。だが、日本にとって日米関係は、日本共産党と中ソ共産党との関係性を阻止、弱体化させるために大いに役立っている」と記されており（「State Department Paper on Japan10/1961」（筆者訳）、細谷千博、有賀貞、石井修、佐々木卓也編、『日米関係資料集1945-97』、東京大学出版会、1999年、526-531頁）、池田訪米は一定の成果を上げていることが分かる。
(24) 「池田総理訪欧の際の中国問題に関する会談要旨」（1962年11月9日）、『池田総理欧州訪問関係一件』第2巻、外務省外交史料館、分類番号A'1.5.3-4、MF／CR番号A'0363。
(25) 同上。
(26) 伊藤昌哉、『池田勇人：その生と死』、前掲書、155頁。
(27) 同上書、162頁。この会談に日本側から同席したのは駐仏日本大使の萩原徹のみであった。外務省の公式な会議記録は萩原のメモを起こしたものである。池田訪欧に同行した伊藤は「ドゴールとの会見にたちあった萩原大使は、会談の内容を私にも話さない。ドゴールからオフ・レコをかまされたのかもしれない」と溢している（同上書、155頁）。
(28) 「谷正綱氏の池田総理訪問の件」（1962年4月25日）、『日本・中華民国間外交関係雑件』第2巻、外務省外交史料館、分類番号A'1.2.1-7、NF/CR番号A'-0423。
(29) 党風刷新懇話会は1962年8月9日、「党風刷新連盟」に名称変更した。
(30) 「朝日新聞」、1962年2月4日夕刊。
(31) 「朝日新聞」、1962年5月28日朝刊。
(32) 1964年7月の自民党総裁選挙に3選を目指して出馬した池田に対抗し、佐藤栄作を擁立したのも彼らであった。
(33) 徐之先主編、『中日関係三十年』、北京：時事出版社、2002年、9頁。
(34) 増田弘、波多野澄雄編、『アジアのなかの日本と中国：友好と摩擦の現代史』、山川出版社、1995年、198-199頁。
(35) 黄天才、『中日外交的人與事：黄天才東京採訪實録』、台北：聯經出版、1995年、185-186頁。
(36) 張群、古屋奎二訳、『日華・風雲の70年』、サンケイ出版、1980年、171頁。
(37) 4日、元首相の吉田茂が張群を私邸に招き午餐会を開いた。この席で張群は「最近蒋総統をはじめ政府側では自民党の對中国態度がだんだん変わってゆくのではないかと心配している」とし、「自民党としては、一本に纏って自由主義陣営の強化に努めて貰いたい」と吉田に依頼するが、それに対し、吉田は何も語らなかった（「吉田茂氏邸に於ける張群氏の談話要領」（1962年5月7日）、『アジア諸国特派使節及び親善使節団本邦訪問関係雑件　中華民国の部　張群総統府秘書長関係』第3巻、外務省外交史料館、分類番号A'1.6.1.2-1-1、MF/CR番号A'-0395）。
(38) 「張群秘書長の大平大臣訪問の件」（1963年5月6日）、『アジア諸国特派使節及び親善使節団本邦訪問関係

雑件 中華民国の部 張群総統府秘書長関係』第3巻、外務省外交史料館、分類番号A'.1.6.1.2-1-1、MF/CR番号A'-0395。
(39) 張群、古屋奎二訳、前掲書、177-178頁。
(40) 「張群秘書長の池田総理訪問の件」(1963年5月7日)、『アジア諸国特派使節及び親善使節団本邦訪問関係雑件 中華民国の部 張群総統府秘書長関係』第3巻、外務省外交史料館、分類番号A'.1.6.1.2-1-1、MF/CR番号A'-0395。
(41) 張群、古屋奎二訳、前掲書、182頁。
(42) 吉村克己、『池田政権・1575日』、行政問題研究所出版局、1985年、281頁。
(43) 林金莖、『梅と桜:戦後の日華関係』、サンケイ出版、1984年、172-173頁。
(44) 川島真、清水麗、松田康博、楊永明、『日台関係史 1945-2008』、東京大学出版会、2009年、78頁。
(45) 林金莖、前掲書、178頁。
(46) 「周事件をめぐる自民党内抗争」、『エコノミスト』1964年1月28日号、毎日新聞社、1964年、31頁。
(47) 林金莖、前掲書、195頁。1963年11月、駐台米大使のライト (Jerauld Wright) は副総統の陳誠と会談し、周鴻慶事件によって悪化した日台関係に関して、国府が日本に対して強硬措置を採ることがないよう諫めた。陳誠は10月に来台した大野伴睦、船田中に「もっと国府の意見に注意を払うよう池田を説得して貰いたい」と述べ、「その約束を取り付けた」と応じた(池田直隆、『日米関係と「2つの中国」:池田・佐藤・田中内閣期』、木鐸社、2004年、131頁)。その後、アメリカ側は周鴻慶事件の処理について日本側とも協議を行っているが、基本的に「事件は日本の国内問題」であり、極力、「これに介入することを避け、もっぱら日本政府の事件処理を見守った」のであった(同上)。
(48) 「吉岡参事官の台湾事情に関する説明」(1964年2月18日)、『吉田元総理中華民国訪問関係 (1964.2)』、外務省外交史料館、分類番号A'.1.5.1-17、NF/CR番号A'-0395。
(49) 同上。
(50) 「木村大使発外務大臣宛電信:吉田元総理の訪問に関する件第13号」(1964年1月9日)、『吉田元総理中華民国訪問関係 (1964.2)』、外務省外交史料館、分類番号A'.1.5.1-17、NF/CR番号A'-0395。
(51) 吉田訪台を1ヵ月後に控えた1964年1月21日、木村から大平正芳に「日華関係改善のための一考察」と題する報告書が提出されている。その内容は戦前より台湾に居住している本省人に焦点を当てたもので、「戦後我国の庇護を離れ一銭の補償も受け得ず(日華平和条約の第3条問題未解決のため)塗炭の苦しみに堪えながら自力更生の道を黙々と歩み続けて来て、しかも依然として今日我国に強い敬慕と期待を繋ぐ台湾人に我国政府が今一段の認識と情義」を持つべきで、「今日にしてその信頼を失うことがあれば、我国50年の台湾統治の実績が水泡に帰するのみならず戦後のアジアにおける最も親日的足場を失う」とし、「本省人の外省人に対する根強い不信感が対日信頼感に結びつき、台湾人は飽くまで台湾人にして中国人に非ずと云う感情が大きな底流をなしていることは見逃せない」とある(「日華関係改善のための一考察」(1964年1月21日)、『日本・中華民国間外交関係雑件』第2巻、外務省外交史料館、分類番号A'.1.2.1-7、NF/CR番号A'-0423)。
(52) 「吉田元総理と蔣総統との会見を想定した会談要領案」(1964年1月13日)、『吉田元総理中華民国訪問関係 (1964.2)』、外務省外交史料館、分類番号A'.1.5.1-17、NF/CR番号A'-0395。
(53) 「中華民国政府と話合うべき事項(発言要旨案)」(1964年1月17日)、『吉田元総理中華民国訪問関係 (1964.2)』、外務省外交史料館、分類番号A'.1.5.1-17、NF/CR番号A'-0395。
(54) 「吉田元総理訪台の件」(1964年2月6日)『吉田元総理中華民国訪問関係 (1964.2)』、外務省外交史料館、分類番号A'.1.5.1-17、NF/CR番号A'-0395。この間の打ち合わせ内容について島は「吉田元総理訪台の件」と題するレポートにして池田、大平、官房長官の黒金泰美、大宮にも手交している(同上)。そこには随所に吉田のコメントが記されている。
(55) 11日の段階では24日から3泊4日の予定で訪台することが駐台日本大使の木村から外交部長の沈昌渙に伝えられているが、台湾側の要望により、1日早まり4泊5日となった(「在中華民國日本國大使館発外交部沈部長昌渙閣

下宛書簡」（1964年2月11日）、『吉田茂訪華』第3冊、中央研究院近代史研究所檔案館、館藏號 11-01-02-10-02-066、舊檔號 012.22/0071）。
(56)「池田総理から中華民国蔣総統への親書案」（1964年2月14日）、『吉田元総理中華民国訪問関係（1964.2）』、外務省外交史料館、分類番号 A'1.5.1-17、NF/CR 番号 A'-0395。
(57) 同上。
(58)「池田総理から中華民国蔣総統への親書案決定」（1964年2月20日）、『吉田元総理中華民国訪問関係（1964.2）』、外務省外交史料館、分類番号 A'1.5.1-17、NF/CR 番号 A'-0395。
(59)「吉田茂訪華經過概要：三、日程及名單」（1964年2月11日）、『吉田茂訪華』第3冊、中央研究院近代史研究所檔案館、館藏號 11-01-02-10-02-066、舊檔號 012.22/0071。このうち24日は蔣介石が居住する総統官邸たる士林官邸で、25日は同じく蔣介石が別荘として使用していた日月潭の涵碧樓で蔣介石主催による晩餐会が催された（同上）。
(60) 林金莖、前掲書、202頁。
(61) 同上。
(62)「吉田元総理一行の訪台に関連する印象について」（1964年3月2日）、『吉田元総理中華民国訪問関係（1964.2）』、外務省外交史料館、分類番号 A'1.5.1-17、NF/CR 番号 A'-0395。
(63) 林金莖、前掲書、203-203頁。
(64)「朝日新聞」、1964年2月29日夕刊。
(65)「蔣中正発池田総理閣下宛親書：訳文」（1964年2月26日）、『吉田元総理中華民国訪問関係（1964.2）』、外務省外交史料館、分類番号 A'1.5.1-17、NF/CR 番号 A'-0395。
(66) サンケイ新聞社編、『蔣石介石秘録：日中関係80年の証言』（下）改訂特装版、サンケイ出版、1985年、508頁。
(67) 張群、古屋奎二訳、前掲書、221頁。ただし、日本の外務省は、この書簡の存在を認めていない（清水麗、「第2次吉田書簡（1964年）をめぐる日中台関係の展開」、『筑波大学地域研究』第19号、筑波大学、2001年、179頁）。
(68)「吉田茂発総統府秘書長張群先生宛書簡」（1964年3月20日）、『アジア諸国特派使節及び親善使節団本邦訪問関係雑件 中華民国の部 張群総統府秘書長関係』第3巻、外務省外交史料館、分類番号 A'1.6.1.2-1-1、MF/CR 番号 A'-0395。
(69)「張群発吉田茂先生宛書簡」（1964年4月10日）、『アジア諸国特派使節及び親善使節団本邦訪問関係雑件 中華民国の部 張群総統府秘書長関係』第3巻、外務省外交史料館、分類番号 A'1.6.1.2-1-1、MF/CR 番号 A'-0395。
(70)「吉田元総理から張群秘書長あて返翰」（1964年5月7日）、『アジア諸国特派使節及び親善使節団本邦訪問関係雑件 中華民国の部 張群総統府秘書長関係』第3巻、外務省外交史料館、分類番号 A'1.6.1.2-1-1、MF/CR 番号 A'-0395。
(71) 同上。
(72) 吉田茂記念事業財団編、『吉田茂書翰』、中央公論社、1994年、91頁。
(73)「張群発吉田先生宛書簡」（1964年5月23日）、『アジア諸国特派使節及び親善使節団本邦訪問関係雑件 中華民国の部 張群総統府秘書長関係』第3巻、外務省外交史料館、分類番号 A'1.6.1.2-1-1、MF/CR 番号 A'-0395。
(74)「訪華報告」（1964年3月16日）、『吉田元総理中華民国訪問関係（1964.2）』、外務省外交史料館、分類番号 A'1.5.1-17、NF/CR 番号 A'-0395。
(75) 同上。
(76)「蔣総統との会談における総統の談話要旨」（1964年3月13日）、『吉田元総理中華民国訪問関係（1964.2）』、外務省外交史料館、分類番号 A'1.5.1-17、NF/CR 番号 A'-0395。
(77)「訪華報告」（1964年3月16日）、『吉田元総理中華民国訪問関係（1964.2）』、外務省外交史料館、分

類番号 A' 1.5.1-17、NF/CR 番号 A' -0395。
(78)「大平大臣・沈部長会談」（1964 年 7 月 4 日）、『大平外務大臣中華民国訪問関係（1964.7）』第 1 巻、外務省外交史料館、分類番号 A' 1.5.1-8、MF/CR 番号 A' -0359。
(79)「蔣総統・大平大臣会談要旨」（1964 年 7 月 4 日）、『大平外務大臣中華民国訪問関係（1964.7）』第 1 巻、外務省外交史料館、分類番号 A' 1.5.1-8、MF/CR 番号 A' -0359。
(80) 同上。
(81) 同上。
(82)「張群秘書長の来日に関する件」（1964 年 7 月 27 日）、『アジア諸国特派使節及び親善使節団本邦訪問関係雑件 中華民国の部 張群総統府秘書長関係』第 3 巻、外務省外交史料館、分類番号 A' 1.6.1.2-1-1、MF/CR 番号 A' -0395。
(83)「張群秘書長の東京における日程」（1964 年 8 月 7 日）、『アジア諸国特派使節及び親善使節団本邦訪問関係雑件 中華民国の部 張群総統府秘書長関係』第 3 巻、外務省外交史料館、分類番号 A' 1.6.1.2-1-1、MF/CR 番号 A' -0395。
(84) 張群、古屋奎二訳、前掲書、229 頁。
(85)「朝日新聞」、1964 年 8 月 17 日朝刊。
(86)「朝日新聞」、1964 年 8 月 20 日夕刊。
(87)「池田総理張群秘書長会談要旨（張秘書長より北沢聴取）」（年月日未記入）、『アジア諸国特派使節及び親善使節団本邦訪問関係雑件 中華民国の部 張群総統府秘書長関係』第 3 巻、外務省外交史料館、分類番号 A' 1.6.1.2-1-1、MF/CR 番号 A' -0395。
(88) 同上。
(89) 同上。
(90) 霞山会、『日中関係基本資料集 1949 年 -1997 年』、霞山会、1998 年、231-232 頁。
(91)「木村大使発外務大臣宛電信：訪日成果についての張秘書長感想報告第 464 号」（1964 年 9 月 1 日）、『アジア諸国特派使節及び親善使節団本邦訪問関係雑件 中華民国の部 張群総統府秘書長関係』第 3 巻、外務省外交史料館、分類番号 A' 1.6.1.2-1-1、MF/CR 番号 A' -0395。
(92) 伊藤昌哉、『幸相盗り』、PHP 研究所、1986 年、101 頁。
(93) 池田は夫人の満枝にだけは「IMF とオリンピックを立派にやったら辞める。だれにもいっちゃいかんぞ」と言い、「人間というのは、花道というものがある。人に惜しまれて辞めてゆくのでちょうどいい」と語っていた（塩口喜乙、『聞書池田勇人：高度成長政治の形成と挫折』、朝日新聞社、1975 年、220 頁）。
(94) 吉村克己、前掲書、288 頁。
(95) 国分良成、添谷芳秀、高原明生、川島真、『日中関係史』、有斐閣、2013 年、93 頁。

第2章

佐藤外交における中台バランスの模索

第1節　佐藤と中国問題

▶1　佐藤の対中観形成過程

　7年8ヵ月にも及ぶ戦後の歴代首相の中で最も在任期間が長かった佐藤栄作は、日韓国交正常化、沖縄返還といった輝かしい外交成果を上げる一方、中国問題では最後まで苦心した。佐藤と中国との接点は鉄道省に勤務していた頃に遡る。在職中、佐藤は2回に亘り中国へ短期出張した。

　1回目は盧溝橋事件が起った翌年の1938年5月のことである。約1ヵ月半、「新たな占領地における小運輸制度をいかにするかということを視察するため」に、上海、杭州、南京を回り、「この出張で深い感銘を受け」て「また、中国大陸に行ってひと働きしたいという情熱を持った」という[1]。

　2回目は、その直後の9月、監督局鉄道課長在職のまま単身赴任で上海に拠点を持つ興亜院華中連絡部に出向した。上海における日本の鉄道経営を担う華中鉄路公司の設立事務のためであった[2]。業務は順調に進み、一段落したころで北京、満州、青島を回り、一旦、上海に戻ってから日本に引き揚げる。6月上旬のことだった。満州では商工省から総務庁次長として派遣され、当時、満州の産業全般を一手に取り仕切っていた次兄の岸信介と新京で面会している。

　しかし、佐藤は、それ以降、1度も中国に足を踏み入れなかった[3]。通算僅か1年にも満たない滞在であった。そのため、中国に対して特別な思い入れが芽生えることはなかったようである。

　1954年9月、東南アジア諸国歴訪に出た佐藤は、途中、吉田茂率いる訪問団と合流し、欧州諸国とアメリカを回った。佐藤と言えば、吉田の後押しで政界入りした「吉田学校」の優等生でもある。この間、吉田は首脳勢に向かって「日本は共産主義国との政策協調は出来ない。中国国民に訴えて経済上の利益を与え中国の解放を行わなければならない」と訴えた[4]。

　当時、吉田は中国をソ連から離反させ西側陣営に引き込み、「日米中」の「提携」による「ソ連への対抗」を「アジアの長期的な秩序のあり方」として説いていた[5]。その根拠として、「ソ連国民はどちらかといえば空想、夢想の理論」を奉ずるのに対して、「中共国民は現実的で、利害には誠に鋭敏」であり、潜在的に西側陣営に近く、「一国の政治形態は、その民族の性格およびその歴史の産物」である

ことを考えれば、「共産主義政治」は中国には馴染まないと見ている[6]。したがって、「かつてはソ連の下に隷属的な態度をとっていた中共」が、今日では漸次、「主導的な地位」を占めるに至っており、「中共国民を現実に目覚め来るように導くことができれば、中ソ両国を国際政治の面で疎隔させる（detach）こと」は必ずしも難儀ではなく、「導くに適当な方法」を以てすれば実現可能であると吉田は確信していたのであった[7]。

外遊中、佐藤は特段、中国問題に関して自らの考えを披瀝することはなかった。「工夫をこらして中ソを離間する策を進むべきなり」との吉田の考えに共鳴し、日記において「此の見解こそ遠見」であり、「今こそ自由諸国の協力を必要とするの時なり」と感心した様子で書き綴っているだけである[8]。

その後、1959年9月に岸の要請を受けて大蔵大臣として訪米した佐藤は、国務長官のハーター（Christian A. Herter）と「中共問題についてもかなりの議論」をし[9]、国務次官補のパーソンズ（James G. Parsons）との間でも「中共問題につき」意見交換を行っている[10]。しかし、ここで佐藤が何を語ったかは記録に残されていない。

佐藤にとって中国問題は「もともと『性に合う』ものでなかった」ことは確かであろう[11]。「反中国・親台湾派のボスたちから期待される存在」であり[12]、「人的関係が『親台湾派』と近く」、岸も従来から台湾重視を唱えてきた[13]。こうした人的関係、血縁関係の印象から、佐藤も一般に台湾寄りと見做されるのは自然であった。

そんな佐藤が中国問題に目を向けるようになったのは政権奪取を意識し始めた頃からだった。特に「佐藤独自の中国観が形成」されていく「契機となった」のが1962年9月からの欧州歴訪である[14]。通産大臣を辞めた直後のことで、夫人の寛子、長男の龍太郎、次男の信二、さらに橋本登美三郎や松野頼三、木村武雄といった側近を伴っての「気楽な、私的旅行」であった[15]。

この外遊で佐藤は冷戦による東西分断の現実を目の当たりにする。9月28日、ベルリンの壁を西ベルリン側から見学した佐藤は、東ベルリン側を双眼鏡で覗いた際、自分の方に向けられているトーチカの銃眼を目にし、大きなショックを受ける。その様子を「殊にこのWall見物は実感もこもり、我等も赤憤慨、心から同情を禁じ得ない。一同逃亡者の霊に敬意を表し、黙々としてその場を去る」と日記に記している[16]。

政権中枢から離れていた佐藤であったが、訪問中は、多くの首脳勢と会談する

チャンスに恵まれた。仲立ちしたのは吉田である。特に重要視したのが「世界政治の鍵を握って」いる西ドイツのアデナウアー（Konrad Adenauer）、フランスのド・ゴール、アメリカのケネディと「中共」の「問題についてお話し」することであった[17]。

10月4日、ド・ゴールと会談した佐藤は早速、冒頭でベルリンの壁の印象について語った[18]。

> 先日ベルリンを訪れ東西両ベルリンを分ける壁を見、仏軍監視哨から東ベルリンを望んだが、かくの如き人類の自由が抑圧され反ヒューマニズムの暴挙が許されていることに痛憤を感じ何時までもこの状態が続いては恒久の平和はあり得ないことを痛感した。今や共産圏は政治的、経済的に失敗し、世界的にその勢力は後退しつつあるのではないか。しかりとすればこの際自由陣営に何か手の打ち方はないか。

ド・ゴールは頷きながら「人間に対する抑圧に対して又は民族に対する抑圧に対しては仏は主義の問題として賛成できない。かかる抑圧は今日ではもっぱら共産圏及び中国にのみあるが、仏はあくまでも自由を尊重し、抑圧の政治には永続性がないと信じている」と答えた[19]。その上で、日本の千島列島を例に挙げ、「東独では広さは比較にならないが、問題の本質は変わらない」と指摘し、次のように述べた[20]。

> 共産圏も経済的、科学的発展を成し遂げたが、人間の精神的条件を無視した施策が永続的な成功を収めるとは思われない。ソ連も長い目で見ればいずれは変ってくるだろうが共産圏内に好ましい進化が行われるまではわれわれは決して後退してはならない。われわれの原則を堅持し毅然たる態度を取らなければならない。しかしこれは共産圏との実際的関係において何もしないことを意味するものではなく、また実際的関係の維持改善に努めることに反対するものでもない。勿論それにも困難があるが—仏としても日本としても困難を感じている訳であるが—仏としてはかかる困難は除去し得ないものとは思われない。日本を含む自由世界と中共を含む共産圏とが経済・文化の面で交流を促進してゆくことに主義上の反対はない。しかしそのためには自由世界内の協調が必要であり、われわれの間で十分相談していかなくてはなら

ない。

　この明快な解答に佐藤は深い感銘を受ける。「言葉はおとなしいが、物事は非常にはっきりと且つ強いすじを通した事はさすが世界第一流の政治家」と感じ、「自由の確保、人類最高の権利である自由は何としても確保しなければならない」とのメッセージに「尊い」思いがしたという(21)。西側陣営の一員としての日本の立ち位置を再確認したようである。

　併せて、「東西対立の構図の中で、分裂国家の問題をふくめ現状固定化がすすんでいくという思い」が佐藤の脳裏を過った(22)。それは沖縄返還に通ずるものだが、同時に「この認識は、佐藤の中国、台湾の分断状態に対する認識にもあてはまるもの」でもあった(23)。

　15日、今度はアデナウアーと会談する。佐藤は「自由主義世界は、政治的にもまた経済的にも共産主義世界と対抗してゆかねばならない」とし、「日本もまた自由陣営の一員」として、このような「態度に出るべき」と述べ、続けて「国際共産主義者と話し合うのはよいが、彼等との妥協は絶対に禁物であると考えている。そのような妥協はその分だけ自由世界が後退することを意味するのであり、かかる見地からみても米国は中共について譲歩すべきではない」と主張した(24)。

　なぜ、「米国」の名前を挙げたのか。それは「最近米国の一部の人々の中」で「共産主義を甘く見る」傾向があり、佐藤は、この状況を「安易な態度は危険である」と見ていたからである(25)。アデナウアーは「同感である」とし、「今後」も「自由世界繁栄のためにお互いに協力し努力することを期し」たいと応じた(26)。

　ケネディとは18日に会談した。折しもアメリカはキューバ危機真っ只中にあった。ケネディは「対中共問題」を取り上げ「クレヂット供与に深い注意」を払い「中共が困っておる今日、これを助ける事はやめて欲しい」と「端的に意見開陳」し、続けて「全く今の時期は適当とは思へぬから日本も慎重である事が望ましい」と訴えた(27)。

　一方、欧州歴訪時、日中貿易に関する意見交換も行われた。佐藤は決して日中貿易そのものに反対していたわけではない。例えば、イギリスで商務大臣のエロール（Frederick J. Erroll）が「日本の対中貿易について質した」のに対し、佐藤は「中共貿易は短期的にみれば、制約が多いので大きな期待はかけられぬ」が「中国の隣国たる日本も当然進出すべきであるとの声が日本の国内に次第に強くなっていることを理解されたい」と述べている(28)。ただし、それはドイツにおいて

外務次官のラール（Rolf Otto Lahr）に語っているように、中国に「迎合的態度」で接することは「極めて遺憾」であって、済し崩しに日中貿易を進めるのではなく、常に日本は「飽く迄も自由世界との協調」を前提に当たる必要があると考えていたのである[29]。

さらに帰国後の12月に開かれた国策研究会における「世界と日本：自由陣営の優位こそ世界平和確保の道」と題する講演の中で、「私は、大変共産主義は嫌いな男だ」と言いながら、続けて次のように述べている[30]。

> おれのほうには、隣に7億の人間のいるマーケットがある、それを放っておくわけにはいかない。おれは共産主義は大嫌いだけれども、隣にもし共産党の人が住んでいるならば、朝夕に顔を合わせれば、『お早よう』『今晩は』ぐらいなことは云う。これは普通のつき合いだ。だが、その程度より以上に進まない。

闇雲に日中接触はしない。だからと言って無視もしない。日中貿易に際しては飽くまで西側陣営との「共同歩調」を取りながら「毅然とした態度」で臨むべきというのが佐藤の主張であった[31]。

▶2　「Ｓオペ」の対中政策に関する提言

佐藤栄作の政権奪取のための中核となったのが1964年1月に誕生した政策チーム「佐藤オペレーション」、通称「Ｓオペ」であった。ケネディが立ち上げたブレーントラスト・グループ「ケネディ・マシーン」を真似たもので、7月に予定されていた自民党総裁選挙で池田勇人の3選を阻止すべく、その準備を始めようとしていた佐藤のシンクタンクとして、佐藤内閣実現のための政策ビジョンを策定した。旗振り役は、産経新聞社の政治部デスクで後に佐藤の政務秘書官となる楠田實であった。

Ｓオペは当初から中国問題を緊急課題として扱った。宰相の座を目論む佐藤にとって中国問題は無視することのできない大きな政策課題となっていた。

発足から1ヵ月も経たないうちにＳオペは佐藤に中国問題に関するレポートを提出している。そこでは「中国問題は、池田政権が解決の方向を見出せなければ、次期政権にとって最大の課題となることはいうまでもありません。この問題をこ

んご継続的にフォローしたい」として、「アジアの自由陣営『国府』と共産陣営『中共』をくらべると、繁栄の面で国府がすぐれていることは誰の目にも明らか。アジアの両陣営をくらべるショウケースとして重要な国府を、見すてることはできない。国際的に孤立させてはならないという点で、日米は一致している」としながらも、「後進国中共」に対して、日本を始め世界の「先進国」が経済支援、技術協力をすれば次第に中国の生活水準も向上し、「中共は、平和の方向へ行くのではないか」という仮説を立てている(32)。

これは、アメリカ国務省政策企画本部長のロストウ（Walt W. Rostow）が、その著書『The Stages of Economic Growth: A Non-Communist Manifesto』(Cambridge University Press, 1960) で唱えた「共産主義は社会を離陸から産業の成熟へと推し進めることはできるが、しかしながら、本質的に共産主義は高度な大衆消費の時代によって衰退していく」との主張を模したもので(33)、Sオペは自らの仮説を「日本的『ロストウ理論』」と呼んだ(34)。言わば産業の進行によって世界の国々が中国に対して経済協力をしていけば、平和裏に中国を「共産主義社会」から脱皮させることができるというのがSオペの考えで、そのためにも日中貿易の拡大を推進すべきと訴えた。やがて政策綱領の原案が完成し、そこで「対中国政策」として具体的な政策提言を打ち出した(35)。

> （当面の姿勢）中共も平和共存の路線をとることを期待し、政経分離のたてまえで経済、文化、交通、新聞記者、人事の交流など、あらゆる可能な分野で、日中の接触を深める。
> 　輸銀(ゆぎん)ベースの対中共経済協力は自信をもって推進する。中共に対する封じ込め政策はとらない。
> 　国民政府に対しては、台湾の民生安定のため積極的な経済協力を推進する。
> 　（将来の方向）7億の民が住む中国本土を現実に支配し、代表する中共政府の国際社会への参加なくしては、真の軍縮も国際経済協力関係の調整も、実現しないとの立場に立ち、中共政府の国際社会に入れる日が近いことを期待する。
> 　米中関係の調整がアジアの平和と発展に大きな意味をもっていることを強調し、米中関係の改善、正常化に日本が橋渡し的な役割りを果せるよう準備をすすめる。
> 　アジア非核武装地帯設定を中国に呼びかける。

加えて、「日本をとりまく日米、日台関係などの現状変更を前提としないで、日中関係を深めてゆく一方法として石橋3原則を再検討する。中国に対する賠償問題は、いちおう日華条約をたてにとって、すんだこととする」、さらに「政権をとったあと、対中国政策の転換にさいしては、対米、対中共、対台湾への『密使』の派遣など、じゅうぶん慎重な了解工作、根回わしを行う必要がある」とも書かれた(36)。この中に出てくる「石橋3原則」とは、1959年6月4日に首相を辞して間もない石橋湛山が、周恩来に宛てた書簡の中で提起したものである(37)。

> （1）日中両国はあたかも一国の如く一致団結し、東洋の平和を護り、併せて世界全体の平和を促進するよう一切の政策を指導すること。
> （2）両国は右の目的を達するため、経済、政治、文化において、極力国境の障碍を撤去し、交流を自由にすること。その具体的方法については実際に即して両国が協議決定すること。
> （3）両国がソ連、米国その他と結んでいる従来の関係は、相互に尊重して俄に変更を求めないこと。

Sオペは「反共主義者でタカ派的色彩が強い佐藤」のイメージチェンジを図ろうとしたのである(38)。ただ、その内容は飽くまで日本側の都合を前提にしたものであって、これに対して中国側が、どう応ずるかに関しては検討されなかった(39)。

しかし、それ以上に深刻だったのが佐藤の反応であった。これを見た佐藤は険しい表情を浮かべ、「中国自身が双方とも『1つの中国』をいっている。2つの中国というのは少し早い。漢民族を30年や40年の実情で、即断することは早すぎる。正統政府は国府ということだけでよい。いま実情としては困らない」とし、「中共への延払い輸出は、よっぽど抵抗が強い」と指摘して、「対中国政策」を、これまで以上に推し進めることを拒んだのである(40)。

完成した政策綱領は「明日へのたたかい：未来からの呼びかけにこたえて」と銘打ち、「中共政策」では「中共が核武装をしないで、平和共存の路線をとることを期待し、当面経済、文化、人間の交流など、あらゆる可能な分野で日中間の接触を深める」とだけ記された(41)。原案と比較し、「無難でありきたりな建て前論になってしまった」のである(42)。佐藤の中国問題に対する意見を反映させた

のと同時に「なによりも外交を国内政争の具にしないという判断」によるものでもあった(43)。

だが、最終的に総裁選挙で佐藤は池田に僅差で敗北する。これを受けSオペは政策綱領の練り直しを開始した。総裁選挙が終わった1ヵ月後の8月3日には「Sオペの再開」と題するレポートを佐藤に渡している。

その中で「当面の目標」として「中共・アジア旅行」との項目を設け、「アジア外交のビジョンを具体的に裏付けるためにも、中国、アジアに眼を付ける必要があります。特に『無位無冠』の現在、気楽な気持ちで中共訪問なさるのは今後の外交の布石として重要と思います」と訪中を提案した(44)。しかも、興味深いことに親台派議員に配慮してか、「外交の長老吉田さんや政財界の友人と話し合ってお決めください」と結んでいる(45)。

▶3　佐藤内閣始動

Sオペが政策綱領の原案の内容を詰めているのと同じ頃、佐藤栄作は妙な動きに出た。5月14日、中国経済貿易展覧会に出席するため4月8日から来日していた中国国際貿易促進委員会主席の南漢宸（なんかんしん）と極秘裏に会談したのである。誘ったのは佐藤の方からである。当時、佐藤は科学技術庁長官兼北海道開発庁長官の職にあった。

この会談は、佐藤派の久野忠治（くのちゅうじ）に「晴海（はるみ）で開かれる中国経済貿易展覧会開催のテープカットのために南漢宸氏が来日したそうだが、この展覧会にはどうせ通産大臣は出席しないだろうから、オレが行ってみるのはどんなものだろう」と提案したことに始まる(46)。久野は「佐藤派内部でもとくに日中問題に熱心な人」で、「自分の会社の仕事の関係もあってそのころしばしば中国を訪問」していた(47)。

そこで久野は、中国経済貿易展覧会へ足を運ぶ前に、南漢宸との秘密会談に臨（のぞ）むよう佐藤にアドバイスした。すると佐藤は、それを躊躇（ちゅうちょ）なく承諾したため、早速、段取りを始めた。

佐藤は面会場所に総理府内にある北海道開発庁長官室を指定した。だが、中国側は「現在中日間には国交が正常化されていないので、中国の要人が日本政府の役所に出向くわけにはいきません。私たちは北京を出発するとき、原則を守るようにきつく言われております」として、場所を変更するよう要請した(48)。これに佐藤は「えらく不機嫌」となり、「役所の中で外交関係のない中国人と会おう

といっているのに、なぜ先方がいやだというのか分からない」と不満を洩らし⁽⁴⁹⁾、一時、会談は白紙となるが、最終的に中国側が折れ、日本側も先方に配慮した結果、佐藤派の事務所内で開かれることとなった。

会談は午前8時過ぎから1時間に亘って行われた。佐藤は南漢宸に対し、「私は政経不可分で行くのが望ましいと考えている。今度の中国経済貿易展でも、私がもし通産大臣だったら、テープカットの式典に参加したくらいだ。今の通産相はとてもそんな勇気がない」と述べ⁽⁵⁰⁾、中国側が主張する「政経不可分」に同意する考えを明らかにした。南漢宸は驚愕した⁽⁵¹⁾。その時の様子を親中派議員の1人だった自民党の田川誠一は以下のように回顧している⁽⁵²⁾。

> いまではまったく信じられないことだろうが、当時、現職の閣僚が国交のない中国の要人と会うのは異例なことで、政治家として非常に勇気のいることだった。それをあえて断行、政経不可分まで表明したということがあったので、佐藤内閣の姿勢に対し、われわれはほのかな期待さえ抱いていた。

しかも、その後、久野と中日友好協会の会長である廖承志との間で、佐藤と周恩来との会談をセットする計画が秘かに進められた。久野は以前から佐藤と中国側とのパイプ構築を模索していた。前年9月の訪中時に廖承志から「あなたは佐藤派の幹部だそうだが、リーダーの佐藤栄作氏という人は、一体どんな人物ですか」と問われた久野は「こうと思ったことは、必ずやり遂げる決断と実行の人です」と述べ、「われわれは西にドゴール、東に佐藤ありと、大変尊敬しています」と頻りに佐藤を売り込み、「1度、周恩来首相に会って頂きたいと考えているが……」と半ば冗談紛れに語ったところ、廖承志は「真剣に頭をめぐらせている様子」を見せていた⁽⁵³⁾。

9月下旬、10月1日の国慶節の招待を受けて訪中した久野は、佐藤と周恩来の会談実現に向け、廖承志と協議を始めた。中国側は「周首相は近く東南アジア諸国を歴訪する予定なので、もし日程を合わせてもらえるなら、ビルマのラングーンのホテルで、たまたま出会ったという形でお目にかかりたい」として了解を求めた⁽⁵⁴⁾。時期は11月である。

久野は即、中国側の意向を佐藤に伝えた。ところが「ちょっと待ってくれ、今は国内情勢がひじょうに微妙になっている」との答えが返ってきた⁽⁵⁵⁾。

「国内情勢がひじょうに微妙になっている」とは、どういう意味なのか。2ヵ

月半前、過半数を上回ること僅か4票、佐藤、藤山愛一郎、灘尾弘吉を抑え、辛うじて自民党総裁選挙で3選を果たしたばかりの池田勇人が病魔に襲われ入院し、検査の結果、喉頭癌が発見され、「これ以上政権を担当することはむずかしいのではないかという噂が党内に急速に流れ始めていた」からである(56)。

佐藤は自分が「ポスト池田」の椅子に座ることを予見していた。したがって、「この時点で外国首脳との会談に個人的にもコミットできないことは明らか」だった(57)。最終的に佐藤は久野からの要請を断った。周恩来との会談は幻となる。

だが、中国側は「佐藤栄作先生は、先見の明のある政治家である」と、佐藤を高く評価した(58)。廖承志も「池田さんが病気で倒れた以上、次の出番は佐藤さんです。彼が総理になるとすると、ラングーンに来られないのは無理もありません。しかし佐藤さんは政経不可分の原則に同意しているので、日本もこれからは対中国政策に前向きの姿勢を打ち出すことでしょう。私たちはこれに大きな期待をかけ、佐藤政権の誕生を心から歓迎します」と言って持ち上げた(59)。

東京オリンピックのフィナーレと同時に池田は退陣の意向を表明し、自らの後任に佐藤を指名して、11月9日、内閣発足と相成った。ところが、中国側が寄せた佐藤に対する期待は、すぐに裏切られることとなる。首相就任時の記者会見で佐藤は「中共には非常に大きい問題がある。中国に2つの国があって、2つとも同じことをいっている。『中国は1つなり』と大上段からいっていて、そんなときに外国が『中国は2つだ』といえるだろうか。それこそ内政干渉だろう」とした上で、「蔣総統が終戦のときに示した好意が、日本国民のいき方をしばるものだとまでは考えない。蔣総統には大変感謝しているけれども、そういう感情論でこの問題を片づけることはできない」と述べ(60)、続いて21日に行われた所信表明演説でも「私は、今後国際情勢の推移をも勘案しつつ、慎重、かつ、真剣にこの問題に対処していく考えであります」と対中政策について慎重な態度を見せ始めたのである。

手の平を返したような変貌ぶりに中国側は強いショックを受けた。10月16日に中国が初めての核実験に成功したことも事態を複雑化させた。しかも、11月24日から始まる日本共産党第9回大会への参加を希望していた中国共産党中央政治局委員で北京市長の彭真を団長とする中国共産党代表団に対し、日本が入国拒否を決めたことで、佐藤への批判が、これまで以上に強まった。

中国が佐藤内閣発足直後という時期に彭真のような大物を派遣しようとしたことは、これを佐藤の対中政策を占う「試金石とする意図」、即ち「佐藤に果た

してどこまで本気で日中関係の改善と取り組むハラがあるのか、はじめにゆさぶりをかけてみればはっきりする」と判断したからであった[61]。中国外交部は次のような談話を発した[62]。

> 日本の佐藤政府は、21日、彭真同志をはじめとする中国共産党代表団にたいし、こともあろうに入国拒否という不当な措置をとった。これにたいし、中国人民はひじょうに大きな憤りを感じないわけにはいかない。
> 中国政府は、日本政府のこの行動はゆゆしい問題であると考える。これはビザを出すか出さないかの問題ではなく、新しく政権の座についた佐藤政府が中国政府と中国人民にどんな態度をとったかという問題である。
> 中日友好は中日両国人民の共通の願いである。中国側が招きにこたえて彭真同志をはじめとする代表団を日本に派遣することは、中日友好を強める１つの重大な段取りであり、この段取りは中国人民から歓迎され、日本人民から歓迎されている。佐藤政府が現在とっているこの不当な措置は、明らかに広範な日本人民の願いにそむき、その当然のなりゆきとしてかならず中日関係の発展に危害を及ぼすものである。各方面にわたって中日両国の友好関係が今日の程度にまで発展したことは並大抵のことではない。われわれは、日本の友人が佐藤政府にこの不当な措置の撤回を要求するために努力していることを聞いて、喜びにたえない。
> 佐藤政府がこの不当な措置を固執するなら、重大な結果をもたらさないわけにはいかない、ということをわれわれは厳正に指摘しなければならない。

中国側は当初、「成り行きいかん」では佐藤と彭真との会談をも実現できると踏んでいたようである[63]。その分、佐藤の様変わりに反動も大きく「もう中国人民は佐藤に幻想を抱いていない」と非難を浴びせるようになる[64]。

一方、その頃、自民党では台湾擁護を訴える親台派議員によるＡ研（アジア問題研究会）と対中接近を求める親中派議員のＡＡ研（アジア・アフリカ問題研究会）との間で火花が散っていた。1964年12月16日に発足したＡ研は賀屋興宣（かや おきのり）の音頭で旗揚げされ、座長の灘尾弘吉を筆頭に74名が集った。彼らの主張は次の通りである[65]。

「①中国がはっきり共産主義による侵略意志を捨てない限り、国連への加

盟は認めるべきではない②日本の国家的利益からいっても台湾を守るべきで、中国の国連への単独加盟には不賛成であり③したがって代表権問題は重要事項指定方式でゆくべきである④貿易は政経分離（輸銀の利用を認めぬ）の方式で、韓国、台湾など自由圏の貿易以上に優遇すべきではない」

　この時期、国連における中国代表権問題が浮上し、「アジア・アフリカ諸国内で中国を支持する国々がふえてきたこと、加えてフランスの中国承認などから、早晩国連から台湾を追放し、中国の復帰が実現しそうな情勢」へと向かいつつあった(66)。A研は「反共」を軸に台湾との連携を志向した。

　翌年1月28日、今度は宇都宮徳馬、川崎秀二、久野忠治が中核となってAA研を発足させる。その数は瞬く間に100名を超えた。

　AA研は「アジア・アフリカ」とのネーミング通り、中国問題に加え、「南北問題」が「世界史的意義をもってクローズアップ」される中、「アジア・アフリカ諸国の政治、経済動向に即応」し、「アジアの中の日本」として「わが国の自主独立の外交政策を確立するための調査、研究」を行うことを趣旨としている(67)。中国問題に関する彼らの主張は次の通りである(68)。

　「①中国を国連に加盟させアジアの緊張を緩和すべきである②したがって代表権問題では重要事項指定方式をとるべきではない③大使級会談などを通じて政府間接触をはかるべきである④政府間交渉を通じて拡大すべきである」

　A研の主張とは相反するものだった。ただし、このA研とAA研による対立は単に対中政策におけるスタンスの違いから発生したものではない。その顔触れを見ると、佐藤に対する主流派と反主流派による派閥間の争いの図式も見え隠れしている(69)。

　1965年2月23日の段階でA研は、佐藤派が27名、河野（一郎）派が2名、池田（勇人）派が12名、三木（武夫）派、藤山（愛一郎）派、大野（伴睦）派はそれぞれ9名、川島（正次郎）派が4名、石井（光次郎）派が10名、福田（赳夫）派が13名、無派閥3名である。一方のAA研は、佐藤派が9名、河野派が17名、池田派が8名、三木派が18名、藤山派が10名、大野派が13名、川島派が1名、石井派、福田派はゼロ、無派閥1名である。

　人数で見れば、石井派と福田派が台湾寄りであることを鮮明にしていることが

分かる。その上、A研98名のうち、3分の1に当たる36名が岸信介の側近議員で構成される自民党最右派の「素心会」メンバーであった。

しかも、A研に多い佐藤派、川島派、石井派、福田派は主流派であるのに対して、AA研には反主流派の河野派、松村(謙三)系を含む三木派からの参加が多数を占めた。即ち、A研とAA研の対立は、主流派と反主流派の対立と同義であると言える。対中政策は佐藤にとって外交問題であると同時に、内政問題でもあった。

そこで、このA研とAA研の対立を抑え、自民党内の安定化を図るため、AA研設立直後、正規機関たる自民党外交調査会の副会長数を3名から12名に増やし、そのうち4名はA研、AA研それぞれから2名ずつ出すこととなった。A研からは池田正之輔と灘尾、AA研から竹山祐太郎と古井喜実が副会長職に就く。

同時に新たに顧問職が設けられ、5名の顧問のうちA研からは石井と賀屋、AA研からは藤山と松村が充てられた[70]。佐藤が首相就任前後で対中政策に関し曖昧な対応を見せたのは、政権運営に支障を来さないためにも、親台派議員、親中派議員の双方に配慮しながら、政権基盤の不安定要素の払拭に努めようとしたためであろう。

第2節 強まる中国側の攻勢

▶1 佐藤訪米と中国問題

1965年1月12日と13日、訪米した佐藤栄作とジョンソン(Lyndon B. Johnson)との会談が行われた。ジョンソンは、前任のケネディが暗殺されたため、副大統領から大統領となり、1964年11月の大統領選挙で再選されたばかりで、1月20日の就任式を控え多忙を極めていた。

そのため、当初、アメリカ側は佐藤訪米の申し出に困惑の色を隠さなかった。2人の会談は、ジョンソンの日程に半ば強引に入れ込む形で実現したのである[71]。

早速、佐藤は中国問題を取り上げる。だが、ジョンソンは「国府の血圧を上げないことが肝要であり、国府が自ら国連から脱退するような事態を阻止しなければならない」とだけ答え、余り多くを語らなかった[72]。

一方、中国問題で多くの時間を割いたのが国務長官のラスクとの会談だった。佐藤は「国連においては、国府追放の事態が発生しないよう、できる丈努力する

つもりである」とし、「中共の国連加盟が認められれば、中共承認国が多くなることが予想され、そうなると、中共を承認すべしとの国内世論が高くなり、国内の圧力が強くなる。かかる事態が出来るだけ先になるようにしたい。日本政府はそうでないと困る」と「中華民国」の国連追放の回避と、「中華人民共和国」の国連加盟の阻止を主張した(73)。これに対し、中国問題を「太平洋の平和に影響する緊急の問題」と捉えていたラスクは、「余り将来のことを今から考えることはできない」としながらも、「国連が台湾を追放すると考えるのは難しい」と答えた(74)。

続けてラスクは中国の脅威を強調しながら、米中関係に触れ、「台湾海峡における武力行使を放棄し、台湾奪還をあきらめる」のであれば、「中共との正常な関係を持とうとの相当強い世論が米国内に起る」だろうが、「頑迷な態度をつづけ、米国に対する敵対をつづけ」る限りは関係改善の可能性はないと断言した(75)。佐藤はラスクの訴えに同調し、「革命完成の途上」にある中国は四隣の国々に対して積極攻勢を強める恐れがあるとの見方を示し、それが中国の「伝統的政策」で、インド、ベトナムにも、その兆候が見受けられ、したがって「先方のペースにまきこまれないようにとの見地」から、中国の「軍事攻勢に対して軍事手段をもって、応ずる」べきとまで述べ、さらに「台湾は防衛的見地からどうしても必要であり、是非確保したい」と台湾の安全保障を重視することを言明した(76)。

かなり過激とも受け止められる佐藤発言の背後には、自民党内の親台派議員による圧力があった。佐藤訪米に先立つ1964年12月22日、A研は中国問題に関する基本方針を発表した。そこでは国連における中国代表権問題について「国連の精神を尊重する平和愛好国にならないかぎり、中国の国連加盟および承認は支持できない」とする否定的見解を示すと同時に国連における国府の議席維持を強調し、日中貿易は「内政干渉や日本共産化工作をやめ」させ、「賠償放棄を認め」させて、「国内防共態勢を確立」した上で進め、経済協力も「自由諸国優先」を前提に過度な優遇措置は設けるべきではないとした(77)。

これを受け自民党外交調査会も25日、A研の主張を反映させた「中間報告」を出し、幹事長の三木武夫に提出した(78)。「親台湾派が、党内で優位を占める構図」は依然として変わらなかった(79)。

発表された共同声明では、日本の立場を理解するも、中国問題への具体的言及はなく、今後も密接な協議を続けて行くことに合意したと述べるに止まった。しかし佐藤本人はジョンソンとの会談について、「こんなに話がトントンと進んだ

のでびっくりした」と満足している(80)。

▶2　悪化する日中関係

　それから暫く経った2月6日、池田勇人内閣から持ち越された「吉田書簡」の取り扱いについて混乱が生じる。官房長官の橋本登美三郎による「佐藤内閣としては、中共に対し輸銀による延べ払い輸出は行わないとの『吉田書簡』は関知しないものである」との発言を(81)、僅か2日後、衆議院予算委員会の場で「吉田書簡を無視した言は新聞紙はともかくとして、台湾をおこらせねばいいが」と心配した佐藤栄作が(82)、「私はやはり拘束されるものだ、かように考えております」と訂正したのである。

　これに対し吉田書簡の破棄を要求する中国側は早速、攻勢に打って出た。次々にビニロン・プラントの契約失効を通告したのである(83)。

　慌てた「各貿易業者」は「中国向けプラントに対する輸銀使用を訴えたが、政府はこれを拒否」した(84)。日中関係は急速に悪化していった。

　いかにして中国側の態度を緩和させるか。佐藤は基本的に政経分離を軸に対中政策を進めることを堅持しながらも、親中派議員の藤山愛一郎や松村謙三と極秘裏に会談し中国側との交渉ルートを模索した。

　そんな中、3月20日、Sオペから大胆なアイディアが上がってきた。4月17日から19日までインドネシアのバンドンで開催されるバンドン会議（アジア・アフリカ会議）の10周年記念式典を「日本と中国の政治的接触の場として利用」し、出席予定の周恩来と日本代表とが「フランク」に会談すれば「北京の佐藤内閣に対する態度にも響くものが期待され」るのではないかという提案であった(85)。

　佐藤は、これに同意し、自民党副総裁の川島正次郎、幹事長の三木武夫、官房長官の橋本との協議の末、川島を送ることにした。周恩来との会談の斡旋はインドネシア大統領のスカルノ（Sukarno）が引き受けた(86)。

　会談は19日に行われた。川島は「日中間の貿易は近時増進しており、日本としては今後共その増加に努力したい旨また日中双方はイデオロギーを異にしつつも共存共栄できると確信しており、自民党、佐藤内閣ともに中共を敵視しておらず、種々問題はあっても一つづつ気長に解決していきたい旨」を述べ、併せて「内政干渉、相手の誹謗等は差控えるべき」と指摘した(87)。これに対し周恩来は、吉田書簡に拘る佐藤を批判した上で「中国の一省たる台湾との間の関係増進は中

共を敵視するもの」と断じ、中国としての当面の「基本的態度」を示した[88]。

> （1）事態の推移を今暫く見ること
> （2）日本の台湾とのこれ以上の関係増進については中共の立場からこれを非難せざるを得ないこと
> （3）日中関係の改善には希望を捨てているわけではないこと

　会談は1時間10分に及んだ。周恩来は「極めて真摯な態度を示し、友好的な雰囲気」の中で行われた[89]。この川島と周恩来との会談について佐藤は「まあまあの成果か」と評し[90]、26日に川島から直接、その内容について報告を受けると「まづは何もないだけに成功か」との感想を洩らしている[91]。

　こうして8月3日、佐藤は、吉田書簡を「個人の書簡に過ぎないものに政府が拘束を受けることはない」としながらも「中国向けプラント輸出に輸銀を使うかどうかは、政府が自主的に判断すべき」との基本方針を示す[92]。吉田書簡に関するトラブルは収束へと向かった。

　ただし、この基本方針は、吉田書簡に拘束されるものではないとする一方、私信である書簡を正式に破棄する必要はないとの立場を明らかにしており、台湾側にも配慮した形となった[93]。佐藤に対する中国側の猜疑心は完全に払拭することはできなかった。

　その後も中国の態度は一向に変わらなかった。1966年3月29日には社会党が招聘した中国人民外交学会代表団の入国を法務省が拒否したため、日中関係は再び暗礁に乗り上げた。

　5月、LT貿易延長の協議のため訪中を控えていた松村と会談した佐藤は「老人も頑固一徹、度し難きものあり」と皮肉り[94]、延長に合意して帰国した松村が報告に来なかったこと不快に感じたのか「老人もいゝかげんにしたらと思ふ」と愚痴を零している[95]。この頃から自民党を中心に相次いだ不祥事「黒い霧事件」がクローズアップされるようになると、松村を中心とする反主流派は、ここぞとばかりに佐藤攻撃を始めた。

　さらに6月、今度は大衆レベルでの中国との交流事業の中で、旅券発給に関する混乱が起きる。これは、中日友好協会と中華全国青年連合会、中華全国学生連合会から日中友好協会に対し、8月に中国で開催予定の「日中青年友好大交流集会」への日本代表団の派遣を要請する招待状が届いたことに始まる。それは、41

団体、約500名にも上る空前の規模のものだった。

　招待を受けた41団体は、外務省へ旅券発給の申請を行った。しかし、外務省は「１度に500人もの青年が訪中するのは『国益に反し、公安を害する恐れがある』」として(96)、24団体、281名にしか旅券交付をせず、残る申請者への旅券発給を認めなかったのである。

　日中友好協会は、簡単には引き下がろうとはせず、外務省だけでなく法務省、首相官邸にまで出向いて複数回に亘って抗議集会を開き粘り強い要求を続けた。最終的には全員が旅券を獲得することができたのだが、この流れの中で佐藤への親中派議員からの反発が強まっていくことになった。

　一方、中国では文化大革命が本格化し、対日関係だけでなく、外交全般が停滞しつつあった。したがって、日本としても暫し静観せざるを得なくなっていった(97)。

▶3　佐藤訪台と蔣経国来日

　1967年は、かつてないほど日中関係が緊迫した年であった。最大の原因は、佐藤栄作の台湾訪問である。これは、1965年８月、台湾の外交部長である沈昌煥が来日した際、佐藤宛てに届けられた副総統兼行政院長の厳家淦による親書がきっかけだった(98)。

> 佐藤総理大臣閣下
> 　このたび、沈昌煥外交部長が御招請により貴国を訪問し閣下にお会いする際私に代って御挨拶申し上げるとともに、わが政府は閣下が一日も早く中華民国を訪問されるよう御招請申し上げるよう転達方特に依頼しました。
> 　日本国と中華民国は利害禍福を共にしており、両国が互いに手を携えて共産勢力の拡大を阻止することを切望します。
> 　数年来中日経済協力はより積極化され、両国関係はますます親密になりつつあります。これについては閣下が非常に貢献をされ、私は感銘深いものがあります。もしも御来訪いただけますならば、親しくお目にかかり、日華両国の協力を強化する大計を共に相談し合うことができ、これはアジアの安全と平和に裨益するところ多大であると確信するものであります。
> 　先づは右一書を呈するとともに謹んで何分の御返事をお待ち申し上げます。

御健勝をお祈りします。

敬具
厳家淦

　これに対し、佐藤は「今般貴院長閣下より御懇切なお招きいただき、こゝに心から感謝の意を表しますとともに、貴国に赴いて貴院長閣下並びに貴国要路の方々の御高説を直接拝聴する機会の到来することを心より念願しております」との返簡を送る(99)。佐藤も前々から「蔣総統閣下にも、過去のお礼を申し上げたり、また将来のことについても語り合いたい」と思っていた(100)。

　だが、仮に訪台すれば日中関係が一気に冷却化することは目に見えている。先延ばしにしていたのは、それを恐れていたものと推察される。

　しかし、台湾側は、その後も「盛んに招待外交をすすめ」て、「しばしば総理訪台を要望」し、1967年5月には、厳家淦が蔣介石の命により訪米の途中で日本に立ち寄り、佐藤と「非公式に会談」して直接、訪台を求めた(101)。そんな強引とも言えるアプローチに、佐藤も、ようやく重い腰を上げ、台湾側の要請に応えることとした。

　では、なぜ佐藤は中国から批判を浴びることを分かっていながら訪台に踏み切ったのであろうか。そこには佐藤にとっての最重要課題である沖縄返還が存在していた。

　台湾は従来から「歴史的、地理的根拠」に基づいて、アメリカが「日本に沖縄を返還することに反対」し(102)、8月2日には「日本の沖縄に対する『潜在主権』は認めないとの見解」を打ち出していた(103)。「歴史的」に沖縄は中国の一部であり、「地理的」には台湾に隣接する沖縄においてアメリカの軍事的プレゼンスが低下することを憂慮していたからである(104)。

　東京大学教養学部教授で佐藤の知恵袋でもあった衛藤瀋吉（えとうしんきち）は、佐藤の訪台について「沖縄は元来、明治時代にその帰属をめぐって日清間に激しい論争があった地域である。中国政府はいまだかつて、沖縄の日本帰属を正式には認めていない。そして台湾には、沖縄独立運動の活動家たちが蟠居（ばんきょ）していた。栄作としては、沖縄返還のためには、台湾の国民政府が返還を黙認するか、あるいは少なくとも言葉だけの抗議にとどめておいてもらわないと困る。そのためには、その他の局面での日台友好を大いに高めることが必要であった。栄作の台湾訪問はまさに、沖縄返還交渉の暗黙の布石をなすものであった」と指摘している(105)。即ち、沖縄

返還に対する台湾側の態度を和らげるという狙いがあった。

　当初、日本側は９月と10月の２回に分けて行われる佐藤の東南アジア・大洋州諸国歴訪において、スケジュールの最後に台湾を訪問する計画を立てた。中国に配慮し、「訪台の政治的インパクトを最小限に抑えるため」である(106)。ところが、「第２回訪問の最後であること」に台湾側が不満を洩らしたため(107)、９月７日から９日の日程で単独で訪問することになった(108)。

　７日、佐藤は夫人の寛子同伴で台湾を訪れた(109)。「全学連の一部並に日中友好協会の連中が坐り込みをやり、又デモって訪問阻止を図る。然し空港入りを早めにして（ショートカット）デモをはづす。従って何等の抵抗を感ぜず出発」し、到着後、「儀仗兵の閲兵を行い、邦人の子供達迄の盛大な出迎をうけ」た(110)。佐藤と蔣介石との会談は８日に２回、第１回は午前10時30分から総統府で、第２回は陽明山中山楼で午後８時から行われた。

　１回目の会談で佐藤は終始、聞き役に徹した。蔣介石は延々と大陸反攻を訴えた。佐藤は最後に「その通りです。中共問題に関するご高説を理解できただけでなく、深く同感しました。これはすべて憂国の心であり感動しました。このことはアメリカにも伝えるべく努力します。そして核問題、琉球およびソ連の対日態度等々、再び教えが聞けることを深く願っております」と応じた(111)。

　２回目の会談では安全保障全般について話し合った。佐藤が核問題に対する見解を求めると、蔣介石は「核の平和利用に関する研究は今後も必要です」と答えた(112)。続いて佐藤が「自衛隊だけでは国は守れないので日米安保条約に頼らざるを得ないのです」と述べると、蔣介石は「大陸反攻が実現すればアジアの平和と安全は確立でき、そうなると自然にアメリカも琉球に軍事基地を置く必要がなくなり沖縄問題も解決できます。それが理に適っています。しかしながら、アメリカと違ってソ連は領土に対する野心があるから注意しなければなりません。そこを見誤ると北方領土は返ってきません」と力説した(113)。

　ここで沖縄問題が取り上げられる。佐藤が「日本国民は沖縄返還を求めており、その願望は高まっています」と言うと、蔣介石は「合理的解決となる日が来るでしょう。しかし急ぐ必要はないと思います」とし、反対も了承もしなかったのである。再び話題は大陸反攻へと移り、最後に佐藤は「今夜は核問題、琉球問題まで卓見を賜多くの収穫を得ることができました。ソ連問題については今度、詳しく教えてください」と結んだ(114)。

　９日の帰国時、台北松山空港に向かう車中で佐藤は、駐日台湾大使から外交部

長に転じた魏道明と総統府秘書長の張群に、蒋介石が会談で主張した大陸反攻に関し、「『御話の点は米国に行った際詳細つたへるが、くれぐれも慎重な上にも慎重である様にと蒋総統に伝へて下さい。同時に御世話になりました。此の上とも御健康に留意して下さい。心から長寿を祈る』と申し上げてくれ」と伝えた(115)。この日、佐藤と厳家淦との間で以下のような共同声明が発せられた(116)。

> 1967年9月9日、台北において。
>
> 佐藤日本国総理大臣は夫人を伴ない、中華民国政府の招きに応じて、1967年9月7日から9日まで中華民国を訪問した。
>
> 佐藤総理大臣は中華民国訪問中に蒋介石総統、厳家淦副総統兼行政院長およびその他の中華民国政府の指導者と会見し、友好的かつ親密なふん囲気のうちに、現下のアジア及び世界の他の地域の情勢と両国が共通の関心を有する諸問題について率直な意見の交換を行なった。
>
> 両国の指導者は、世界の平和と安全を主要な関心事とし、これを促進することが両国共通の目標であることを確認し、国連憲章の原則に則り、この目標を達成するため努力することに合意した。また両国の指導者はアジア・太平洋地域に平和と繁栄をもたらすために、この地域における諸国間の現存のきずなを更に一層強化することの必要性を認めた。
>
> 両国の指導者は、政治、経済及び文化の各分野における両国間の伝統的な友好関係がますます発展しつつあることを満足をもって指摘し、さらにこれらの分野における両国間の協力を継続することに合意した。
>
> 両国の指導者は、今回の佐藤総理大臣の中華民国訪問の期間中に行なわれた意見交換が両国の相互理解を一層深めることとなったことに満足の意を表明した。
>
> 佐藤総理大臣ならびに夫人は、その訪問期間中、中華民国官民からよせられた盛大な歓迎、及びてい重な歓待に対し、心からの謝意を表明した。

中国問題は全く触れられなかった。中国側を殊更に刺激したくないという日本側の意向によるものであると考えられる。佐藤は、日台関係の促進を図りながらも、できる限り日中関係を現存のまま継続していくことを望んでいた。しかし、中国側は黙っていなかった。「毎日、サンケイ、東京の3社の北京駐在特派員に期限付きで、中国からの退去宣告」を出して激しく反発した(117)。

台湾から帰国した直後、佐藤は20日から30日までビルマ、マレーシア、シンガポール、タイ、ラオスを、10月8日から21日までインドネシア、オーストラリア、ニュージーランド、フィリピン、ベトナムの計10ヵ国を訪問した。いずれの国でも中国問題に言及し、このうち、ビルマの革命評議会議長であるネ・ウィン（Ne Win）との会談では「中共等の分析から中共戦力につき、更には核開発」まで話し合い(118)、インドネシアのスハルト（Soeharto）には、「最近の北京には一寸手を焼いておるが、ドアをしめない様にと、即ち孤立化を防ぐ事を注意」した(119)。

　続いて11月12日、佐藤は再びアメリカに出向き、沖縄返還を主題とするジョンソンとの会談に臨んだ。ここで佐藤は、東南アジア歴訪の外交成果を語った上で、極東アジア地域の平和と安定、特にアメリカの対ベトナム政策に協力する意向であることを伝え、さらに東南アジア地域における中国への不安を指摘して(120)、共同声明にも「中共が核兵器の開発を進めている事実に注目し、アジア諸国が中共からの脅威に影響されないような状況を作ることが重要である」と記された(121)。

　27日には、蔣介石の長男で国防部長の蔣経国が、9月の佐藤訪台の答礼として来日した。蔣経国は、羽田空港に着くなり、「必ず中共の暴政をくつがえす」というステートメントを発表し、さらに29日の記者会見では「毛沢東主席はアジア共同の『鬼』である。日本の『桃太郎』の伝説と同じ、力を合わせて鬼退治をしなければならない」と語気を強めた(122)。

　蔣経国の来日は、蔣介石の後継者として、日本に自らの存在をアピールするためのものだった。滞在中は、佐藤は勿論、外務大臣の三木武夫、衆議院議長の石井光次郎、参議院議長の重宗雄三（しげむねゆうぞう）を表敬訪問し、天皇陛下にも謁見した。

　さらにA研を始めとする自民党の親台派議員と相次いで会談した。日本としても、蔣介石の後任であることを意識しながら、公賓としての待遇を怠らず、日台関係の緊密さを象徴する来日となった。

▶4　MT貿易

　一方、この間、日中貿易は続いていたが、佐藤栄作に対する中国側の不信感が高まり、1967年末に5年間の期限切れとなったLT貿易は、空白状態のまま1968年を迎えた。1月中旬頃、中国人民外交学会の招待で訪中していた社会党の石野久男（ひさお）、枝村要作（えだむらようさく）から少人数で訪中するのであれば中国側は会う用意があるとの

周恩来の伝言が報告され⁽¹²³⁾、ようやく事態収束へと向かう。こうして2月1日、日中総合貿易連絡協議会の会長である岡崎嘉平太と古井喜実、田川誠一、高碕達之助事務所から2名の随員が中国を訪問した。

中国側は、佐藤を厳しく糾弾した。その上で、岸信介内閣期の1958年8月に提示した「政治3原則」を再度、提示し、「政経不可分」と併せて適用すべきと主張した。これらは、交渉の焦点となり、1ヵ月を経て、ようやく「日中覚書貿易会談コミュニケ」が調印された⁽¹²⁴⁾。

そこでは、「アメリカ帝国主義と日本当局の推し進めている中国敵視政策」が日中間の障害物であるとされ、さらに「政治三原則と政治経済不可分の原則は、日中関係において遵守されるべき原則であり、われわれの間の関係における政治的基礎である」ことが確認されて、その「政治的基礎を確保する」ために努力を払うことで一致したとしている⁽¹²⁵⁾。LT貿易に引き続く日中間の貿易枠組みは、「日中覚書貿易」とされ、英訳のMemorandum Tradeの頭文字から「MT貿易」と呼ばれるようになり、存続期間も、これまでの5年間から1年間に短縮され、1年ごとに覚書を交わす形式に変更された。こうした状況にあっても佐藤は、政経分離の基本方針を変えず、日中関係は低迷状態が続いた。

一方、アメリカでは3月、ジョンソンが北ベトナムにおける爆撃の中止と次期大統領選挙への不出馬を表明し、1969年1月、ニクソン（Richard M. Nixon）にバトンタッチした。中国問題が行き詰まりを見せる中、佐藤は沖縄返還を最大の外交課題に据え、11月に訪米、ニクソンとの初会談を経て共同声明を発出する。

そこには「総理大臣は、台湾地域における平和と安全の維持も日本の安全にとってきわめて重要な要素であると述べた」との一文が入った⁽¹²⁶⁾。台湾を日米安保条約の対象範囲とする、即ち、中国が実力行使で台湾解放に乗り出した場合、日本とアメリカが協力して、これを阻止するという意図が含まれていた⁽¹²⁷⁾。中国側は激しく反発した。

第3節 ニクソン・ショックと国連における中国代表権問題

▶1 アメリカの頭越し外交

1970年代に入り、国連の普遍性達成の見地から中国を国連に迎え入れようとする動きが広まっていった。この国連における中国代表権問題は、「国府代表を追放し、中共政府代表がこれに代わるという政府の代表権の交代の問題」として浮上し、「『中華民国』の議席は『中国』の議席であるとして、従来それを国府と中共のいずれが代表するかということ」で激しく争われてきた[128]。

1970年11月20日の第25回国連総会では、アルバニアを中心に18ヵ国が提出した国連における中華人民共和国の加盟、中華民国の追放を謳った決議案「アルバニア案」が賛成51、反対49、棄権25、投票不参加1、欠席1で採択される。その前に、日本やアメリカを始め19ヵ国が提出した、アルバニア案を重要事項に指定する決議案「重要事項指定決議案」が賛成66、反対52、棄権7、投票不参加1、欠席1の単純過半数で可決されていた。

重要事項となった決議案を通すには3分の2以上の議決を要するとの内容である[129]。その結果、アルバニア案は否決されたものの、台湾にとっては極めて深刻な事態となった。

このような国際社会の政治変動に対し、佐藤栄作は早い段階から手を打とうとしていた。その年の2月14日の施政方針演説では「中国大陸との関係は、北京政府がその対外関係において、より協調的かつ建設的な態度をとることを期待しつつ、相互の立場と国際環境の現実とを理解し合い、尊重し合った上で友好関係の増進をはかり、経済、文化、報道などの各面から積み上げて、日中間の交流と接触を促進していく考えであります」と述べ、従来の「中共」に代わり「北京政府」との用語を使って、柔軟な態度を見せている。

自民党の親台派議員、親中派議員も慌ただしく動き出した。「中国問題は、世界の大勢として中華人民共和国を支持する人々と、中華民国に対する信義を重んずる人々との間の鋭い対立」と化し、自民党においても「深刻な党内問題」となっていった[130]。

4月19日、日中覚書貿易事務所代表の松村謙三を団長とする「松村訪中団」

がLT貿易の1年延長のため中国を訪れ、同行した古井喜実と中日備忘録貿易弁事処代表の劉希文との間で「日中覚書貿易事務所会談コミュニケ」が交わされた。ところが、そこには「日本軍国主義の復活を排撃、粉砕し、侵略戦争に反対するために、一層多くの努力をはらう」という日本を一方的に非難、さらに「佐藤政府は、一層輪をかけてアメリカ帝国主義に追随し、中国敵視政策をかたくなに推し進め、日中関係に新しい重大な障害を設けた」と、佐藤を批判する文言があったため[131]、親台派議員の怒りが爆発、大問題へと発展する。

古井の出席の下、自民党の外交調査会と安全保障調査会の合同会議が開かれ、親台派議員と古井との間で激しい鍔迫り合いが演じられた。古井は「必ず日本の中でひどい目に合うということはわかっていた。だから戻ってきてはりつけだ、火あぶりだといわれるのを覚悟のうえで決まりをつけちゃった」と回想しているが[132]、まさに「吊し上げ」だった[133]。

だが、国連における中国代表権問題が切迫してきた12月、超党派による「日中国交回復促進議員連盟」が親中派議員の大御所たる藤山愛一郎を会長に結成され、日中国交正常化を求める声が一段と強くなっていくと、「中共にきらわれておるのは自民党佐藤内閣」と自覚しながらも[134]、佐藤の心境に微妙な変化が現れる。1971年1月22日の施政方針演説では「政府としては長期的な見地から、わが国と中国大陸との間の不自然な状態を解消するために、中華人民共和国政府との間に、政府間の各種接触を行なう用意」があると述べ、今度は「北京政府」に代わって初めて中国を「中華人民共和国」と呼び、日中国交正常化を念頭に日中間の関係改善を表明したのである。

さらに佐藤は自民党内に大きな波紋を広げたにも関わらず、日中覚書貿易事務所会談コミュニケに署名した古井と田川誠一の処分を見送る。3月27日の参議院予算委員会では「外務大臣なり閣僚級が一度正式に話し合いを持つような機会を積極的につくられたらどうですか」という社会党の羽生三七の提案に、「十分私どももよくお話をそれなりに受け取りまして、検討してみることにいたします」と答え、4月15日には「北京へ党を代表して出かける」という野田武夫と木村武雄に「大賛成といって『げきれい』」するほど親中派議員に気を遣った[135]。

このような経過を見る限り、佐藤は一気に中国に傾斜したかのように思えるが、それでも台湾への気配りも忘らなかった。5月11日、佐藤は閣議の後、政務秘書官の楠田實と国連における中国代表権問題について意見交換し、その中で、台湾の国連からの追放を防ぐことを前提に、中国の国連加盟を認めながらも、国

連安全保障理事会に中国の議席は与えないという「二重代表制」を通すと伝えていた(136)。「古いと言われるかもしれんが、やはり東洋流に信義を重んずることが大事だ」という佐藤は、国際社会の流れに配慮しながらも、飽くまでも台湾の国連における立場を守ろうと必死になっていたのである(137)。

そんな中、日本のみならず世界に大きな衝撃を与える出来事が起こった。ニクソン・ショックである。1971年7月15日、アメリカのニクソンが、ラジオ、テレビ放送を通じ、突然、大統領補佐官のキッシンジャー（Henry A. Kissinger）が1週間前の9日から11日まで極秘裏に訪中し、周恩来と会談した上、周恩来からニクソンを1972年5月までの適当な時期に中国へ招聘したいとの要請があり、これを受諾したと発表したのである(138)。

予兆はあった。この年の3月28日から4月7日まで愛知県名古屋市で第31回世界卓球選手権大会が開かれた。その際、中国卓球協会副主席で中国チームの秘書長である宋中が、アメリカチームを中国に招待するとの爆弾声明を発したのである。

対中和解への第一歩が「ピンポンチームの訪中という形で実現に達するとは思ってもみなかった」というニクソンは「喜びと驚き」で興奮し、直ちに受け入れた(139)。アメリカチームは大会終了後の9日、羽田空港から中国へと向かった。これは「まもなく『ピンポン外交』と呼ばれるようになり、アメリカのジャーナリズムに大々的に取り上げられ、中国がアメリカに門戸を開きはじめた明白な証拠」となる(140)。

ニクソン・ショックは、朝鮮戦争以来、中国封じ込めと台湾擁護のスタンスを堅持してきたアメリカの政策変更であった。ところが、その内容は、同盟国である日本には事前に全く知らされず、駐米日本大使の牛場信彦が国務長官のロジャーズ（William P. Rogers）から電話で通告を受けたのは、発表寸前のことだった(141)。当時、駐米日本大使館一等書記官だった村田良平は次のように回想する(142)。

> 1971年7月15日夜が更け始めた頃、ホワイト・ハウスから私の家へ至急牛場大使と連絡したいが大使の所在を知らないかとの電話がかかって来た。私は不在で、応答したのは妻であった。当時ロジャーズ国務長官は形式的とはいえ、日米間の最低限の仁義を守るため、牛場大使に発表の3時間前にはニクソンの訪中について事前連絡を行うことを試み、日本大使館内で牛場氏と個人的に近いと想定される担当官数名（私もその1人）に大使の所在を調

べるべく電話連絡を試みたものであった。ホワイトハウスから我家へ連絡して来たのは女性で、不用意にも妻にニクソン大統領の北京訪問の件だと洩らしたので、この電話のすぐ後に帰宅した私は驚きと共に、何とか大使の居所を探すべく心当りの箇所へ電話をかけ始めた。

ロジャーズからの電話を切った後、牛場は親交の厚い国務次官のジョンソン(Johnson U. Alexis) に連絡した。最初に出た言葉は「アレックスか、朝海の悪夢が現実に起こった」であった(143)。「朝海の悪夢」とは、朝海浩一郎が駐米日本大使在任中、日本外交にとって最大の悪夢とは何かと問われた際に、アメリカが日本に何も告げず頭越しに中国と手を握ることであると答えたとのエピソードに由来する。

その後、牛場は日本にいる外務審議官の安川壯に状況を伝えた。佐藤が一報を受けたのはニクソンの発表後だった。

実は当初、アメリカは事前に佐藤に伝えるべく、ジョンソンを日本に派遣する予定だった。ところが、「佐藤は、この種のことを外に漏らすことはないと確信」しながらも、ニクソンには「リークに対する恐怖心」があり、結局、中止となったのであった(144)。

アメリカは長期化、泥沼化するベトナム戦争を収束するには北ベトナム側の背後に存在する中国との和解が必要と考えた。一方、中国も「中ソ対立がついに国境における武力衝突にまで進んだ」という現実に直面し、「ソ連と米国という強大国を2つながら敵に回すことは何としても避け」なければならなかった(145)。アメリカは中国に手を差し伸べ、これに中国も応じた。中国にすれば「遠交近攻」を狙ったのであろう。

台湾にとっても震天駭地の事態である。日月潭にある涵碧樓で静養中だった蔣介石は一報を耳にした時、思わず聞き返し、暫し茫然とした。行政院は早速、緊急の院会を開き、僅か1時間弱という異例の速さで駐台米大使のマコノギー(Walter P. McConaughy) に抗議文を手交し(146)、副総統兼行政院長の厳家淦が「アメリカは真の世界の平和と安全を図るため敵と味方を区別し、是非をわきまえ、道徳と勇気をふるい起こし、敵に対する共同認識と共同行動を強化すべきだ」との異例の談話を発表した(147)。

佐藤はニクソン・ショックが起きた日の日記に「今日のビッグ・ニュースは何と云ってもワシントンと北京とで同時に発表された、米ニクソン大統領が来年の

5月までに北京を訪問すると発表された事だ」と記し、続けて「すなほに慶賀すべき事だが、これから台湾の処遇が問題で、一層むつかしくなる」と綴っている(148)。台湾の今後を心配している様子が窺える。

　ニクソン・ショック翌日に行われた所信表明演説でも、「わが国にとって、韓国、中華民国など近隣諸国との友好、親善関係の維持増進が重要であることは申すまでもありません」と強調する一方、「ニクソン米国大統領が北京を訪問する運びとなったことは、世界、特にアジアの緊張緩和に資するものであり、これを歓迎するものであります」と述べ、米中関係の進展に期待感を示した。この時、佐藤は、まだ「政策の180度変更は決意できない」でいた(149)。

▶2　水面下における中台双方との接触

　その後も中国問題は佐藤栄作を悩ませた。ニクソン・ショックによって、自民党内の空気も一変した。日中国交回復促進議員連盟は衆議院に「日本国と中華人民共和国との国交回復に関する決議案」を提出し、その取り組みを活発化させた。
　一方、アメリカは、国連における中国代表権問題について、台湾の国連追放を3分の2の多数を必要とする重要事項に指定した「逆重要事項指定方式」と、中国と台湾の双方に国連参加を認め、安全保障理事会常任理事国の地位は中国に認める「複合二重代表制」という2つの決議案を国連総会に提出することを決めた。しかし、中国、台湾いずれも「2つの中国」を認めない方針を明らかにしている。この方式の成功は当初から疑問視された。だが、「米国は、日本など友好国に共同提案国になるよう働きかけてきたので、政府としてもこれへの対応に追われ」ることとなった(150)。
　そんな中、佐藤は、ニクソン・ショック後の7月26日と8月1日の2回に亘り、来日した台湾の総統府秘書長である張群と会談した。張群の来日は、日華協力委員会常務委員会への出席という表向きの理由とは別に、実際は、安全保障理事会常任理事国の地位を含めて国連での台湾の議席を維持するために日本に懇願することを狙ったものであった。
　26日の会談は「勿論ニクソン大統領の訪中の件が主題で、これが対策（国連）に終始」した(160)。28日昼、佐藤は「台湾並に韓国の日本との経済交流で来日中の張群さん、その他の諸君を官邸で昼のパーティーに招く」が(161)、その場にいた張群は終始、暗い顔をし、途中で退席しようとした張群を佐藤が小走りで追い

駆けるという場面もあった。

31日には、駐日米大使のマイヤー（Armin H. Meyer）から、10月に開かれる国連総会で、逆重要事項指定方式と複合二重代表制を提出する予定であること、その了解を台湾から得るための工作を行うつもりであることが伝えられた。そして翌日、佐藤は午前9時に張群と会い、「国連対策を協議する。中共の国連加盟はやむを得ないとするが、安保理の常任理事国にすることには絶対反対の様子。なぐさめて別れ」て、「同時にこの事をマイヤー大使に連絡し、米政府の善処方懇請」した(162)。

同じ頃、佐藤は中国側との接触も図ろうとした。8月3日には日中国交正常化に前向きな公明党委員長の竹入義勝と極秘で会っている(163)。6月16日から7月4日まで訪中した公明党第1次訪中団に対して、中国側が出してきた「日中国交回復5条件」に関し、佐藤に説明しに来たものと思われる。その内容は次の通りである(164)。

> ①中国はただ一つであり、中華人民共和国政府は中国人民を代表する唯一の合法政府である。「二つの中国」と「一つの中国、一つの台湾」をつくる陰謀に断固反対する。
> ②台湾は中国の一つの省であり、中国領土の不可分の一部であって、台湾問題は中国の内政問題である。「台湾帰属未定」論に断固反対する。
> ③「日蔣条約」は不法であり、破棄されなければならない。
> ④アメリカが台湾と台湾海峡地域を占領していることは侵略行為であり、アメリカは台湾と台湾海峡地域からそのすべての武装力を撤退しなければならない。
> ⑤国連のすべての機構での、ならびに安全保障理事会常任理事国としての中華人民共和国の合法的権利を回復し、蔣介石グループの「代表」を国連から追出さなければならない。上記の中国の合法的権利の回復を妨げるすべての陰謀に断固反対する。

後に、ニクソン訪中による米中関係の改善、中国の国連加盟と台湾の国連脱退が実現したため、④⑤の2項目は削られる。その結果、「日中復交3原則」と呼ばれるようになった。

21日、親中派議員の長老だった松村謙三が永眠した。築地本願寺で開かれた

葬儀には周恩来の命で弔問特使として来日した中日友好協会副会長の王国権の姿もあった。これをチャンスとばかりに佐藤は王国権に歩み寄る。しかし、「一言二言、言葉を交わしたが、儀礼的なもので、それ以上の接触はなかった。中国側は台湾擁護の姿勢を崩さない佐藤政権との交渉を望まなかった」のである(165)。

それでも佐藤は諦めなかった。今度は駐香港日本総領事の岡田晃を通じて、中国側へのアプローチを試みる。9月11日、「岡田香港総領事を招致して中国問題の様子をきく。そして総領事自身極秘のとに日中関係改善の努力をする事、尚今直ちにと云はぬがそのうち出かける用意のある事を伝える様にと話」をしている(166)。いずれ佐藤自らが訪中することを匂わせたのである。

香港に戻った岡田は早速、中国側に探りを入れた。しかし、10月8日と11月8日の2回に亘り、佐藤とは交渉しないとの回答が返ってきた(167)。

佐藤とは別に、自民党幹事長の保利茂も中国との交渉の糸口を模索していた。保利は、周恩来宛の書簡、所謂「保利書簡」を用意し、10月25日から北朝鮮と中国を訪問する東京都知事の美濃部亮吉に託した。

保利書簡は、佐藤の政務秘書官である楠田實と中国研究の第一人者で知られる東京外国語大学外国語学部助教授の中嶋嶺雄が原案を執筆し、それに保利が手を加えたものである(168)。そこには「中華人民共和国は中国を代表する政府であり、台湾は中国国民の領土である、との理解と認識に立っております」と断言した上で、最後に「一日も速かに両政府間に話し合いを持たれることを望んでおりますが、これに先立ち、私自身、我が党を代表して貴国を訪問し、総理閣下並に当路の方々と胸襟を開き話し合う機会を与えられざるや否や、与えられることを心から念願いたします」と記された(169)。

当時、世間は「革新知事」の美濃部と自民党の重鎮である保利の組み合わせに驚き、同時に自民党内でも大きな反発を招いた。しかも、11月10日、美濃部から保利書簡を渡された周恩来は、「①北京政府を中国の正統政府と認めているが『唯一』とは言っていない②台湾を中国の領土として認めているが、台湾の独立運動に対する考えが定かでない」との理由で、「信用できない」として受け入れず(170)、そのまま突き返し、結局、具体的な成果を生むことはできなかった(171)。

▶3 「中華人民共和国」の国連加盟と「中華民国」の国連脱退

　依然として、国連における中国代表権問題は佐藤栄作にとって悩ましい課題であった。9月3日の閣議でも、農林大臣の赤城宗徳が「国連加盟は北京加盟が当然で、所云逆重要方式の採用は慎重に」と進言し(172)、法務大臣の前尾繁三郎も「相当曲がった態度」に出て(173)、アメリカが求める逆重要事項指定方式と複合二重代表制に、日本が共同提案国になることを批判した。

　自民党内でも意見が割れた。反主流派も攻勢に出ようとした。9日と10日にアメリカで開かれた第8回日米貿易経済合同委員会では、国務長官のロジャーズから共同提案国になるよう要請されるも、外務大臣の福田赳夫は自民党幹事長の保利茂の指示もあり何も答えず帰国した(174)。

　その結果、佐藤は「前尾君や赤城君を各々別々に招致して、中国問題は総理一任にしたいから宜敷頼む」と依頼し(175)、自民党からの了承も得た上で、21日の閣議において、中国代表権問題の最終的な決断は自ら行うことを表明し、翌日、逆重要事項指定方式と複合二重代表制を支持、共同提案国になるとの裁断を下した。これは「待ちの政治家」と揶揄されてきた佐藤らしからぬ迅速、明快な決断であった。

　佐藤にとっては苦しい選択だったと思われる。では、佐藤の決断の背後には何が存在したのであろうか。

　実は3週間ほど前、佐藤は側近の1人である松野頼三を台湾に送り込み、蒋介石から「いかなる立場をおとりになろうとも、中華民国の日本に対する信頼、親善の意向は変わらない。私のほうは代表権問題では、日本に提案国になっていただきたい希望はあるが、それは私のほうの希望で、日本には日本の立場があるでしょうから自由にお決めください」との言質を得ていたのである(176)。蒋介石の真意は定かではないが、8月30日に松野から報告を受けた佐藤は、「このまゝなら二つの代表態度を了承か。但し安保理事国の件は一寸デリケート」としながらも(177)、「恩に報いるには恩でこたえなければならない」と、その決意を述べている(178)。

　佐藤は裁断後、外務省を通じてアメリカに通告すると同時に、22日、自ら記者会見を開いて、その理由を説明した。その中で佐藤は、共同提案国になることは「国益にも合致する」とし、国連総会における逆重要事項指定方式と複合二重代表制の成否に関しては、「勝算ありとの自信はないが、筋を通すことが国際的

にも歓迎されることだ」と強調した(179)。保利は後に、この頃の佐藤の心境について、次のように語っている(180)。

> 佐藤首相はやはり国際信義を貫く立場をとったと思う。勝っても負けても、どちらになったとしても非常に大きな問題だ。それなら国際信義を重んずる日本の姿勢を貫いて批判を受けたほうがいい、と彼はこう徹し切ったということではなかったか。

この時、佐藤は沖縄返還さえ処理できれば、中国問題は次期政権に委ねるつもりでいたのではないだろうか。結局、10月25日の国連総会における投票は、日本が共同提案国となった逆重要事項指定方式が賛成55、反対59、棄権15で否決され、中国の国連加盟と台湾の国連追放を内容とするアルバニア案が賛成76、反対35、棄権17という圧倒的多数で可決された。複合二重代表制は投票にすら附されず、敗北を喫したのである。これにより台湾は国連からの脱退を表明し、中国の国連への加盟が正式に決まる。

その際、首席代表として派遣されていた愛知揆一は、悲壮感を漂わせながら退場する台湾の外交部長である周書楷を後ろから追った。そして、周書楷の右肩に手を置いて握手し、去り行く「同朋」の姿が見えなくなるまで凝視し続けた(181)。

このニュースは民社党の岡沢完治が質問中の衆議院予算委員会の席上で外務大臣の福田から佐藤に伝えられた。岡沢は、佐藤の前で屈み込む福田に対して「外務大臣、ちょっと聞いてください。外務大臣、質問の最中です。失礼じゃないですか。私はいま総理に聞いておるんですよ」と注意を促すも、佐藤は「顔は紅潮し、口を思い切りへの字に」曲げ、「苦汁を飲まされたようにじっと左ひじをソファにもたれかけたまま動かず、目は宙を走って」いた(182)。

中国の国連加盟によって、自民党内の親中派議員、野党勢は一斉に佐藤に対し批判のボルテージを上げた。しかし、アメリカでは敗北への苦々しさが残っていたのに対し、佐藤は国連の最終判決を受け入れようとしていた。

さらに、この頃から、かなり積極的に中国側と何らかのルートを持つ人物との接触を始めた。中国の国連加盟が決まった直後の10月29日、日中文化交流協会事務局長の白土吾夫と密会した(183)。

白土は1949年10月の中華人民共和国建国以来、32回に亘り訪中し、日中間の文化交流に努め、毛沢東や周恩来とも親交があった。白土を紹介したのは演出家

の浅利慶太である。浅利は、もし佐藤が「中国首脳に何か語りかけるのならばこの人を介するのが最善」と考え、連れてきたのであった[184]。

佐藤は江鬮真比古なる人物とも頻繁に会った。江鬮は中国情報通として知られていたようだが、中曽根康弘によれば、江鬮の「素性についてはその後も手を尽くして調べましたが、よく分りません。終戦後、吉田茂さんのところに出入りするようになって、その関係で佐藤さんとも親しくなり中国情報を流していた」という[185]。

ただ、佐藤は一定の信頼を寄せていたようである。実際、江鬮に「おまえがいままで中国とやってきたことは次の時代の総理候補」にも「直接教えておけ」と命じており[186]、「和製キッシンジャー」とまで呼んでいる[187]。

12月15日、佐藤は来日した元フランス首相のマンデス゠フランス（Pierre Mendès-France）と会談した。訪中を控えていたマンデスに佐藤は「万一佐藤の話が出た際には、日本も中国との国交の正常化は強く望んでいたと伝へて下さい」と依頼し[188]、18日には、駐日ポーランド大使を離任するフルタク（Zyamunt Furtak）に「将来何かのおりに日中国交正常化に協力して欲しい」と要請した[189]。日中国交正常化の可能性を探っていたのである。

一方、佐藤は台湾の処遇についても模索し始めている。11月7日、世界銀行総裁のマクナマラ（Robert S. McNamara）と1時間に亘り「中国の国連加盟で国府の取扱方を話」合い[190]、さらに12月3日には親台派議員の賀屋興宣、相川勝六からも意見聴取し、同じく台湾の取り扱いに関する相談をしている[191]。

その後も中台双方へのアプローチを続けた。年が明けて1972年1月14日、佐藤は香港から帰国したばかりの江鬮から中国の国内情勢に関する報告を受ける一方[192]、19日の午前中には親台派議員の千葉三郎、大坪保雄から「東南ア情勢、殊に台湾の近況につき報告」を聞き、その日の午後は、国府との太いパイプを持つ政治運動家の矢次一夫と会談している[193]。この間、住友銀行頭取を辞めて間もない堀田庄三を始め複数の財界人に訪中を勧め[194]、3月18日には訪中予定の民社党委員長の春日一幸、小平忠を首相官邸に招いて餞別を渡している[195]。

2月27日、訪中したニクソンと中国側との間で交わされた「上海コミュニケ」が発表された。そこには「米国は、台湾海峡の両側のすべての中国人が、中国はただ一つであり、台湾は中国の一部分であると主張していることを認識している。米国政府は、この立場に異論をとなえない」とした上で、「米国政府は、台湾から全ての米国軍隊と軍事施設を撤退ないし撤去するという最終目標を確認する。

当面、米国政府は、この地域の緊張が緩和するにしたがい、台湾の米国軍隊と軍事施設を漸進的に減少させるであろう」と記された[196]。これに対し佐藤は「台湾の領土はChinaとするが、米華条約の立前上原則的には台湾擁護。然し誤解をうける様な文言があり、台湾に与へた事は大変なショックと思ふ」と、アメリカの対応に不満を述べている[197]。

ところが、その翌日の衆議院予算員会では公明党の矢野絢也が「台湾は中華人民共和国政府にその領土権があるとお考えになっておるか」との質問したのに対し、佐藤は「台湾はやはり中国の一部だ、こういうことになるのではないかと、私はかように理解しております」と答え、さらに矢野が「中華人民共和国政府が中国を代表しておるんだ、中華人民共和国政府の領土なんだというお答えがあったように理解してよろしゅうございますか」と念を押すと、「そのとおりです」と断言し、国会は騒然となる。「不用意に出たもの」なのか「あれが本ネ」なのか、「種々の憶測」を呼んだ[198]。これに慌てた外務大臣の福田は「今日この時点でそういう状態じゃございませんです。ただ、そういうかまえで日中折衝をやろう、こういう段階だ」と答弁し、佐藤の発言を事実上、訂正する。結局、3月1日の参議院本会議で佐藤は、日中国交正常化が実現した場合、「わが国としても台湾が中華人民共和国の領土と認めることになろうというのが私の基本的認識であります」と述べ、福田の主張に沿った形のスタンスを示した。相当な焦りが感じられる。

中国問題は、その後も尾を引いた。そこで、佐藤は6日、中国問題に関する統一見解を発表し事態収拾を図る[199]。

> （1）わが国は、サンフランシスコ平和条約により、台湾に対する一切の権利、権限を放棄しているのであるから、台湾の帰属については発言する立場にない。
> （2）しかしながら「台湾が中華人民共和国の一部である」との中華人民共和国政府の主張は、従来の経緯、国連において中華人民共和国政府が中国を代表することとなったことなどから、十分理解しうるところである。
> （3）したがって、政府は、右の認識に立って積極的に日中国交正常化に努力する所存である。

最早、遅きに失していた。「国内問題の最大の関心事は、佐藤首相の引退時期と後継者の誰がなるかという問題」に移っていたからである[200]。本人も5月15

日の沖縄返還を花道に考え、福田を自らの後継に据えようとしていた[201]。

4月25日、佐藤は福田と同じく宰相ポストに意欲を見せていた通産大臣の田中角栄を呼び「ポスト佐藤への意欲をけす様に注意」している[202]。福田は田中のように自民党内の多数派工作によって首相の椅子を捥ぎ取るのではなく「上善水の如し」、即ち、闇雲に力で争うようなことはせず佐藤の指導力に任せようとしていた。しかし、佐藤の求心力は衰えていた。

中国側も「中国は佐藤内閣に期待せず、反佐藤勢力が政権を握る日まで待っている」という状態だった[203]。それでも佐藤は粘り強く中国に関する情報収集に努めた。

5月2日には「まづ第一は香港帰りの江鬮真比古君で、中国側の情報をとる。三木武夫君や藤山愛一郎君などが帰国したばかりで充分北京の様子は判って居るのだが、香港と北京では大分考え方が違ふ」と分析し[204]、さらに6日には、浅利から白土のルートで得た中国の状況を聞き、「北京は三原則を承認すれば北京行きも可能との事だが、当方も筋を曲げるわけには行かぬとはっきり断る。暫らく模様を見る事とする。対手もなかなか強い主張だが、当方もこんな事で妥協と云ふわけには行かぬ。日中友好の事を考へれば、原則主張に終始するよりも、まづ話合って各々の立場を理解する事が真の日中友好の基礎であると思ふが、北京は如何」と、訪中の可能性を示唆しながらも、先方に譲歩するつもりはないことを伝えている[205]。結局、佐藤のアプローチに中国側は応じることはなく、中国問題は後継となった田中に引き継がれたのであった。

注

(1) 衛藤瀋吉、『日本宰相列伝（22）：佐藤栄作』、時事通信社、1987年、77頁。
(2) 同上書、79頁。
(3) 山田栄三、『正伝佐藤栄作』（上）、新潮社、1988年、92頁。
(4) 吉田茂記念事業財団編、『人間吉田茂』、中央公論社、1991年、557頁。
(5) 神田豊隆、『冷戦構造の変容と日本の対中外交：2つの秩序観 1960-1972』、岩波書店、2012年、11頁。
(6) 吉田茂、『回想10年』第1巻、新潮社、1957年、266-270頁。
(7) 同上書、266頁。
(8) 佐藤栄作、『佐藤栄作日記』第1巻、朝日新聞社、1998年、197頁。吉田は1964年2月の訪台時、蒋介石との会談の中で「私はしばしば池田首相と佐藤栄作に協力合作し、互に交代して政権を担当するよう話しています が、将来はこのようになるかも知れません。佐藤と池田の政策は相似ています。総統閣下が佐藤栄作に愛顧を賜 わりますよう切にお願いします」とアピールするほど佐藤を寵愛していた（「総統と日本元首相吉田茂との会談記録（第

第2章　佐藤外交における中台バランスの模索　89

　　　1回)」(1964年2月24日)、「吉田元総理と蔣総統との会談に関する中国側記録」、『吉田元総理台湾訪問(1964年2月)』、外務省外交史料館、歴史資料としての価値が認められる開示文書(写し)、整理番号04-633-3)。
(9)　「朝海大使発岸大臣臨時代理宛：佐藤蔵相・ハーター長官会談の件第1725号」(1959年9月20日)、『佐藤大蔵大臣一行米加訪問関係一件(1959.9)』、外務省外交史料館、分類番号A'1.5.2-8、MF/CR番号A'-0361。
(10)　「朝海大使発岸大臣臨時代理宛：佐藤蔵相バ次官補会談の件第1728号」(1959年10月1日)、『佐藤大蔵大臣一行米加訪問関係一件(1959.9)』、外務省外交史料館、分類番号A'1.5.2-8、MF/CR番号A'-0361。
(11)　古川万太郎、『日中戦後関係史』、原書房、1981年、233頁。
(12)　同上。
(13)　神田豊隆、前掲書、164頁。
(14)　井上正也、『日中国交正常化の政治史』、名古屋大学出版会、2010年、301頁。
(15)　千田恒、『佐藤内閣回想』、中央公論社、1897年、32頁。
(16)　佐藤栄作、前掲書、529頁。
(17)　「佐藤栄作議員(前通産大臣)訪欧会談録ドイツ：アデナウアー首相」(1962年10月15日)、「佐藤前通産大臣訪欧関係」、『本邦要人欧州諸国訪問関係雑件』、外務省外交史料館、分類番号A'1.5.3-2、MF/CR番号A'-0395。
(18)　「佐藤栄作議員(前通産大臣)訪欧会談要旨Ⅲフランス：ド・ゴール大統領との会談」、「佐藤前通産大臣訪欧関係」、『本邦要人欧州諸国訪問関係雑件』、外務省外交史料館、分類番号A'1.5.3-2、MF/CR番号A'-0395。
(19)　同上。
(20)　同上。
(21)　佐藤栄作、前掲書、538頁。
(22)　千田恒、前掲書、36頁。
(23)　井上正也、前掲書、302頁。
(24)　「佐藤栄作議員(前通産大臣)訪欧会談録ドイツ：アデナウアー首相」(1962年10月15日)、「佐藤前通産大臣訪欧関係」、『本邦要人欧州諸国訪問関係雑件』、外務省外交史料館、分類番号A'1.5.3-2、MF/CR番号A'-0395。
(25)　同上。佐藤は日記の中で「最近米国の一部の人々」について「ケネディ周辺の一部進歩分子と云ふ連中」と書いている(佐藤栄作、前掲書、548頁、548頁)。
(26)　「佐藤栄作議員(前通産大臣)訪欧会談録ドイツ：アデナウアー首相」(1962年10月15日)、「佐藤前通産大臣訪欧関係」、『本邦要人欧州諸国訪問関係雑件』、外務省外交史料館、分類番号A'1.5.3-2、MF/CR番号A'-0395。
(27)　佐藤栄作、前掲書、554頁。
(28)　「佐藤栄作議員(前通産大臣)訪欧会談録I英国：1.エロール商務大臣」(1962年9月19日)、「佐藤前通産大臣訪欧関係」、『本邦要人欧州諸国訪問関係雑件』、外務省外交史料館、分類番号A'1.5.3-2、MF/CR番号A'-0395。
(29)　「佐藤栄作議員(前通産大臣)訪欧会談録ドイツ：2.ラール外務次官」(1962年9月26日)、「佐藤前通産大臣訪欧関係」、『本邦要人欧州諸国訪問関係雑件』、外務省外交史料館、分類番号A'1.5.3-2、MF/CR番号A'-0395。
(30)　佐藤栄作、「世界と日本：自由陣営の優位こそ世界平和確保の道」、『新国策』1963年1月5日号、国策研究会、1963年、18頁。
(31)　井上正也、前掲書、303頁。
(32)　千田恒、前掲書、107-110頁。

(33) Walt W. Rostow, *The Stages of Economic Growth: A Non-Communist Manifesto*, Cambridge: Cambridge University Press, 1960, p.133.
(34) 千田恒、前掲書、110頁。
(35) 楠田實編、『佐藤政権・2797日』(上)、行政問題研究所出版局、1983年、59頁。
(36) 同上書、60頁。
(37) 増田弘、『石橋湛山：リベラリストの真髄』、中央公論社、1995年、219-220頁。
(38) 千田恒、前掲書、29頁。
(39) 井上正也、前掲書、307頁。
(40) 千田恒、前掲書、31頁。
(41) 楠田實、『楠田實日記：佐藤栄作総理首席秘書官の2000日』、中央公論新社、2001年、914頁。
(42) 楠田實編、『佐藤政権・2797日』(上)、前掲書、62頁。
(43) 同上。
(44) 楠田實、『楠田實日記：佐藤栄作総理首席秘書官の2000日』、前掲書、927頁。
(45) 同上。
(46) 田川誠一、『日中交流と自民党領袖たち』、読売新聞社、1983年、26頁。
(47) 楠田實、『首相秘書官：佐藤総理との10年間』、文藝春秋、1975年、32頁。
(48) 田川誠一、前掲書、27頁。
(49) 同上。
(50) 同上書、28-29頁。
(51) 南漢宸は、その後、文化大革命の嵐に巻き込まれ、1967年1月27日、自ら命を断った。「日本に祖国を売ろうとした売国奴」と言われ、その屈辱に耐え切れなかったことが原因だったと知った佐藤は「南漢宸さんには誠に申し訳ないことをした。当時のことを率直にお話ししたい。日本側で南さんと接触していたのはKという国会議員です (この人の名は秘すことにする)。首相就任のかなり前からこの男は南さんからの情報をもたらしてくれました。私も大いに期待した。ですがそれがやがて途絶えてしまった。実はかれは少し気紛れなところがある男だったのです。私も気になりながら、内閣成立と共にやってきた超多忙のため心ならずもそのままに過ごしてしまった。やがて中国の佐藤内閣批判が始まり、残念に思いつつも諦めざるを得なかったのです。しかしその結果が南さんを悲運に落としてしまったとは全く知らなかった。南漢宸さんを心からお悼み申し上げ、またお詫びもしたい」と洩らし、そのことが周恩来に伝えられると、「そうか、佐藤はそう言って南君に詫びたのか」と目を潤ませていたと演出家の浅利慶太は述懐している (浅利慶太、『時の光の中で：劇団四季主宰者の戦後史』、文藝春秋、2004年、66-67頁)。
(52) 田川誠一、『自民党よ驕るなかれ』、講談社、1987年、113頁。
(53) 田川誠一、『日中交流と自民党領袖たち』、前掲書、30頁。
(54) 楠田實、『首相秘書官：佐藤総理との10年間』、前掲書、32頁。
(55) 同上書、33頁。
(56) 同上。
(57) 同上。
(58) 竹内静子、「南漢宸の40日：『多彩な接近』の成果を探る」、『エコノミスト』1964年6月号、毎日新聞社、1964年、28頁。
(59) 田川誠一、『日中交流と自民党領袖たち』、前掲書、32頁。
(60) 「朝日新聞」、1964年11月11日朝刊。
(61) 古川万太郎、前掲書、234頁。
(62) 石川忠雄、中嶋嶺雄、池井優編、『戦後資料日中関係』、日本評論社、1970年、330頁。
(63) 「読売新聞」、1964年11月20日朝刊。
(64) 「人民日報」(中国)、1965年4月8日。

(65) 堀幸雄、竹内静子、「中国政策を問われる保守・革新」、『エコノミスト』1965 年 2 月号、毎日新聞社、1965 年、15 頁。
(66) 古川万太郎、前掲書、235 頁。
(67) 「読売新聞」、1964 年 12 月 24 日夕刊。
(68) 堀幸雄、竹内静子、前掲書、15-16 頁。
(69) 同上書、16 頁。
(70) 福井治弘、『自由民主党と政策決定』、福村出版、1969 年、323 頁。
(71) 千田恒、前掲書、16-17 頁。
(72) 「佐藤総理とジョンソン大統領ラスク長官との会談要旨」(1965 年 1 月 20 日)、『佐藤総理訪米関係(1965.1)会談関係』、外務省外交史料館、分類番号 A' 1.5.2-12-02、MF/CR 番号 A'-0444。
(73) 「佐藤総理・ラスク長官会談録」(1965 年 1 月 12 日)、『佐藤総理訪米関係(1965.1)会談関係』、外務省外交史料館、分類番号 A' 1.5.2-12-02、MF/CR 番号 A'-0444。
(74) 同上。
(75) 同上。
(76) 同上。
(77) 「読売新聞」、1964 年 12 月 23 日朝刊。
(78) 「朝日新聞」、1964 年 12 月 26 日朝刊。
(79) 井上正也、前掲書、318 頁。
(80) 佐藤栄作、『佐藤栄作日記』第 2 巻、朝日新聞社、1998 年、223 頁。
(81) 「日本経済新聞」、1965 年 2 月 7 日朝刊。
(82) 佐藤栄作、『佐藤栄作日記』第 2 巻、前掲書、234 頁。
(83) 27 日、佐藤は親中派議員の石橋湛山と松村謙三と会談した。2 人は「自分の応援している佐藤内閣に泥をつけ度くない」と諫めるも、この日の日記に佐藤は「誠に結構だが一寸迷惑でもある」と綴り、その複雑な胸中を明らかにしている(同上書、245 頁)。
(84) 増田弘、波多野澄雄編、『アジアのなかの日本と中国:友好と摩擦の現代史』、山川出版社、1995 年、201 頁。
(85) 楠田實、『楠田實日記:佐藤栄作総理首席秘書官の 2000 日』、前掲書、942 頁。
(86) 周恩来との会談をセッティングすることを約束したスカルノであったが、「いくら待ってもスカルノが肝心の約束を果たそうとしない」ので、川島は「憤然と席を蹴って」帰ろうした(川島正次郎先生追想録編集委員会編、『川島正次郎』、交友クラブ、1971 年、29 頁。)。それを見たスカルノは「あわてて周に会見のアポイントを取りつけた」のであった(同上)。
(87) 「斎藤大使発外務大臣宛電信:川島・周会談について第 386 号」(1965 年 4 月 20 日)、『日中貿易(LT 貿易)』、外務省外交史料館、歴史資料としての価値が認められる開示文書(写し)、整理番号 02-182-15。
(88) 同上。
(89) 同上。
(90) 佐藤栄作、『佐藤栄作日記』第 2 巻、前掲書、265 頁。
(91) 同上書、267 頁。
(92) 「朝日新聞」、1965 年 8 月 3 日夕刊。
(93) 清水麗、「第 2 次吉田書簡(1964 年)」をめぐる日中台関係の展開」、『筑波大学地域研究』第 19 号、筑波大学、2001 年、184 頁。
(94) 佐藤栄作、『佐藤栄作日記』2 巻、前掲書、421 頁。
(95) 同上書、435 頁。
(96) 古川万太郎、前掲書、245 頁。
(97) 神田豊隆、「佐藤内閣と『二つの中国』:対中・対台湾政策におけるバランスの模索」、『国際関係論研究』第 21 号、

国際関係論研究会、2004年、31頁。
(98) 「中華民国政府の佐藤総理大臣訪台招請の経緯」（1966年12月2日）、『佐藤総理中華民国訪問関係（1967.9)』第1巻、外務省外交史料館、分類番号A'1.5.1-15、NF/CR番号A'-0389。
(99) 同上。同時期、駐日台湾大使の魏道明も「東アジア諸国を御訪問の際は、是非ともお立ち寄りいただきたく、貴総理大臣閣下の御訪問を得れば、日華両国の親善に如何程大きな影響を及ぼすか、計り知れないものがあると存じます」と佐藤に強く訪台を迫った（同上）。
(100) 「佐藤総理の中華民国訪問について」（1967年6月21日）、『佐藤総理中華民国訪問関係（1967.9)』第1巻、外務省外交史料館、分類番号A'1.5.1-15、NF/CR番号A'-0389。
(101) 同上。
(102) 『読売新聞』、1961年6月24日夕刊。
(103) 神田豊隆、『冷戦構造の変容と日本の対中外交：2つの秩序観 1960-1972』、前掲書、261頁。
(104) 同上。
(105) 衛藤瀋吉、前掲書、214-215頁。
(106) 井上正也、前掲書、371頁。
(107) 「佐藤総理の中華民国訪問について」（1967年6月21日）、『佐藤総理中華民国訪問関係（1967.9)』第1巻、外務省外交史料館、分類番号A'1.5.1-15、NF/CR番号A'-0389。
(108) 日程の変更に関し、日本側は表向きの理由として「総理はかねてから中国政府から招請を受けており、今回2回に分けて行なわれる東南アジア訪問旅行の機会に台湾訪問を行なう予定であったが、日程作成において中華民国側においては、厳家淦行政院長のカナダ訪問予定の事情により、第1回、第2階の何れの訪問にも台湾を織り込むことができなかった。よって台湾は切り離し、双方に都合のよい9月7、8、9日の3日間訪問することとした」と発表した（「佐藤総理の中華民国訪問について」（1967年6月21日）、『佐藤総理中華民国訪問関係（1967.9)』第1巻、外務省外交史料館、分類番号A'1.5.1-15、NF/CR番号A'-0389）。
(109) 「日本總理大臣佐藤訪外之簡析」（年月日未記入）、『日本首相佐藤作訪華』第5冊、中央研究院近代史研究所檔案館、館藏號11-01-02-10-02-043、舊檔號012.22/0080、影像編號11-EAP-01067。
(110) 佐藤栄作、『佐藤栄作日記』第3巻、朝日新聞社、1998年、129頁。
(111) 「總統接見日本内閣總理大臣佐藤榮作談話記錄」（1967年9月8日）、『蔣中正總統與佐藤榮作談話記錄』、中央研究院近代史研究所檔案館、館藏號11-01-02-10-02-126、舊檔號012.2/0007、影像編號11-EAP-00952。
(112) 同上。
(113) 同上。
(114) 同上。
(115) 佐藤栄作、『佐藤栄作日記』第3巻、前掲書、131-132頁。
(116) 「日本国総理大臣および中華民国行政院長共同コミュニケ」（1967年9月9日）、『佐藤総理中華民国訪問関係（1967.9)』第2巻、外務省外交史料館、分類番号A'1.5.1-15、MF/CR番号A'-0389。一方、佐藤は厳家淦との会談では冷淡な態度を見せた。第2次円借款、製鉄工場建設に対する経済協力を要請する台湾側に対し佐藤は「内容は検討する」と述べるに止まり、さらに船舶延べ払い輸出に関しては外務省の意向であるとしながらも「今回限りのものであって今後もこの条件を認めると思われては困る」と言い放った（「島津大使発外務大臣宛電信:総理訪台（ゲン副総統表けい）第558号」（1967年9月8日）、『佐藤総理中華民国訪問関係（1967.9)』第1巻、外務省外交史料館、分類番号A'1.5.1-15、MF/CR番号A'-0389）。これら消極的な発言は少なからず厳家淦を落胆させたと思われる。
(117) 田中明彦、『日中関係1945-1990』、東京大学出版会、1991年、60頁。
(118) 佐藤栄作、『佐藤栄作日記』第3巻、前掲書、138頁。
(119) 同上書、150頁。

(120)「佐藤総理・ジョンソン大統領会談録（第1回会談）」（1967年11月14日）、『佐藤総理訪米（1967年11月）』、外務省外交史料館、歴史資料としての価値が認められる開示文書（写し）、整理番号01-534-1。
(121) 外務省編、『わが外交の近況：資料編』1968年版（第12号）、外務省、1968年、23頁。
(122)「朝日新聞」、1967年12月3日。
(123)「朝日新聞」、1968年1月21日朝刊。
(124) 添谷芳秀、『日本外交と中国1945～1972』、慶應義塾大学出版会、1995年、176頁。
(125) 霞山会、『日中関係基本資料集1949年-1997年』、霞山会、1998年、304頁。当初、この中で佐藤を批判する表現を挿入することを中国側が強く要求した。しかし、古井と田川は自民党の人間として、これを拒否した。田川は「日本に帰ってくればきたで、同じ自民党議員から、「土下座外交だ」となじられ、佐藤内閣の対中国政策に対する批判に同調したと言って、除名論まで出る始末だ。ここでも、私たちは板挟みの苦労を強いられた」と回想している（田川誠一、『自民党よ驕るなかれ』、前掲書、120頁）。
(126) 外務省編、『わが外交の近況』1970年版（第14号）、外務省、1970年、400頁。
(127) 波多野勝、清水麗、『友好の架け橋を夢見て：日中議連による国交正常化への軌跡』、学陽書房、2004年、214頁。
(128) 入江通雅、『ニクソン訪中後の日中』、原書房、1971年、159頁。
(129) この1ヵ月前の10月24日に行われたニクソンとの会談で佐藤は、「自分は中国問題はいつまでも今の状態が続くとは思われない」としながらも、日本としては「国府に対する恩義もあり、従前の態度を変更することは考えていない。また代表権の問題についても重要事項指定方式をもって今回総会に臨む所存である」と、その決意を語っている（「総理・大統領会談記録」、『佐藤総理訪米（1970年10月）』、外務省外交史料館、歴史資料としての価値が認められる開示文書（写し）、整理番号01-516-1）。
(130) 自由民主党編、『自由民主党党史』、自由民主党、1987年、531頁。
(131) 霞山会、前掲書、340頁。
(132) 時事通信社政治部編、『ドキュメント日中復交』、時事通信社、1972年、71頁。
(133) 古川万太郎、前掲書、299頁。
(134) 佐藤栄作、『佐藤栄作日記』第4巻、朝日新聞社、1997年、290頁。
(135) 同上書、312頁。
(136) 楠田實、『楠田實日記：佐藤栄作総理首席秘書官の2000日』、前掲書、584頁。
(137) 同上書、585頁。
(138) Richard M. Nixon, RN: The Memoirs of Richard Nixon, New York: Grosset&Dunlap, 1978, p.544.
(139) Ibid., p.548.
(140) ジェームズ・マン、鈴木主税訳、『米中奔流』、共同通信社、1999年、48頁。
(141) 牛場信彦、『外交の瞬間：私の履歴書』、日本経済新聞社、1984年、134-135頁。
(142) 村田良平、『村田良平回想録：戦いに敗れし国に仕えて』上巻、ミネルヴァ書房、2008年、219頁。
(143) Johnson U. Alexis, with Jef Olivarius McAllister, The Right Hand of Power: The Memoirs of an American Diplomat, New Jersey: Prentice-Hall, 1984, p.554.
(144) Ibid., pp.554-555.
(145) 自由民主党編、前掲書、542頁。
(146) 若菜正義、『明日の台湾』、新国民出版社、1973年、294頁。
(147)「読売新聞」、1971年7月17日朝刊。
(148) 佐藤栄作、『佐藤栄作日記』第4巻、前掲書、377頁。
(149) 時事通信社政治部編、前掲書、33頁。
(150) 自由民主党編、前掲書、544頁。

(160) 佐藤栄作、『佐藤栄作日記』第4巻、前掲書、383 頁。
(161) 同右書、385 頁。
(162) 同右書、388 頁。
(163) 同上書、390-391 頁。
(164) 霞山会、前掲書、374-375 頁。
(165) 安藤俊裕、『政客列伝』、日本経済新聞出版社、2013 年、247 頁。
(166) 佐藤栄作、『佐藤栄作日記』第4巻、前掲書、420 頁。
(167) 岡田晃、『水鳥外交秘話:ある外交官の証言』、中央公論社、1983 年、152-184 頁。
(168) 中嶋嶺雄、『「日中友好」という幻想』、PHP 研究所、2002 年、86-88 頁。
(169) 岸本弘一、『一誠の道:保利茂と戦後政治』、毎日新聞社、1981 年、145 頁。保利書簡の全文が初めて公開されたのは 1981 年2月、保利が衆議院議長だった時に秘書を務めていた岸本弘一による評伝『一誠の道:保利茂と戦後政治』(毎日新聞社、1981 年)の刊行によってであった。
(170) 保利茂、『戦後政治の覚書』、毎日新聞社、1975 年、131 頁。
(171) 保利書簡の現物は保利が死去した後の 1981 年2月 27 日、美濃部から遺族の手に渡った (「読売新聞」、1981 年2月 28 日朝刊)。
(172) 佐藤栄作、『佐藤栄作日記』第4巻、前掲書、413 頁。
(173) 同上書、414 頁。
(174) 保利は訪米中の福田に電話で「自民党は党議を決めかねている。もしも外務大臣がそちらで態度をハッキリ表明すると引っ込みがつかなくなる。おそらく国務長官に会えば会ったで、ニクソン大統領に会えば会ったで必ず聞かれるだろう。その時は私を悪者にしてもいい。幹事長から『党議がまとまらないから』と言ってきているということで、とにかく態度を鮮明にせずに帰ってほしい」と伝えていた (保利茂、前掲書、132-133 頁)。
(175) 佐藤栄作、『佐藤栄作日記』第4巻、前掲書、425 頁。
(176) 千田恒、前掲書、82-83 頁。
(177) 佐藤栄作、『佐藤栄作日記』第4巻、前掲書、410 頁。
(178) 千田恒、前掲書、83 頁。
(179) 「朝日新聞」、1971 年9月 22 日夕刊。
(180) 保利茂、前掲書、133 頁。政権末期にあった佐藤は今になって「中国に恩を売ったってもう遅い、それより台湾に恩を売った方がいい」と考えていたようである (後藤基夫、内田健三、石川真澄、『戦後保守政治の軌跡』、岩波書店、1982 年、258 頁)。それよりも、1972 年5月 15 日に開催される沖縄復帰記念式典を「どうしても自分でやり」たりという思いが強く、そちらにばかり関心を集中させていた (同上、259 頁)。
(181) 愛知和男へのインタビューによる〈第2回:2016 年7月 14 日、交詢社において〉。
(182) 「朝日新聞」、1971 年 10 月 26 日夕刊。
(183) 佐藤栄作、『佐藤栄作日記』第4巻、前掲書、454 頁。
(184) 浅利慶太、前掲書、65 頁。
(185) 中曽根康弘、『自省録:歴史法廷の被告として』、新潮社、2004 年、90 頁。
(186) 同上書、89 頁。
(187) 佐藤栄作、『佐藤栄作日記』第4巻、前掲書、464 頁。
(188) 同右書、483 頁。
(189) 同上書、485 頁。
(190) 同上書、459 頁。
(191) 同上書、476 頁。
(192) 佐藤栄作、『佐藤栄作日記』第5巻、朝日新聞社、1997 年、27 頁。2月 16 日、再び江鬮と会った佐藤は、参議院議員や日中文化交流協会常務理事を歴任し、長く中国に滞在していた西園寺公一との会談を極秘にセッティ

ングするよう依頼している（同上書、46頁）。
(193) 同上書、29頁。
(194) 同上書、45-46頁。
(195) 同上書、66頁。
(196) 外務省編、『わが外交の近況』1972年版（第16号）、外務省、1972年、527-528頁。
(197) 佐藤栄作、『佐藤栄作日記』第5巻、前掲書、53頁。
(198) 楠田實編、『佐藤政権・2797日』（下）、前掲書、348頁。
(199) 同上書、349頁。
(200) 早坂茂三、『政治家田中角栄』、中央公論社、1987年、363頁。
(201) 1971年11月、日本初のノーベル文学賞を受賞した作家の川端康成が佐藤の夫人である寛子に「私は来年、中国で開かれる世界文芸学者大会に出ます。そこで、奥さまにおたずねしたいのですが、佐藤さんは中国との復交について、どのようなお考えなのでしょうか」と問い、続けて「周恩来という人はたいへんド性骨のある人ですよ。この人に立ちうちするには、こちらも、よっぽどハラをすえてかからないとねえ‥‥‥」と、暗に「非常にむずかしい問題」だが日中国交正常化に「取り組んでもらえないか」と打診した（佐藤寛子、『佐藤寛子の「宰相夫人秘録」』、朝日新聞社、1974年、189頁）。それから暫くして再び川端が同じ質問をしたため、寛子は川端からの申し入れを佐藤に伝えた。佐藤の返事は素っ気ないものだった。寛子は「三たび中国問題を質問」した川端に佐藤からの伝言として「お志はたいへんありがたい。自分も実は（日中復交）をやりたいのだが、まことに残念ながら（47年）5月15日に沖縄返還が実現したら総理をやめるつもりだ」と述べると、川端は「やっぱり、ねえ‥‥‥」と肩を落としていたと回想している（同上書、191頁）。
(202) 佐藤栄作、『佐藤栄作日記』第5巻、前掲書、90頁。
(203) 「佐藤内閣に対する中共の評価」、『日中関係』、外務省外交史料館、歴史資料としての価値が認められる文書、整理番号02-1236-1。
(204) 佐藤栄作、『佐藤栄作日記』第5巻、前掲書、90頁。
(205) 同上書、97頁。

第3章
宰相の椅子と中国問題

第1節　宰相への道

▶1　田中と中国問題

　1972年幕開け早々から世間の関心は政権発足から7年目に突入していた佐藤栄作の去就問題に集中した。佐藤は年頭の記者会見で引退時期に関し、「常識の線ははずれないが、その常識が何かは詰めない方がよい」と述べるに止まり、後継問題についても「党則に従ってやるのが、自民党のやり方だ。自分は中立だ」と言葉を濁した[1]。続く1月4日の伊勢神宮への参拝後の記者会見でも「(自民党総裁としての)任期がある間は責任を果たしていくということでないと……。引退を表明した日から地位は揺らぐからな」とだけ語り、慎重な態度を保った[2]。

　もう1つの注目は、佐藤が自らの後釜を狙う田中角栄と福田赳夫との間の「角福調整」に、どう乗り出すかであった。当時、「ポスト佐藤」として名前が挙がっていたのは、田中、福田、大平正芳、三木武夫、中曽根康弘の5人で「三角大福中戦争」と呼ばれ、中でも第3次佐藤改造内閣の両翼を担っていた通産大臣の田中と外務大臣の福田が最有力視されていた。

　佐藤の意中の人物は福田であった。だからこそ、佐藤は福田を大蔵大臣、自民党幹事長、外務大臣といった要職に就けて厚遇してきたのである。年齢も、田中は福田よりも13歳も若いため、「まず福田、次に田中でもよい」と考えていた[3]。

　そこで佐藤は、6日と7日にアメリカ西海岸のサンクレメンテで行われる大統領のニクソンとの会談に田中と福田を連れて行き、チャンスを見て角福調整に臨み、福田に一本化しようと目論んだ。実は、このアイディアを考え出したのは福田であった。出発前、福田が佐藤に「サンクレメンテ会談に田中君の同行を求めたらいかがですか」と提案し、それに佐藤が「それはいいな。いいチャンスじゃないか」と答え随行が決まったのである[4]。

　しかし、佐藤と福田の作戦を察知した田中は[5]、随行はしたものの巧妙に逃げ回り3人だけになることを避けようとした[6]。こうして、アメリカから帰国した田中は秘書の早坂茂三に「佐藤のオヤジが引いたらやるぞ」と告げ[7]、いよいよ天下獲りに向けて動き出すのであった。

　1971年10月、「中華人民共和国」の国連加盟、台湾にある「中華民国」の国連

脱退、翌年2月にはニクソンがソ連の軍事的脅威への対抗と、長期化、泥沼化するベトナム戦争終結のため、冷戦下において対立状態にあった中国を訪問し、米中関係の改善に乗り出したことで、日本でも日中国交正常化に向けたムードが高まっていた[8]。他方、中国にも日中国交正常化を急がなければならない理由があった。1950年代後半から中ソ間で「2つの共産大国のいずれが正統派共産主義の中心であるかという両国間の論争」によって緊張が高まり[9]、1969年3月には、中ソ国境を流れるウスリー川（烏蘇里江）の中州にあるダマンスキー島（珍宝島）で大規模な軍事衝突を起こすまでの険悪な状態にあった。

そこで、「じわじわと迫るソ連のくさびに対し、毛沢東-周恩来体制は、米ソ両超大国を同時に『主敵』として構えるよりも、『主敵』をソ連にしぼる政策」を模索し始めたのである[10]。ニクソン訪中による米中接近は、アメリカと同じく中国にとっても「ソ連からの脅威をできるだけ少なくする」こととなり、同時に「米中関係を固める上でも、米国と政治、経済的に緊密な関係にある日本との国交が必要」だった[11]。

こうした空気を嗅ぎ取った田中は自ら首相になることを想定し、水面下で密かに日中国交正常化の準備を進めた。しかしながら、もともと田中は、どちらかと言えば日中国交正常化には否定的だった。「中国大陸には、人間と砂しかない」とまで揶揄し、仮に日中国交正常化が実現したとしても、台湾との外交関係は従来のまま存続すべきと主張していた[12]。

実際、秘書の麓邦明は「元来、田中は中国問題では、台湾関係維持論」であり、自民党総裁選挙前、「田中が不用意に台湾についてのコミットメントを公言することのないよう抑制するため」に「側近筋」は「かなり注意してきた」と語っている[13]。同じく元建設大臣の小沢辰男も「日中は角さんがやりたかったわけじゃない。共産党は嫌いだったからね。激しい総裁選が契機だったんだ。中曽根、三木を取り込むとき、2人が日中国交を協力の条件にした。田中、大平と4人で秘密会談をやったときだ。その約束を守ったんだよ」と証言している[14]。小沢は最側近の1人で田中派分裂後は無派閥となり終生、田中に臣従した人物である。日中国交正常化それ自体は田中にとっての目指すべき政治目標ではなかったのである。

大平、三木、中曽根の3人は、早い時期から日中国交正常化に前向きな態度を見せていた。大平は9月1日に行われた大平派の議員研修会で「日本の新世紀の開幕：潮の流れを変えよう」とのタイトルで演壇に立ち、中国問題について「私

は、政府がこの情勢を正しく評価し、いわゆる中国問題に決着をつける時期がいよいよ熟してきたと判断する。したがって、政府は、日中友好の精神と原則を踏まえて、なるべく速やかに、北京との間に政府間の接触を開始することが、内外の世論に忠実なゆえんであると信ずる」と訴えた[15]。大平の娘婿に当る森田一（はじめ）は「大平は推敲を重ね、ようやく『潮の流れを変えよう』という演説草稿が完成した」と述懐している[16]。中曽根も11月25日の中曽根派の青年政治研修会で「わが国は、いまや中華人民共和国政府が中国を代表する唯一の正統政府であるとの認識に立ち、政府間交渉によって、中国と正式の、そして全面的な平和条約を締結すべきだ」と強調した[17]。

最も熱心だったのが三木である。三木は1971年1月14日に開いた時局講演会で「明日の政治」と題して演説し、「北京政府が中国を代表する政府であるという認識はもはや動かざる国際常識」であり、「日本もその認識に立って北京政府と政府間の話し合いを準備すべき」と主張し[18]、その後、中日友好協会副会長である王国権（おうこっけん）や中国人民対外友好協会常任理事の王暁雲（おうぎょううん）の誘いで、4月13日から24日まで訪中して、17日と21日の2回に亙って周恩来と会談していた。

一方で福田は、自らが率いる福田派自体が、親台派議員が多いこともあって、日中国交正常化に真正面から反対しないまでも、日華平和条約を破棄して、台湾と断交することには慎重な構えを見せ、「一挙にはなかなかむずかしい。2段階、多段階と段を追って進めていく必要」があると考えていた[19]。このような状況の中、田中は総裁選挙勝利のため、日中国交正常化という「錦の御旗（みはた）」を利用し、大平、三木、中曽根を抱え込んで、福田を追い落とそうと画策する。

▶2　日中国交正常化へのシナリオ

1971年7月、外務省アジア局中国課長の橋本恕（ひろし）は、田中角栄の秘書の早坂茂三と麓邦明に会い、次のような会話を交わした[20]。

>　「角さんは天下をとれるかなあ」「とれますよ、かならず……」「自民党で日中の国交回復がやれるのは誰だ」「それは田中のオヤジしかいない」「岸さんや灘尾（なだお）さんをくずせるかなあ」「大丈夫だって。うちのオヤジならできますよ」「そうだな。じゃあ、角さんにひとつ、頑張ってもらうか」「やらせましょうよ、橋本さん。ぼくらも命がけでやるから……」「よし、わかった。

> じゃあ、オレが日中復交の見取り図を書く」「頼みます」「関ヶ原はいつだ」「一年先じゃないかな」「年明け早々には間に合わせるから」「お願いします」

　橋本は中国課で8年間に亘って事務官を務め、佐藤栄作の下で、対中政策全般を扱い、親中派議員の相談役にもなっていた。そのため、橋本本人も「自分が一番専門家だと思って一生懸命やって」おり[21]、「かねがね佐藤批判をしていると噂されたが、一本気で同僚や下僚に対し高圧的なところがあるため、中国問題が政治問題化するに連れて、次第に孤立化していった」ものの[22]、その取り組みに注目した田中は、彼を使って日中国交正常化を進めようと考えたのであった。

　しかしながら、外務省の一課長が日本の対中外交の中核にいることは明らかに異常であった。だが、「なにしろ佐藤内閣が終わるまで、日中の商談一つが大きな政治問題になる。遠くヨーロッパやアフリカの出先で、わが外交官が、中国側と口をきいたか、きかなかったかで、新聞記者が大騒ぎする有様」[23]だった時期である。田中は外務省内の序列を鑑みると、課長クラスの「国家を代表しない人間」を使った方がスムーズに進むと判断したのである[24]。

　こうして橋本は田中本人と1対1で会うことになる。田中の真意を確かめた橋本は、1人で報告書の執筆をスタートさせた。日中国交正常化のためのシナリオである。

　凡そ半年後の翌年1月、報告書が完成した。報告書3部は田中、元外務大臣で田中のアドバイザー役でもある愛知揆一、早坂の手に渡った。「中国との国交正常化をどのような段取りで進めていくか、国交正常化を行うにあたってどういう問題があるか、それから、日中が国交正常化に踏み出した場合、日本とアメリカの関係はどうなるのか、ソ連との関係はどうなるのか、他のアジア諸国にはどのような影響を及ぼすか」といった内容である[25]。報告書に目を通した愛知は早坂に「早ちゃん、橋本レポートは繰り返し読んだ。いいじゃないの。配慮が行き届いている。日中は潮の流れだ。角サンならやるよ。適当な折に、角サンと私、橋本君、それにきみも入って、1度、じっくり相談しよう」と指示を出した[26]。

　2月21日にニクソンが電撃訪中する直前、田中は愛知、橋本、早坂と、3時間に亘って報告書の中身について意見を交わし、「台湾と手を切り、日米安保体制を堅持しながら日中国交正常化を実現」すると誓い合った[27]。この報告書こそ、やがて田中の対中政策における基礎となるのであった。

▶3 中国側からの要請

　中国でも佐藤栄作の後継が誰になるかに関心が高まっていた。中国としても引退目前の佐藤より、次の宰相となる可能性のある人物をターゲットにして交渉を始めた方がプラスと判断したのである(28)。そこで中国側は、あらゆるルートを使って情報収集に努めた(29)。

　中国側は当然、福田赳夫ではなく、日中国交正常化に意欲を見せる田中角栄に期待した。1972年3月末から4月中旬まで、民社党委員長の春日一幸を団長とする民社党訪中団が訪中した時も、中日友好協会常任理事の肖向前と金蘇城は「田中には『さん』をつけ、佐藤と福田は呼び捨て」にし(30)、話題は終始、間近に迫った自民党総裁選挙に集中した(31)。

　日中国交回復促進議員連盟会長を務める自民党の藤山愛一郎が3月下旬に訪中した際も、中日友好協会の会長である廖承志から佐藤後に関する質問が出た。廖承志は、国民党の重鎮で孫文の盟友だった廖仲愷と、同じく国民党の大物だった何香凝の長男として日本で生を受けた。しかも「北京の江戸っ子」を自任するほどの知日派であり、中国随一の日本語遣いで知られていた。

　藤山は「さりげない話の節々にも、日本の政局の動向をつかみ、ある種の感触を汲みとろうとする意図がうかがわれた。この人まで繰り出して応対する、その接触ぶりに、中国側が対日政策について重要な判断を下そうとしている気配をひしひしと感じた」と回想している(32)。実際、その後、人民大会堂において周恩来と藤山との会談が行われた時も、廖承志との会話の内容が周恩来の耳に正確に伝わっており、それをベースに「周総理自身が日本の政治情勢」や「『ポスト佐藤』の見通しを直接、しかも徹底的に『取材』するという形のもの」となり、周恩来が「『福田内閣になるかどうか』というあたりをしきりにただす」ので、藤山は「『福田内閣はできない。絶対できない』と、自分の読みを語った」という(33)。

　3月半ばから4月上旬までの約3週間、当時、落選中だった社会党の岡田春夫も中日友好協会の招聘で訪中した。岡田も「ポスト佐藤に誰が就くのかと、私が会ったほとんどすべての中国人から聞かれた。その中で中国側が田中さんに対して高い関心を示していることがわかった」と語っている(34)。

　5月上旬、今度は公明党副委員長の二宮文造を団長とする公明党第2次訪中代表団が中国へ飛んだ。中国へ出発する前、二宮は委員長の竹入義勝から田中が首相になる見通しであることを周恩来に伝えるよう指示されていた。

竹入は二宮に「佐藤さんは福田赳夫さんを推しているし、80％以上の人が福田さんが首相になると見ている。しかし、田中さんの行動力を見ていると、他派閥へも相当な工作をしている。大戦争になるが、福田さんは勝てない。私の勘では田中さんだ」と述べ、不安そうな表情を浮かべる二宮に、続けて「竹入が言っていたと言えばよい」と語気を強めたという(35)。二宮は、竹入から言われた通りのことを周恩来に伝えた(36)。

　　周　次はだれですか。田中さんですか、福田さんですか。
　　二宮　大勢は、田中です。
　　周　佐藤は、福田にしたいんでしょ。ツルの一声があれば田中も福田に譲らなきゃいかんのでしょ。
　　二宮　禅譲はあり得ないでしょう。選挙になると思う。
　　周　なぜ、そういう見方をするのですか？
　　二宮　自民党内の派閥の現状は……

周恩来にして珍しく、しつこいくらいに何度も質問を繰り返した(37)。

　　周　なぜ、田中さんと見るのですか。
　　二宮　田中でないと、日中復交ができません。
　　周　田中さんで、間違いありませんね!?日本に帰って、すぐに田中さんに会えますか。
　　二宮　すぐに会えます。
　　周　では、田中さんだけに伝言をしていただきたい。できれば竹入さんにも同席してもらった方がいいです。もし田中さんが首相になって本当に日中国交回復を望んでいられるなら、我々中国の人民も政府も軍隊も、北京の空港をあけてお待ちしましょう。私がホストをつとめます……

　田中への伝言を二宮に託したのであった。言うまでもなく、この時点では、まだ田中は首相にはなっていない。周恩来の伝言は、明らかに次の首相は田中であることを見定めた上での発言だった。同行した副書記長の大久保直彦は、こうした「踏み込んだ発言」の背後には「やはり、周総理ご自身の健康状態というものがわかっておられて、私の目の黒いうちに日中の問題はなんとかしておきたいと、

こういう思いがあったのではないかという気がします」と、その印象を述べている[38]。

　二宮は周恩来との会談の後、団員を宿泊先である北京飯店の自室に集め、団員のメモ帳の中身を突き合わせながら整理し、一切の口外を禁じた。そして、マス・メディアへの発表内容についても中国側と夜が明けるまで話し合った。その結果、「『田中首相ならば……』とは、いえない。といって、中国の日中国交正常化に対する現実的な姿勢は、日本向けに公表したい」として[39]、「佐藤以後の政府代表の訪中ならば、歓迎する」との表現で公表することにした[40]。つまり、歓迎されるのは田中だけではなく「政府代表」であると暈（ぼか）したのである。勿論（もちろん）、「政府代表」が田中を想定していることは明らかであった。

　二宮は中国から帰国した翌日の夜、田中、竹入と密かに会談し、周恩来の伝言を田中に報告した[41]。

　　竹入　角さん。うわの空で聞いてもらっちゃ困るぞ。非常に大事なことだぞ!!
　　田中　わかった、わかった。
　　竹入　あなたがどう受け取ろうと、私たちは周さんの伝言を伝えましたよ。

　総裁選挙を目前に控えていたためか、田中の反応は鈍かった。「あまりピンときてないみたい」で、2人は「周の伝言のもつ意味をわからせようと気負っていただけに、肩すかしを食った気分」になった[42]。

▶4　親中派議員との接触

　このような中国側のアプローチに刺激を受けたのか、田中角栄の勢いは、さらに加速していく。1972年3月17日、田中は、親中派議員の1人である自民党の田川誠一、日中覚書貿易事務所代表の岡崎嘉平太（かへいた）と会談した。田中は2人に「自分が政権をとった場合、日中復交は即決でやる。外務官僚などに任せないで、自ら中国の胸の中に飛び込んで、復交の話合いをやるつもりだ」と述べ、田中内閣発足後は、できるだけ早いうちに日中国交正常化を実現させると約束した[43]。

　田中が国民に向け初めて日中国交正常化に言及したのは、それから6日後の23日のことである。通産大臣の田中は、衆議院予算委員会第四分科会で自民党の川崎秀二（ひでじ）から、こう問われた。

> 現在の内閣がどうなるか、まだ私は知りません。しかし、すでに常識的な世論の大勢がもうあるわけでございますから、その中において、自民党の従来の体質を脱皮するためにも、庶民的なカラーを持つ党人的な内閣というものが生まれてほしいというのが、私の非常な強い念願でございます。そういう意味での期待感も持っておりますので、この日中国交にあたっての贖罪意識（しょくざい）というものがこの機会に明快に公（おおやけ）にされることはたいへんいいことではないか。私の質問はこれで終わりますから、ぜひ明快な御答弁をいただきたいと思います。

「庶民的なカラーを持つ党人的な内閣というものが生まれてほしい」という川崎の「非常な強い念願」とは「田中内閣誕生」に対する期待である。田中は次のように答弁した。

> 私も昭和14年から昭和15年一ぱい、1年有半にわたって満ソ国境へ一兵隊として行って勤務したことがございます。しかしその中で、私は人を傷つけたり殺傷することがなかったことは、それなりに心の底でかすかに喜んでおるわけでございますが、しかし私は、中国大陸に対してはやはり大きな迷惑をかけたという表現を絶えずしております。これは公の席でも公の文章にもそう表現をしております。迷惑をかけたことは事実である、やはり日中国交正常化の第1番目に、たいへん御迷惑をかけました、心からおわびをしますという気持ち、やはりこれが大前提になければならないという気持ちは、いまも将来も変わらないと思います。日中間2,000年の歴史、もっともっと古いかもしれません。しかも日本文化は中国文化によって育ったということでありますし、同じ基盤に立つ東洋民族でもございますし、恩讐（おんしゅう）を越えて、新しい視野と立場と角度から日中間の国交の正常化というものをはかっていかなければならないのだ、そういううしろ向きなものに対してはやはり明確なピリオドを打って、そこで新しいスタートということを考えていかなければならないだろう、私はすなおにそう理解しておりますし、これが中国問題に対する1つの信念でもあります。

後に田中は、訪中時の初日の周恩来主催の招宴におけるスピーチの中で、「中

国国民に多大のご迷惑をおかけした」と述べた際、その表現が余りに軽いとして周恩来の怒りを買った。だが、この答弁を見る限り、田中にとって「ご迷惑」という言葉は、「心からおわびをしますという気持ち」そのものであったことが窺える。

これまで田中は、私的会合の場では日中国交正常化の必要性を口にしながらも、表立っての発言は控えていた。それは、自民党総裁選挙において自分を支持する人々の中に少なからず日中国交正常化に否定的な考えを持つ者もいたためである[44]。しかし、田中が堂々と日中国交正常化に対する自らの決意を明らかにしたということは、この23日の時点で総裁選挙勝利への確信が持てたからではないだろうか。

4月21日、続いて田中は大平正芳の仲介で、親中派議員の重鎮である自民党の古井喜実と3人で会談した[45]。この頃、自民党内では、佐藤栄作の首相引退の時期が沖縄返還後の6月中旬になり、7月上旬には総裁選挙が実施されることがほぼ固まり、熾烈な多数派工作が水面下で進んでいた。古井は中国からの信頼が厚く、「古い友人」とまで言われていた。田中は来るべき総裁選挙と、その後のスケジュールを見計らった上で、「そろそろ布石を打っておくべきだと考えていた」ようである[46]。

会談で古井が「田中さん、もしあんたが総理になったら、日中問題とどう取組むつもりですか」と問うと、田中は「この3人で相談してやろうじゃないか」と答え、透かさず「それなら大平君を外相にしなければなりませんな」と切り返した古井に田中は「そりゃあそうだよ」と合槌を打ったという[47]。古井は、日中国交正常化という大事を成すためには、首相と呼吸が合い、しかも外交手腕に長けた大物が外務大臣でなければならないと考えており、それに相応しい人物は大平以外にいないと判断していた。

しかし、これらの会話は極めて不自然である。同席した大平は、田中と同じく総裁選挙への出馬を決めており、場合によっては大平が田中を抑えて勝利する可能性も少なからずあったはずである。古井と田中の会話は全て仮定の上に立ってはいるものの、この時点で田中と大平との間で、総裁選挙の第1回目の投票で1位になるであろう田中に、上位2位の決選投票では大平が協力し、その代わりに重要ポストを与えるか、あるいは田中の後は大平が継承するといった約束が交わされていたと思われる。

大平は田中の盟友であり、池田勇人の下での外務大臣歴もある。当時から日中

国交正常化に前向きで、しかも、外務省アジア局中国課長の橋本恕とは親しい間柄にあった[48]。

古井が進言した通り、最終的に田中内閣発足直後の組閣で、大平は外務大臣となり、田中との二人三脚で中国との交渉に臨むことになる。その際、大平は田中内閣発足時に日中国交正常化をスムーズに進めるため、最終的には叶わなかったものの古井を法務大臣として起用すべきと田中に進言した[49]。

一方、この頃、福田赳夫も再三に亘(わた)り古井に接触していた。古井は福田に「求められるままに何回か極秘裡に会談」した[50]。しかし、福田からは、田中ほどの迫力を感じることはなかった。古井は田中と福田の違いについて「非官僚派政治家と官僚出身政治家の差をまざまざと感じさせられた」とし、「福田は、田中に比べて、細かいことを気にしすぎる。いかにも線が細く、スケールが小さい」と評している[51]。

こうして、古井は、田中、大平との会談内容を５月18日の訪中時に周恩来に伝えた。古井は「田中と大平は必ず連合する。そうなればこの連合軍が圧倒的に優勢である。２人のうちでは田中氏の方が強い。田中内閣の場合、外相は大平氏である。田中-大平の場合には、日中問題について私の考え方と一致する可能性は90％ある。もし福田内閣ができた場合、私の考え方と一致する可能性は、現在のところ極めて少ないが、ゼロではない。少なくとも５％はある」と言明し[52]、周恩来に田中と大平の存在をアピールした。

古井が「福田内閣」が生まれる可能性を「少なくとも５％」としたのには理由がある。古井は福田も政権奪取となれば、「対中方針を転換する気持ちをかなり持っている」と読んだからである[53]。「問題は周囲が許すかどうか」であるが、それでも古井は「万一福田政権になったら、総がかりで追い込んで日中復交をやらせなければならない」と考え、「すぐさま可能性ゼロとは言わなかった」のである[54]。周恩来は当然、古井との会談を通じて、田中が勝利すれば日中国交正常化の可能性は十分あると確信したのであった。

▶5　加速する田中の勢い

自民党総裁レースは本格化していった。５月９日、田中角栄は佐藤派内に田中系グループを旗揚げした。旗振り役は「元帥(げんすい)」のニックネームを持つ木村武雄である。この日の決起会合には衆議院議員33名、参議院議員36名、代理人12名

の総勢81名が結集し、来る自民党総裁選挙において田中を擁立することを決める。当時、佐藤派は102名を擁していた。その大半が田中系グループに参加したのである。佐藤派は事実上の分裂状態に陥った。

　6月14日、佐藤は自民党両院議員総会において退陣を表明する。7年8ヵ月に及ぶ長期政権が幕を閉じた。記者会見後、佐藤は福田に「ひとたび決意した以上、必勝を期して欲しい」と激励し、続いて田中には「君子の争いでやって欲しい」と注文した(55)。

　19日、今度は田中と福田を揃って自民党本部内の総裁室に呼び寄せ、「君ら2人、どっちがどうなるかわからんが、おれを支えてきた2人じゃないか。2人のうちどっちが1位になろうとも、2位になった方が1位に全面的に協力するということでやっていいじゃないか。それを、ここで約束しておこうじゃないか」と進言した(56)。それに対し福田は「賛成です。私が2位になれば、田中君に協力します」と即座に答え、田中も、暫く間を置いた後、「そういたしましょう」と同意し、「このことは、そっとしておいて下さい。これが漏れると、できるものができなくなります」とだけ付け加えた(57)。田中の返答に2人は満足した様子で首を縦に振った。しかし、田中の攻勢は衰えることなく、その後も続いた。

　田中有利が囁かれる中、福田にとってショッキングな出来事が起こる。中曽根康弘が立候補を取り止め、田中支持に回ることを正式表明したのである。「三角大福中戦争」は「三角大福戦争」へと移行した。中曽根と福田は「政治的な立場は異にしても、同じ群馬県の出身。高崎中学の先輩、後輩の関係」である(58)。中曽根が「郷党の先輩に応援することができなくて」と述べた時、福田は「はっきり敗勢を意識した」のであった(59)。

　中曽根は出馬見送りに当たり、田中に条件を出した。日中国交正常化の約束である。「私は立候補しないから、日中国交回復をやりなさい。三木武夫君と大平正芳君と3人で話し合って、君が日中回復をやらなきゃ、応援はしない」と言う中曽根に、田中は怪訝な表情を浮かべながらも「やる」と答えた(60)。中曽根は自派の「幹部と話し合って、『日中国交回復が大問題なんだから田中でいこうや』と決めたわけです」と回想しているが(61)、それは表向きの理由で、実際は中曽根派の多くが「勝ち目のない戦いを避けるべき」と主張し、中には「立候補するなら、われわれは脱藩する」という者まで現れ、結局、「派閥の存続すら危うい情勢」となったため、断念に追い込まれたのが真相である(62)。

　福田が勝つには中曽根の出馬が必須であった。「派内に田中支持が多い中曽根

が立候補すれば、第1回では田中ではなく中曽根に投票されるから、相対的に福田が有利」となり、上位2名の決選投票に縺れ込めば、「2位になった者（田中）が、1位（福田）を総裁に推す」という佐藤が描いたシナリオ通りに事が進む⁽⁶³⁾。ところが、中曽根の不出馬で福田の不利は一段と濃くなっていった。これで形勢を傍観していた人々も雲霞の如く田中に傾き始める。派閥横断型の田中支持集団が次々と発足し、田中の勢いは増していった。

▶6 戦後最年少の宰相

　7月2日、田中角栄、大平正芳、三木武夫が日中国交正常化を柱とする3派盟約を成立させた。これは中国問題を利用した「反福田包囲網」の形成であった。実は、3人は春頃から「世の中に一切出ないように」しながら「夜中とか朝早く」に「秘密会談」を開いていた[64]。「角さん本人のイニシアティブ」によるものだった[65]。一方、川崎秀二によると、同じ時期、田中系グループの木村武雄、二階堂進、三木派の松浦周太郎、井出一太郎の長老勢が水面下で「ゆるい連携で行こう」と3派盟約に向けた協議を進めていたという[66]。

　この日、田中系グループの金丸信と三木派の毛利松平との仲介によって3人が寄り集まった。話題は1時間のうち30分間が中国問題に割かれる。3派盟約の中に「中華人民共和国が唯一の正統政府という認識のもとに、平和条約の締結を目途に交渉する」との文言の挿入を求めた三木に[67]、田中と大平が抵抗したためである。2人は「唯一の正統政府であることは認めた」ものの、日華平和条約の無効を意味する「平和条約を結ぶことについてはやや難色を示し」たが、三木は「これが明確でなければ、福田陣営と大差はない。唯一の相違点である」として譲らなかった[68]。

　最終的に三木の粘り勝ちとなり、2人は三木の主張を受け入れる。総裁選挙では、「3人のうちの1人が1位か2位に残ると、みんなが協力する。2人が残った場合、正々堂々と選挙する。2人が残った時、3人目の候補の行動は拘束しない」こととなった[69]。しかし、時の勢いから見て、1位か2位になるのは田中であり、実質的に3派盟約は、大平と三木が田中の支持に回るという内容であった。

　これに激怒したのが福田と佐藤である。福田は記者会見を開き「3派側がどのように計算してもこちらの優勢が明らかになったからだ。また三木派にしてみれ

ば、角福で1、2位連合を組まれてはかなわないとの判断があり、田中陣営はいわゆる三福提携を阻止しなければならないという事情があって、その両者のあせりの結果によるものだ」と断じた上で、「3派陣営の内部矛盾は、早急に表面化し、その結果、福田陣営へ支持者がぞくぞくと集まってくることは間違いない」と強気の態度を装った(70)。

だが、それは表向きであり、内心は、かなり動揺していた。実際、福田は、すぐに佐藤に対して自らが危機的状況に追い込まれていることを伝えた。佐藤は総裁選挙前日の4日、田中と福田を再び呼んで、田中に「3派連合ができたという今日、田中君、この問題をどう考えるのか。この前『1位に協力する』ということを約束したはずじゃないか」と叱責した(71)。しかし田中は平然と「いや、選挙というものは、これはいろいろの経過をたどるものです。佐藤総理もいざ選挙となると、(同じ選挙区の山口2区で)お兄さんの岸(信介)さんとの間でもあれほど激しくやり合うじゃありませんか」と反論し、「3派連合というものはこれはやむを得なかったのだ」と開き直る始末で、全く意に介さなかった(72)。

慌てた佐藤は早速、自派の重鎮を中心に電話攻勢を開始し、福田を支持するよう檄を飛ばした。だが、退陣表明した佐藤の力は本人の予想以上に陰りを見せ始めていた。佐藤の日記には「橋本登美三郎君をよんで福田赳夫君支持は出来ぬかと口いて見たが駄目、仝様な事で西村英一君に電話をしたがこれも駄目」と綴られている(73)。

こうして5日、自民党臨時党大会が日比谷公会堂で開催され、総裁選挙が行われた。第1回目の投票結果は、有効投票総数476票のうち、田中が156票、福田が150票、大平が101票、三木が69票となった。この票数は田中にとって意外なものだった。当初、福田との差は「25票ないし20票は開くはず」であった(74)。僅か6票という結果は、福田が善戦したことを物語っており、仮に3名が福田に寝返れば同数になる。

福田は前夜、「口田腹福」を信じると語った(75)。口では「田中」と言いながら、腹の中では「福田」に投票しようと考えている人間のことを指す。つまり、「腹福」が相当数、存在していたことになる。票数を聞いた瞬間、田中は顔を紅潮させ、思わず椅子から飛び上がった。佐藤の電話攻勢が意外に功を奏したのであろうか。

結局、いずれも過半数に達しなかったため上位2人の決選投票となった。開票が始まると会場全体に息詰まる緊張感が漂い、壇上で開票に立ち会っていた田中系グループの足立篤郎が、田中が勝利したことを示す右手の親指と人差し指の輪

のサインを送った瞬間、会場は拍手と怒号で騒然となった。

開票の結果、田中が282票、福田が190票、無効が4票で、圧倒的な大差で福田を破り、田中が新総裁に選ばれた。学歴もなく、閨閥もなく、しかも、当時としては戦後最年少となる54歳の若さで宰相の座を射止めたのであった[76]。

第2節　田中内閣発足

▶1　天下獲りの後遺症

1972年7月6日、田中角栄は正式に首班指名を受けた。翌日、自民党総裁選挙での3派盟約に従い、日中国交正常化を取り仕切る外務大臣には「おれ（田中）は内を固める。君（大平）は外交をやってくれ」と言って大平正芳を据え[77]、三木武夫を副総理にし、さらに、途中で総裁選挙への出馬を取り止め田中の支援に回った中曽根康弘を通産大臣兼科学技術庁長官に配した。

一方、福田赳夫との亀裂は大きく、福田派の三池信、有田喜一が、総裁選挙の論功行賞による起用が多かった田中内閣に対する周囲の反発に配慮し、入閣要請を断ったため、郵政大臣と経済企画庁長官を田中自らが兼任するという異例のスタートとなった。その後、田中と福田との話し合いにより12日、三池、有田の入閣が固まり、それぞれ郵政大臣、経済企画庁長官に就任して、ようやく全閣僚が確定したのであった。

田中は総裁就任直後の記者会見で「時がきている感じだ」と述べ、日中国交正常化に意欲を見せ[78]、田中内閣発足後の首相談話でも「中華人民共和国との国交正常化を急ぎ、激動する国際情勢の中にあって、平和外交を強力に推進していく」として[79]、日中国交正常化を田中外交の中心に置くことを明らかにした。加えて大平も7日の閣議後の記者会見で「日中国交正常化は汗をかいてやらねばならない」と語り、「どういう政治的運命をたどるにせよ、日台間の経済、文化関係は暖かく続いていく安定した基礎がほしい」とした上で、「日中国交正常化の交渉を進めていき、それが完結する状態になった時は日台条約が存在するとは考えられないと思う」と台湾との関係性にも言及した[80]。

その日の夜、大平は、田中内閣発足前から日中国交正常化に向けての下準備を任せていた外務省アジア局中国課長の橋本恕を呼び出し、田中も同席する中、「こ

の内閣は、日中の国交正常化をやるつもりです。ついては橋本さん、ご苦労だが、いまからただちに、交渉を進める作業にはいってください」と指示し、田中も「橋本君、頼む」と告げた(81)。だが、「ルビコン川を渡るという大方針がまず決まったわけで、ではどうやって川を渡るかという方法」については(82)、白紙の状態にあった。万が一失敗すれば、それこそ田中内閣は即刻、崩壊する危険さえある。

しかも、橋本の上司に当たる事務次官の法眼晋作は、外務省を統括するポジションにありながら日中国交正常化に消極的で、14日には、駐米日本大使の牛場信彦が「中国が日中国交正常化の前提として出している『日中復交3原則』は外交的には受け入れられない」と発言し物議を醸した(83)。確かに牛場は福田と親しく、1977年11月には福田内閣において民間人として対外経済担当大臣に起用されている。しかし、そのことを割り引いても、もともと「田中内閣が出現するまで台湾擁護ムード」が強かった外務省には田中と大平に対する冷たい空気が存在していた(84)。

そこで、大平は橋本に極秘に作業を行うこと、その内容は全て自分に直に報告するように命じた。当時の橋本は、マス・メディアに対しても「ボクは、この交渉に命をかけているんだ。軽率な発言が、どんな結果を生むか」と、「目を吊り上げて取材拒否」するほど神経質になっていた(85)。それだけ外務省内は緊迫した状況にあったのである。

これに対し、9日夜、中国の人民大会堂で開かれたイエメン人民民主共和国政府代表団歓迎夕食会の席上、周恩来が「日本においては長い間、中国を敵視していた佐藤政権がついに任期前に退陣せざるを得なくなった。田中内閣が7日に成立したあと、外交面において日中国交正常化を促進すると表明したことは、歓迎に値する」と語り(86)、田中にエールを送った。しかし、田中の首相談話と大平の記者会見からも分かるように、田中は「全体としては佐藤内閣の外交政策を継承」しており(87)、大平も日華平和条約を締結当初に遡って、それを無効にすべきとする中国側の主張には同意していない。日中国交正常化が「完結する状態になった時は日台条約が存在するとは考えられない」と述べるに留まり、「日台間の経済、文化関係は暖かく続いていく安定した基礎がほしい」として、日中国交正常化以降の日台関係にも触れている。それにも関わらず、周恩来が田中内閣発足について「歓迎に値する」と評価したことは、いかに中国側が日中国交正常化を強く望んでいるかという何よりの証左であった(88)。

▶2 野党外交

　この頃、日中国交正常化に向けて後押しをしたのが、前社会党委員長の佐々木更三（こうぞう）と公明党委員長の竹入義勝という野党トップの相次ぐ訪中であった。佐々木は訪中前の7月11日、田中角栄に対して「きっと周恩来総理から質問があるだろう。ぼくはきみ（田中首相）のメッセンジャー・ボーイをするつもりはないけれども、この時期に行けば、田中総理ってどんな男か、彼が掲げた日中正常化をやるということは本ものかどうか、それから呼んだら来るかどうか、それからそれにあたっては、復交3原則を、これは行ってからお互いに声明文やなんかに発表する文字は別として、原則として認めるという立場が絶対の条件だが、きみはどうなのか」と問うと、田中は「まったくそのとおりだから、台湾の処理については絶対の確信がある」と即答し、さらに佐々木が「そういうことを周恩来総理に聞かれたら、そのとおり話してよろしいか、きみ責任を持つか」と念を押したところ、同席していた大平正芳が「それは必ず実行します」と断言した[(89)]。

　佐々木は、同じ社会党の松沢俊昭（としあき）と16日夜、中国で周恩来と会談し、この田中、大平との問答を披瀝（ひれき）した。その上で、「田中君なら大丈夫」と保証したところ、周恩来は「それでは田中総理に北京へ来てもらいましょうか」と応じ、「それは願ってもないことで、ぜひ呼んでいただきたいものです」と答えると、重ねて「田中総理が北京へ来られるなら歓迎いたします」と言明した[(90)]。周恩来が、田中の名前を挙げて招待に近い意思表示をしたのは、田中内閣発足後、これが初めてであった。

　佐々木は帰国後、直ちに田中のところへ走り、その内容を伝えた。続いて、今度は竹入が待ち構えていたように田中と会った。竹入が訪ねたのは、連絡を密にしていた自民党の古井喜実との間で「佐々木は、きっと何か、重要なものを持ち帰ってくるにちがいない。田中にただしてみる必要がある」と話し合っていたためである[(91)]。

　佐々木が持ち帰ってきた周恩来からの伝言は、口頭によるものであったにせよ、事実上、正式な招待であると踏んだ竹入は、田中に「行く決意をしたらどうか」と進言した[(92)]。ところが、田中は訪中への意欲は見せるものの、具体的な手順、その方法に関しては口にしなかった[(93)]。

　業を煮やした竹入は「そんなら、ボクが北京へ行ってみようか」と田中に迫る[(94)]。実は、肖向前からも、公明党副書記長の大久保直彦を通じて、竹入の元に訪中の

依頼が届いていた。

　大久保は、その時の模様について、「なんか非常にけわしい顔をしていましてね。部屋に通されて、お茶をご馳走になった。そうしたら、やおら壁に掛かっていた小さな黒板をはずし、テーブルの上に置いて、白墨で字を書いて私に見せるわけですね。その内容は、『できるだけ早く、もう一度公明党代表団を中国へお招きしたい。ついては、いつ来られるか』というものでした」と述懐している[95]。肖向前は勤務する中日備忘録貿易弁事処東京連絡事務処にいながらも、他人に洩れることを恐れたのか、筆談で訪中を促したのである。

　竹入の提案に田中は「ぜひ、そうしてくれよ。頼む」と頭を下げた[96]。竹入の訪中は、こうして決まった。

　では、なぜ中国は野党である公明党の竹入を田中との橋渡し役に使ったのであろうか。日中国交正常化に向けた交渉を正規のルートで行えば、「対立点が大きいだけに交渉は長びかざるを得ない。しかし、そうなると日中正常化に反対している日本国内の親台湾派が動き出し、交渉がこじれることが予想」された[97]。中国としては秘密裏に進め、一気に決着を図ろうと考えていた。そのためにも、田中と親交があり、「口が堅く情報を外部に漏らさない人物」が必要となり、その結果、竹入に白羽の矢が立ったのである[98]。

　竹入が田中と親しくなったのは1969年末頃から始まる言論出版妨害事件がきっかけである。これは政治評論家の藤原弘達が著した公明党と創価学会との関係性を批判する内容の『創価学会を斬る』（日新報道、1969年）の刊行を中止させようと、竹入を通じて田中が藤原に圧力を加えたとされる事件である。

　矢面に立たされる竹入を田中は最後まで庇った。竹入は「田中さんには、助けられ、感謝している。終生忘れない。国会では罵詈雑言を浴びせられ、ほかにだれも助けてくれる人はいなかった」と語る[99]。2人の仲は次第に深まっていった。

　訪中する前、竹入は大平と数回に亘って内々に顔を合わせた。竹入によれば、大平は「『各種ルートで中国側と接触し情報を集めている』『いろいろなことを検討している』と、のらりくらりと繰り返すだけ」だった[100]。そこで、竹入は出発前々日の夜、田中の私邸を訪ねることにした。ところが、田中も「信じられないほど消極的」だった[101]。

　田中　竹入君よ。おれは総理になったばかりだ。日中に手を着けたら、田中内閣は吹っ飛んでしまう。おれは日中を考える余裕もないし、今はやる気

はない。
　　竹入　それでは、竹入はきわめて親しい友人という手紙を書いてほしい。
　　田中　それはできない。代理と受け止められる。

「無愛想に断られる始末」だった(102)。そこで、竹入は、政審会長の正木良明に依頼し「中国や日中推進派の考えを離れてこの条件なら日本側、すなわち国民の誰もがのめる基本的な柱を書き出して」もらった(103)。結局、竹入は何の切り札も持たないまま訪中することとなった。

　ただし、竹入の証言については、その信憑性に疑問も残る。それは、大平の死後の1981年6月に「わが国政府、さらに自民党の本音がどこにあるのか、全く不明のままでは話し合う意味も半減してしまう。そこで、出発前に当時の田中首相と外務大臣であった大平さんと会談した。特に大平さんとは、回を重ねて日本としての条件について率直に話し合った」とも明かしているからである(104)。したがって、竹入は訪中前に日中国交正常化に関する田中、大平の考え方を少なからず把握していたと判断するのが妥当であろう。

▶3　「竹入メモ」の意味合い

　竹入義勝は、正木良明、大久保直彦の2人を伴い7月25日に中国へと飛び立った。当時、北京に向かうには、東京から香港まで行き1泊し、翌日、列車で深圳へ、続いて再び列車に乗って広州へ移動し、さらに1泊して空路で北京に向かうのが常であった。

　しかし、彼らは香港から深圳まで列車に乗らずに中国側が用意した車で移動し、そこから1両だけの展望車で広州へ行き、特別機で北京入りした。12時間20分という最短記録であった(105)。まさに国賓級の待遇で中国側は3人を迎えたのである。

　竹入は26日午前から中日友好協会の会長である廖承志と向き合い、正木が作成した日中国交正常化のための私案を示した。そこには「日米安保条約は認める、日華条約は破棄しない、など十数項目」が並べられてあった(106)。竹入が嫌になるほど「日本側に虫の良い内容」だった(107)。しかし、廖承志は異論を挟むことなく竹入の話に耳を傾け、最後に「わかりました。これから直ちに帰って周恩来総理と相談します」と応じた(108)。

竹入と周恩来との会談は、合計3回、延べ10時間に及んだ。この中で周恩来は、3回目となる29日の会談で、後に田中角栄との間で交わすこととなる日中共同声明の原型とも言うべき8項目を示した。以下は2人の会談記録からの引用である(109)。

> 1　戦争終結の問題
> 　私たちとしては、こういう表現でいきたいと思いますが、どうでしようか。
> 「中華人民共和国と日本国との間の戦争状態は、この声明が公表される日に終了する。」
> 　ここでいう、この日というのは、共同声明又は、共同宣言が発表された日のことです。
> 2　国交の問題です。こういう表現でいきたいと思います。‥‥どうでしようか。
> 「日本政府は、中華人民共和国政府が提出した中日国交回復の3原則を十分に理解し、中華人民共和国政府が、中国を代表する唯一の合法政府であることを承認する。これに基づき両国政府は、外交関係を樹立し、大使を交換する。」
> 3　「双方は、中日両国の国交の樹立が、両国人民の長期にわたる願望にも合致し、世界各国人民の利益にも合致することを声明する。」
> 　中国の場合は文法上「声明する」が先に出てきます。日本語に翻訳すると「声明する」が後になります。これは検討しましよう。
> 　この1項は、中米共同声明から受け継いだものです。双方が共同にうたった第1点です。
> 4　「双方は、主権と領土保全の相互尊重、相互不可侵、内政の相互不干渉、平等・互恵、平和共存の5原則に基づいて、中日両国の関係を処理することに同意する。中日両国間の紛争は5原則に基づき、平和的な話合いを通じて解決し、武力や武力による威嚇に訴えない。」
> 　今の一句も中米共同声明の中で、キッシンジャーが得意がっているところです。（中国の平和共存の5原則をアメリカが受け入れたという意味で）そこで書いたのですが、私たち両国が先に実行に移しましよう。
> 　日本は、台湾、膨湖島を放棄しました。私たちは、日本の北方の4つの島を日本が回復することを支持します。これは、田中首相が5原則に基づいて発表したことがありますね。

5 「双方は、中日両国のどちらの側もアジア太平洋地域で覇権を求めず、いずれの側も他のいかなる国、あるいは、国家集団が、こうした覇権をうちたてようとすることに反対するということを声明する。」

　これも、中米共同声明の第2点ですが、これは意味のあることだと思います。

　これは、田中首相が、こういうことをいうのは、早すぎるというなら相談できます。中米両国が一致してとのことですから彼らも反対できないでしょう。日中両国の接近にアメリカは反対できないが、どこかの国に反対が出るのは、やむをえません。

6 「双方は、両国の外交関係が樹立された後、平和共存の5原則に基づいて、平和友好条約を締結することに同意する。」

7 「中日両国人民の友誼のため、中華人民共和国政府は、日本国に対する戦争賠償の請求権を放棄する。」

8 「中華人民共和国政府と日本国政府は両国間の経済と文化関係を一層発展させ、人的往来を拡大するため、平和友好条約が締結される前に必要な既存の取極に基づいて、通商、航海、航空、気象、郵便、漁業、科学技術などの協定をそれぞれ締結する。」

　平和友好条約からですと、遅すぎます。アメリカと違った点は、ここで、私たち両国の間には、こうしたものが、すでにあるのです。中日両国の漁業協定は、ソ連よりうまくいっています。

　当時、日本側が最も懸念していたのが日米安保条約の扱いであった。1969年11月の佐藤栄作とニクソンとの共同声明には「総理大臣は、台湾地域における平和と安全の維持も日本の安全にとってきわめて重要な要素であると述べた」と記されていた。台湾は日米安保条約の対象であることを示している。

　これに中国側は猛反発していた。したがって、これが日中国交正常化の障害になるのではないかという心配を抱いていたのである。ところが、周恩来は何の躊躇もない様子で日米安保条約を容認し、「もし米国がクレームを付けるようだったら、大統領らに直接話をする」とまで言い切ったのである(110)。

　かつて中国は日米安保条約を「アメリカ帝国主義」のアジアにおける牙城と見做して批判し続けてきた。だが、一触即発の戦争危機にあった中ソ間の対立状況と、それに伴う米中接近によって、「日米安保の意味が米中和解で様変わり」し、「対

ソ封じ込めを意識して、米中、日中の正常化を急いでいた」様子だったと竹入は言う[111]。毛沢東も、この頃になると、日米同盟の維持、発展に理解を示していた[112]。

　さらに周恩来は、いとも簡単に、毛沢東の決断であるとして賠償請求権の放棄を口にした。周恩来は「中国は日清戦争で賠償を払ったが、中国民衆はいかに苦しんだか。いかに過酷であったか。日本国民にそれを求める気はない。戦争の責任は国民にはない。一部の軍国主義者の責任だ」と言って歩み寄った[113]。

　日華平和条約を締結した際、台湾は賠償請求権を放棄している。即ち、日華平和条約に基づき解決済みであり、これを再び蒸し返させるわけにはいかない。当然、日華平和条約そのものも締結時から今日に至るまで有効というのが日本側のスタンスだった。

　万が一、中国が賠償請求権を言い出せば、交渉決裂である。竹入は場合によっては「500億ドルは払わなければ」と思っていただけに、「放棄」と聞いて「頭がクラクラした」ほど驚愕した[114]。

　次いで周恩来は日華平和条約の処理に関する3項目が記された草案を出し、日中間の「宣言、声明の中に書きいれません」として、これを「黙約事項」として取り扱うことを提案した[115]。

> 1 「台湾は、中華人民共和国の領土であって、台湾を解放することは、中国の内政問題である」
> 2 「共同声明が、発表された後、日本政府が、台湾から、その大使館、領事館を撤去し、また、効果的な措置を講じて、蔣介石集団の大使館、領事館を日本から撤去させる。」
> 3 「戦後、台湾における日本の団体と個人の投資及び企業は、台湾が解放される際に、適当な配慮が払われるものである。」

　事実上、台湾との断交のみに絞った内容である[116]。竹入が「蔣介石集団という言い方には、抵抗があるかもしれません」と指摘し、「日本政府としては、台湾と国交をつづけてきた事実があります。前段に、台湾という言葉がありますから、ここも、台湾の大使館という風にしてもらえると結構ですが、その余地がありますか」と確認すると、周恩来は何の躊躇いものなく「いいと思います」と答えた[117]。

草案は中国語のタイプで打たれたもので、毛沢東の署名もあった。竹入は、そのコピーを貰おうとしたが、中国側に素気なく断られたため、一語一句、メモすることとなった。
　周恩来が読み上げ、それを外交部に勤務する日本語通訳の王効賢(おうこうけん)が翻訳したものを筆記し、続いて竹入が筆記したものを復唱して、それを王効賢が中国語にして、周恩来に確認するという作業の繰り返しである。念入りに摺(す)り合せをしたのは、周恩来の発言を田中に正確に伝達するためであった。
　竹入は帰国の途中、香港にて周恩来が示した草案と、会談記録のメモを清書している。これらは全て併せて13行罫紙で60枚を優に越えた。これこそ後に田中に訪中を決意させた「竹入メモ」である。
　実は28日夜に開催された晩餐会の席上、周恩来が竹入に「竹入さんは花にたとえれば桜の花です。桜の花には赤いボンボリが必要です。私がその赤いボンボリをつけてさしあげましょう」と語っていた[118]。その時、竹入だけでなく、同席していた正木、大久保も「赤いボンボリ」の意味が分からなかった。
　だが、「赤いボンボリ」こそが、周恩来が竹入を通じて田中に託す「共同声明中国側草案」とも言うべき8項目と3項目の「黙認事項」だったのである[119]。この時の状況について竹入は「書いてちょっと手がふるえるぐらい驚いたんですが、このときに、これで復交できたと私は思いましたね。向こうの条件を筆記していて、ああこの日中復交の条件ならできると、ほんとうにもううれしくて涙が出ました」と述懐しているが[120]、周恩来は日本側の主張に考慮することで、田中が日中国交正常化を早々に決断することを促したのである。

▶4　訪中決断

　帰国した竹入義勝は8月4日午前、首相官邸に田中角栄を訪ねた。大平正芳も同席していた。
　竹入は、周恩来が示した草案を田中に渡し、説明を始めた。田中が草案に目を通していると、大平が「ちょっと、ちょっと」と言いながら、田中から草案を取り上げ、食い入るように読み込むと、竹入に「竹入さん、これいただいてよろしいですか」と聞き、竹入が「どうぞ」と答えると、「どうもありがとうございました」と告げ、草案をスーツの内ポケットに忍ばせて、外務省に引き揚げていった[121]。
　大平にとって竹入メモは決して目新しいものではなかった。中国滞在中の竹入

から古井喜実へ国際電話を通じて進捗状況が随時、報告されており、古井が、その詳細を大平に伝えていたためである。しかし、この竹入メモこそ、日中国交正常化の具体的な段取りや最終的な詰めの作業を行う責任者たる大平にとって、「待ち望んでいた中国側の公式態度表明」だった(122)。

外務省に戻った大平は早速、その竹入メモを外務省アジア局中国課長の橋本恕に見せた。竹入メモは外務省にとっても極めて重要なものとなった。外務省条約局条約課長だった栗山尚一は、竹入メモは日本側にとって唯一とも言える中国側との交渉判断の材料になったと証言している(123)。

翌日午後、竹入はホテルニューオータニで再び田中と会った。その際、田中との間で、次のような遣り取りがあった(124)。

> 田中　読ませてもらった。この記録のやりとりは間違いないな。
> 竹入　一字一句間違いない。中国側と厳密に照合してある。
> 田中　間違いないな。おまえは日本人だな。
> 竹入　何を言うか。正真正銘の日本人だぞ。
> 田中　わかった。中国に行く。
> 竹入　本当に行くのか。
> 田中　国慶節でもかまわないのか。
> 竹入　向こうは国慶節でもかまわないといっている。行くのは間違いないな。
> 田中　行く。

田中は別室に控えていた外務省出向の秘書官である木内昭胤を呼び、手帳を開いてスケジュールを確認した。ついに田中は訪中を決断したのであった。

これを受け竹入は、社会党、公明党、民社党、さらには民間団体も含め22団体で構成される日中国交回復促進連絡会が招聘していた廖承志をトップとする中日友好協会代表団の来日見合わせを発表した。田中が訪中を決めたことを周恩来に伝えるためのサインである。竹入は「周恩来総理との打ち合せで、『もし田中さんが中国に来ると判断した場合、合図はどうしましょうか』と、周恩来総理のほうから話がありました。『秋に大型の廖承志訪日団が行くことになっていますが、もし田中さんが来ると決断した場合、行った方がいいですか、どうですか』と言うから、僕は『田中さんが行くということを決断すれば、かえって来ない方がいいんじゃないでしょうか』と答えた。『では、それにしましょう』というこ

とで、打ち合せができたんです。『田中さんが北京に行くことをはっきり決断したら、そちらで廖承志訪日団が延期になったと発表してください』とね」と種明かししている⁽¹²⁵⁾。

　田中が訪中を決めたことは、すぐ台湾側にも伝わった。このことを耳にした蔣介石は「茶碗を床に叩きつけて激怒」したと言われている⁽¹²⁶⁾。

▶5　上海舞劇団の来日

　7月10日、中日友好協会副秘書長の孫平化（そんへいか）が上海舞劇団の団長として、総勢208名もの団員を引き連れ来日した。彼は、東京工業大学附属予備部に留学したこともあり、廖承志事務所東京駐在連絡事務所首席代表として長年に亘り日本に駐在してきた人物でもある。したがって、孫平化の役目は、単に団長を務めるだけでなく、「復交交渉の打診にあることは、当然想像できること」であった⁽¹²⁷⁾。

　実際、周恩来は「ニクソン米大統領訪中（79年2月）後、中日関係には必ず大きな変化が起きる。上海バレエ団の訪日は政治的意味合いを持つ訪問になろう」と捉え、彼らに「この訪日の機会を利用して直接、田中首相と会うこと。そしてその場で中国政府が『田中首相の訪問を歓迎する』と伝えよ。さらに田中首相の前向きな反応を確認せよ」と命じていた⁽¹²⁸⁾。孫平化に加え、外交部からは唐家璇（とうかせん）と江培柱（こうばいちゅう）が上海舞劇団に紛れて派遣された⁽¹²⁹⁾。

　14日に日生劇場で開催された上海舞劇団の初公演には、三木武夫と中曽根康弘も招かれ、孫平化と中日備忘録貿易弁事処東京連絡事務処首席代表の肖向前の2人は幕間を使って中2階ロビーにおいて、文字通りの「ロビー友好」を展開した⁽¹³⁰⁾。「劇が終わったあと、『中日両国人民友好万歳』の横幕がステージいっぱいに張りめぐらされ、両閣僚も観客といっしょに、熱のこもった拍手」を送るほど会場は大いに沸いた⁽¹³¹⁾。

　そんな中、外務省アジア局中国課長の橋本恕は、孫平化と田中角栄との会談をセットすべく準備を始めた。唐家璇からの依頼だった。唐家璇と密会した橋本は「日本の首相と会いたいということは了解した。しかしその前にまず団長が大平（正芳）外相に会ってほしい。その後、適切な時期に田中首相との会見を手配したい」と告げ、会談場所をホテルオークラに設定し、その場で唐家璇のメモ帳にホテルオークラの地下出入り口の地図を書いて渡した⁽¹³²⁾。

　橋本は外務省に引き返して大平正芳の了承を得た。これを受け18日、大平は

20日に予定されている日中国交回復促進議員連盟会長の藤山愛一郎による「孫・肖氏歓迎レセプション」に出席することを約束すると同時に、「中日備忘録貿易弁事処東京連絡事務処などを通じて日中正常化のために公式ルートでの接触を行う」との意向を明らかにした(133)。

　レセプションは、ホテルニュージャパンで開催された。大平は一個人ではなく、外務大臣として出席し、孫平化、肖向前と初めて会うこととなる。これは「田中首相のできるだけ早い訪中を実現するための世論と雰囲気のたかまりをつくりだそう」という藤山の計画的な催しであった(134)。

　藤山の紹介で孫平化、肖向前と握手を交わした大平は小声で「また、そのうちに会いましょう」と孫平化の耳元で囁き、孫平化も「日中国交正常化は単にムードではなく、花開き、実を結ぶものとなることを期待します」と答えた(135)。大平は、さらに藤山、三木、自民党幹事長の橋本登美三郎と一緒に、孫平化、肖向前と手を握り合いながら、10分間に亘って記念撮影にも応じた。

　こうして22日午後3時30分から4時30分まで、ホテルオークラにおいて、大平と孫平化、肖向前との会談が開かれた。会談は終始、和やかで、通訳を介さず全て日本語で行われた(136)。

> **大平**　田中首相と私は一体同心の盟友で、外交の全権を私に託している。現在、日本政府首脳が訪中し、国交正常化を解決する機は完全に熟している。
> **孫**　中国側は田中首相が北京を訪問し、周首相と会談することを歓迎する。田中首相が北京に行きさえすれば、すべての問題は、相談できるし、中国側としても、田中首相を困らせるようなことはしない。

「双方の多くの見解は、会談前からお互いに知っている内容であった」ので、最後に大平が「双方に意見のくい違いはないので、これで完全に国交回復の話しあいに入ることができる」と締め括った(137)。大平は日中国交正常化への確かな手応えを感じたのだった。

　大平は、この頃、秘密裏に日中間の橋渡しをしていた古井喜実や田川誠一に会って相談し、一方で外務省に事務次官の法眼晋作を委員長とする「中国問題対策協議会」を設置して、日中国交正常化の際の日本としての基本方針を検討させた。「台湾との外交関係をなんとか維持しながら、北京との正常化をはかろうと模索しつづけてきた外務当局にとっては、相当な難問であった」が、大平は「国

家100年の計をも決めることになる問題なのだから、どんな見落しがあってもいけない。また事は急を要するのだから、夏休みを返上してほしい」と鼓舞し続け、最終的に8月3日、外務省は「政務次官会議の席上で、日中国交正常化交渉を進めるにあたっての政府の基本的見解」を示し、ここで初めて「日台間の外交関係が消滅する見通しを明らかにした」のであった[138]。

　8月11日、大平は再び孫平化、肖向前と会談し、田中が訪中を決断したことを伝え、併せて田中との会談を斡旋することを約束し、4日後の15日に帝国ホテルにおいて、田中と官房長官の二階堂進、そして孫平化、肖向前との会談が行われた。席上、孫平化から周恩来の伝言として、田中の訪中を心から歓迎すると伝えられ、これに対し田中は「周首相との会談が実り多いものであることを希望する」と答え、訪中を受諾した[139]。具体的な日程については日本側から10月1日の国慶節前との提案があり、ここで、その時期を目途とした田中の訪中が固まった。

　大平は、田中と孫平化、肖向前との会談が円満に終わり、田中自身が訪中の意志を固めたことで、最終決断を田中に求めた。大平は「中国側の真意はほぼわかった。あとはやるだけだ。君もいままでやりたいことはやってきたと思う。ここはお互いハラをくくってやろうじゃないか」と話すと、田中は即座に「わかった。どうせ人は一生一度しか生きられないんだ。それじゃ行くか」と答え、「具体的な交渉はキミにまかせる。党内のことは、俺が責任をもってやる」とまで言い切った[140]。

▶6　台湾側の焦り

　このような日中間の動向に台湾側には焦りの色が見え始めた。7月25日午後2時半、駐日台湾大使の彭孟緝は外務省を訪れ、大平正芳と面会した。日中国交正常化に向けた流れに重大なる関心を持っていることを表明した。

　これに対し大平は、日中国交正常化によって「貴国との外交関係はそのまゝの状態を続けることにはならぬと思う。正常化の当然の帰結が事柄のなりゆきとしてそうならざるを得ないということである。但し外交関係がなくなっても、日本は自由開放体制をとっているので、経済、技術、文化その他の関係は従来通り継続して行ける様、努力するつもりである」と答えた[141]。事実上の、断交通告である。

彭孟緝は「自分（彭）はかねて大平大臣は慎重で卓見をもっておられることを尊敬しているが、両民族の重大な段階において、閣下の御自重慎重な態度で臨まれることを切望してやまない」と再考するよう求めた。しかし、結局は平行線を辿り物別れに終わった[142]。

台湾では、8月1日午前11時から1時間30分に亘って駐台日本大使の宇山厚と総統府資政の張群との会談が総統府で行われた[143]。

> 宇山　この度は帰国を命じられ、日「中」国交正常化問題について、何回も本国の政府当局と会談しました。僅か4ヵ月しか経っていないのに、今、日本国内の状況は今年3月に台北に赴任してきた時とは随分と変わりました。私が赴任する前、田中首相と太平外相は中日問題に関する多くの指示を出していたのですが、その内容は当時とは大きく異なっており、田中内閣が急いで中共と国交を結ぼうとする意向は私の想像を超えています。
>
> 張　日本政府の進捗具合は、どうなっていくのでしょうか。前の鳩山総理がソ連と国交を結んだ時と同じように、田中首相が大陸を訪問し、即刻、国交樹立を宣言し、平和条約の交渉は、その後となるのでしょうか。
>
> 宇山　大体、そのような流れになると思います。田中首相は9月1日にニクソン大統領の招きでハワイ会談に赴き、帰国後、すぐに大陸行きの準備に入るつもりでいるようです。日程としては9月15日から19日はイギリス首相（ヒース）が来日するので、9月11日から14日、あるいは9月20日から25日は空白になっているので、そのいずれかで、太平外相と一緒に北京に行くと思われます。
>
> 張　今、日本と共匪が国交樹立に向け、どんな方式を採用しようとも私たちは強く反対します。

張群は、徹底的に田中角栄を糾弾した。中華民国との「国交を犠牲にし、共匪と国交を結ぼうとするのは、共産勢力の拡大を助けることになり、アジアの前途に害はあっても益にはなりません」と訴えたが[144]、2人の主張は噛み合わないまま終わった。

何より台湾側に大きなショックを与えたのが、竹入メモだった。実は台湾側に、8月15日に訪台した京都産業大学法学部教授の小谷秀二郎を通じて、竹入メモの要旨が渡っていたのである。

タイトルは「竹入公明党委員長に対する周恩来首相の発言（要旨）について」で、200字詰め原稿用紙25枚にも及び、小谷の手書きで記されている。これは全て中国語に訳され、副総統の厳家淦、6月に行政院長に就任した蔣経国、総統府秘書長の鄭彦棻、5月に総統府秘書長を退き、アドバイザー役である総統府資政となった張群も目を通している。目次は次の通りである[145]。

 一、周恩来首相の発言要旨
  （一）対ソ問題
  （二）日中会談について
  （三）国交三原則について
  （四）国交正常化問題
  （五）賠償問題について
  （六）尖閣諸島問題
  （七）日中経済関係について
  （八）日中間の折衝（特使など）
  （九）台湾問題（日米安保、台湾条項など）
  （十）国交正常化の意図
  （十一）共同声明の国会承認問題
 二、公明党訪中団の感触
  （一）周恩来の公明党訪中団に対する態度
  （二）日中正常化の意図
  （三）日米安保、台湾条項
  （四）共同声明について
  （五）訪中の時期
  （六）米中の条約交渉
  （七）気象協定など
  （八）竹入委員長行方不明事件
 三、結び

小谷が、どのような方法で竹入メモを手に入れたのかは不明である。ただ、最後の「結び」には次のようなことが書かれている[146]。

中国は以前、公明党に対して、日中復交ムードを盛りあげるための宣伝部隊（組織力や弘報機関誌、紙を保有していることから）として扱っていたと伝えられるが（中国系機関関係者の言による）、今回の訪中では、公明党に日中国交正常化の重要任務を負わしめ、一方において、公明党に点数をかせがせようとしているものとみられる。

そこで、公明党訪中団に対して「日中復交は田中内閣になって、中国から積極化したもので、賠償はいらぬとか、尖閣諸島には触れないとか、日華条約も触れず現実を無視しないとか云っているが、中国としては当然、中国の国益に基づいて対日姿勢を打ち出しているわけで、公明党訪中団の判断は"甘い"のではないか」と質問をしたところ、「"甘い"とは考えていない。（公明党幹部の思考方法には宗教人的な素直さがあり、それが長所であり、短所でもある）」と答えるだけで、具体的な反論は出来なく、「中国は無賠償と云っても、名称はともかく、日本に経済援助、技術援助を大いに期待していることは間違いなく、田中総理の訪中によって、日本側からそれを云わせようとしているのではないかと思われた」と語っただけであった。

以上を読む限り、小谷が入手した竹入メモの出所は「公明党幹部」ではないかと思われる。あるいは、竹入から預かった後、外務省に持ち帰った大平を通じて、竹入メモが省内に出回り、日中国交正常化に否定的な一役人が小谷に手渡した可能性も考えられる。

小谷は、これとは別に「日中国交正常化交渉について」と題する200字詰め原稿用紙11枚のレポートも台湾側に提供している。そこには竹入に同行した正木良明が「S教授」なる人物に語ったとされる日中国交正常化に関する周恩来との「打合せした事項」が綴られている。手書きによるもので、筆跡を見ると小谷によって書かれたものではないことが分かる。

中でも注目すべきは「中国の日中国交正常化を焦る理由」という項目であろう。そこには、中ソ関係の悪化に加え、「7億の人民を食べさせる」には自力では無理があり、日本の「高度の経済技術力を導入して経済開発を行うことは目下の急務」であることが、周恩来の発言として挙げられている[147]。

さらに、当時、毛沢東は78歳、周恩来は74歳と老齢で、しかも2人は病を患っていたため先が長くないことも指摘されている。この点については田中も憂慮していた。首相になって間もなく、田中は早坂茂三に次のように語った[148]。

> 毛沢東とか周恩来という、いまの中国をつくった創業者は、共産主義であれ何であれ、えらい苦労をしてきた連中だ。多くの死線を越えてきた。それだけに、すべてないものづくしの中で、あのでかい国をやりくりしていくためには、いま何が必要かということがよくわかっている。

「たぶん、そうでしょうね」と早坂が相槌を打つと、「だから、あの連中が元気なうちに、この勝負を決めなければならないんだ」と述べ、さらに続けた[149]。

> いまの時期をのがすと2代目、3代目――学校を出てインテリになって、じいさまの苦労が肌ではわからず、頭は理屈と数字が破裂しそうに詰めこまれていて、笑い顔はとても冷たい。こんな連中と掛け合っていたら、わがほうが「賠償金はカンベンしてくれ」と言って、「じゃあ仕方ないな」というようなわけにはいかない。だから毛沢東や、周恩来の目の玉の黒いうちにやらなきゃダメだ。急がなければならない。

洞察力の深さを感じさせられる。田中は人情の機微を体感として知悉していたのであろう。

注
(1)「読売新聞」、1972年1月1日朝刊。
(2)「朝日新聞」、1972年1月5日朝刊。
(3) 足立利昭、『ザ・自民党：長期政権の秘密』、翼書院、1984年、118頁。実際、佐藤は退陣表明の直後に自らの日記に「何とかして福田総理をつくり上げ度いもの」(佐藤栄作、『佐藤栄作日記』第5巻、朝日新聞社、1997年、131頁)と記しており、福田も後に「佐藤栄作総理自身も『私のあとは福田君』と考えておられた」と証言している(福田赳夫、『回顧90年』、岩波書店、1995年、193頁)。
(4) 同上書、194頁。
(5) 佐藤昭子、『私の田中角栄日記』、新潮社、1994年、97頁。
(6) 訪米時、ロサンゼルスにある日本料理店「インペリアルガーデン」の座敷で、1971年3月から5月に起こった戦後最大の連続女性誘拐殺人事件のことが話題に上がった。犯人は群馬県生まれの大久保清である。田中は大久保と同じ群馬県生まれの福田に向かって「大久保清というのは、ひどいやつだねえ。群馬県というところは、ほんとに悪い人間の出るところだよ」と言い放つと、福田は「おことばながら、通産大臣。ちと誤解があるようだねえ。大久保一家は3代前までは新潟県に住んでいたそうですぞ。どっちが悪者を育てたのかねえ」と新潟県生まれの田中を揶揄した(佐藤寛子、『佐藤寛子の「宰相夫人秘録」』、朝日新聞社、1974年、166-167頁)。この時、佐

藤が間に入り「福田君も、3代前とは、だいぶ遠慮したもんだねえ」と笑って誤魔化すが、微かな緊迫感が漂った（同上書、167頁）。

(7) 早坂茂三、『早坂茂三の「田中角栄」回想録』、小学館、1987年、208頁。
(8) 例えば、朝日新聞社が1971年12月1日と2日に実施した「暮しと政治意識」についての世論調査では、「中国の国連参加が決りました。あなたは日本は中国との国交をできるだけ早く回復すべきだと思いますか。それほど急ぐ必要はないと思いますか」という問いに、59％が「できるだけ早く」と答え、「急ぐ必要はない」が22％、「その他の答」が3％、「答えない」が16％で、日中国交正常化への肯定的な評価が半数以上を占めた（「朝日新聞」、1972年1月3日朝刊）。
(9) ヘンリー・キッシンジャー、桃井真監修、斉藤弥三郎、小林正文、大朏人一、鈴木康雄訳、『キッシンジャー秘録：北京へ飛ぶ』第3巻、小学館、1980年、131頁。
(10) 永野信利、『天皇と鄧小平の握手：実録・日中交渉秘史』、行政問題研究所出版局、1983年、5頁。
(11) 中島宏、「日中国交正常化の一考察：北京で見た日中国交交渉」、『愛知大学国際問題研究所紀要』第97号、愛知大学国際問題研究所、1992年、3頁。
(12) 中野士朗、『田中政権・886日』、行政問題研究所、1982年、83頁。
(13) 渡辺恒雄、「無学歴首相のブレーンは誰か」、『中央公論』1972年9月号、中央公論社、1972年、107頁。
(14) 「新潟日報」、2000年2月16日朝刊。
(15) 大平正芳回想録刊行会編、『大平正芳回想録：資料編』、大平正芳回想録刊行会、1982年、210頁。当初、大平は日中国交正常化に消極的だった。国連における中国代表権問題が浮上した際も「きわめて慎重」で、「言明を避けて」いたほどだった（大平正芳回想録刊行会編、『大平正芳回想録：伝記編』、大平正芳回想録刊行会、1983年、309頁）。しかし、中国が国連加盟を果たすと一転、「中国問題に決着をつける時期がいよいよ熟してきたと判断する」として完全な推進派となった（同上書、311頁）。即ち国際社会の動向を見極めた上で自らの立ち位置を明確にしたのである。
(16) 森田一、『心の一燈：回想の大平正芳・その人と外交』、第一法規、2010年、92頁。
(17) 「朝日新聞」、1971年11月26日朝刊。中曽根は佐藤に対して度々、「台湾一辺倒ではなく、むしろ大陸にも足場を置く。そういう政治的な視野を持つ段階に来ている」と進言し（中曽根康弘、『中曽根康弘が語る戦後日本外交史』、新潮社、2012年、163頁）、中国の国連加盟が確実になった頃には「世界情勢と日本の将来を考えた場合、台湾と手を切り、中国と手を結ぶべきである」と考え始めていた（同上書、224頁）。
(18) 「読売新聞」、1971年1月15日朝刊。三木が日中国交正常化に向け挺身したのは親中派議員である松村謙三の存在が大きかったと思われる。三木と松村は、かつては一緒に旧改進党を立ち上げ、保守合同後は三木・松村派を旗揚げするほど近かった。
(19) 時事通信社政治部編、『ドキュメント：日中復交』、時事通信社、1972年、153頁。
(20) 早坂茂三、前掲書、216頁。
(21) 楠田實、『楠田實日記：佐藤栄作総理首席秘書官の2000日』、中央公論新社、2001年、585頁。
(22) 同上書、592頁。
(23) 中野士朗、前掲書、86頁。
(24) 別枝行夫、「日中国交正常化の政治過程：政策決定者とその行動の背景」、『季刊国際政治』第66号、日本国際政治学会、1980年、4頁。
(25) NHK取材班編、『NHKスペシャル周恩来の決断：日中国交正常化はこうして実現した』、日本放送出版協会、1993年、68頁。
(26) 早坂茂三、前掲書、217頁。
(27) 早坂茂三、『政治家田中角栄』、中央公論社、1987年、363頁。
(28) Morton A. Kaplan, Kinhide Mushakoji ed., *Japan, America, and the future world order*, New York : Free Press, 1976, p.60.

(29) 田中の秘書だった朝賀明は、当時、中国側の「メディアも取材と称して何回も事務所に来ましたし、それは当然報告される。こちらも本当の取材なのか、準備のためなのか、分かりながら対応していました」と証言している（朝賀明著、福永文夫、服部龍二、雨宮昭一、若月秀和編、『田中角栄：最後の秘書が語る情と智恵の政治家』、第一法規、2015年、124頁）。
(30) 中野士朗、前掲書、90頁。
(31) 当時、民社党では日中国交正常化に対して反対する向きもあった。中でも曽祢益は、その急先鋒だった。だが、春日は無視して訪中を断行した。春日は「日中国交回復の問題については、日本国の立場、国家的見地と国民的視野のうえに立って、正常化しなければならんと考えて、そこへ踏み出したわけです。さすれば党内に、曽祢（益）君のような考えを持つ者もこれはおりますわな。けれどもそんなことを気にしておってはいけないんですよ。自分で責任をとるというだけの決意があれば、それはやはり信念を持って実行するよりしようがない」と回想する（時事通信社政治部編、前掲書、108-109頁）。
(32) 藤山愛一郎、『政治わが道：藤山愛一郎回想録』、朝日新聞社、1976年、213頁。
(33) 同右書、214頁。
(34) 早坂茂三、『政治家田中角栄』、前掲書、364頁。
(35) 「朝日新聞」、1998年9月9日朝刊。
(36) 毎日新聞社政治部編、『転換期の「安保」』、毎日新聞社、1979年、152頁。
(37) 同上書、154-156頁。
(38) NHK取材班編、前掲書、86頁。
(39) 毎日新聞社政治部編、前掲書、158頁。
(40) 「読売新聞」、1972年5月17日朝刊。
(41) 大野潔、『今だからいえる：激動政局の記録』、亜紀書房、1982年、281頁。
(42) 毎日新聞社政治部編、前掲書、160頁。
(43) 田川誠一、『日中交渉秘録：田川日記・14年の証言』、毎日新聞社、1973年、337頁。
(44) 同上書、338頁。
(45) 古井は1971年11月、中国問題に精通する人物を数名集めて研究会を立ち上げ、櫻田会内に置かれてあった松村謙三の書斎で会合を重ねていた。「誰のために役立つか判らないし、誰のためにも役立たないかも知れない」が、「誰かが準備しておかなければならない」として「やがて来るべき時に備えて」設けられたものであった（古井喜実、『日中18年：政治家の軌跡と展望』、牧野出版、1978年、120-121頁）。
(46) 古川万太郎、『日中戦後関係史』、原書房、1988年、363頁。
(47) 「朝日新聞」、1972年9月29日夕刊。
(48) 大平が外務大臣就任に伴って秘書官となった娘婿の森田一は、「大平が最初に橋本恕を知ったのがいつなのかは、ちょっと分からないのですけども、相当早い段階からでした。中国課長になったくらいではないですかね」と述べ、続けて「橋本課長の方も、あの人は前から中国との国交正常化を念願しているから、頼りになるのは大平だという意識が随分とあった」と回想している（森田一、前掲書、99頁）。
(49) ところが、総裁選挙における田中の勝利に協力した長老、領袖勢に論功行賞としてポストを配分しなければならなくなったため、空席がなく、結局、無派閥だった古井の入閣は見送られた。しかも、田中内閣発足後初となる衆議院議員選挙で古井が落選したために、その後に発足した第2次田中内閣での入閣のチャンスも逃し、結局、返り咲きを果たして、暫くした1978年12月の第1次大平内閣で法務大臣に就任するのであった（古川万太郎、前掲書、364頁）。
(50) 古井喜実、「日中国交正常化の秘話」、『中央公論』1972年12月号、中央公論社、1972年、142頁。
(51) 古川万太郎、前掲書、364頁。
(52) 古井喜実、「日中国交正常化の秘話」、前掲書、143頁。
(53) 同上。

(54) 同上。
(55) 中野士朗、前掲書、68 頁。
(56) 福田赳夫、前掲書、119 頁。
(57) 同上。
(58) 加藤嘉行、『異色首相田中角栄：その虚像と実像』、三交社、1973 年、225 頁。
(59) 同上。
(60) 中曽根康弘、『自省録：歴史法廷の被告として』、新潮社、2004 年、99 頁。
(61) 中曽根康弘、『天地有情：50 年の戦後政治を語る』、文藝春秋、1996 年、266 頁。
(62) 服部龍二、『中曽根康弘：「大統領的首相」の軌跡』、中央公論新社、2015 年、131 頁。
(63) 中野士朗、前掲書、69-70 頁。
(64) 森田一、前掲書、100 頁。
(65) 同上。
(66) 川崎秀二、『日中復交後の世界：激動のドラマ1年から』、ニュー・サイエンス社、1972 年、61 頁。5月 18 日に木村と面会した田川誠一は、この日の日記に「木村氏は田中氏の対中政策の構想について『党内の意見など一致することは不可能であるから、政権させれば時を移さず一挙に復交を実現させる考えである』と言っていた」とし、「総裁選挙については、前夜、4派の世話人が集まり、田中、三木、大平、中曽根の4派による反福田連合を推進させることに意見の一致をみたことも紹介していた。そして田中政権ができた場合は、これを軸として政策が行われようとも述べた。木村氏の話は少し割り引く必要もあろう」と綴っている（田川誠一、前掲書、342 頁）。
(67) 「読売新聞」、1972 年7月3日朝刊。
(68) 川崎秀二、前掲書、61 頁。
(69) 中野士朗、前掲書、72 頁。
(70) 「朝日新聞」、1972 年7月3日朝刊。
(71) 福田赳夫、前掲書、200 頁。
(72) 同上。
(73) 佐藤栄作、前掲書、141 頁。
(74) 増山栄太郎、『角栄伝説：番記者が見た光と影』、出窓社、2005 年、114 頁。
(75) 「読売新聞」、1972 年7月5日朝刊。
(76) 当時、民社党委員長だった春日一幸は「田中君が歯切れよくアピールしたのに比べて、福田君がやれなかった理由」は「福田勢力の1つのバックボーンになっているものは、岸勢力」、即ち「それはいうならば台湾ロビー」であり「台湾ロビーを自分の背景にしておって、そして北京に向かって田中のように深く発言できないのは、当然のこと」で、言うならば「福田敗因は、やはり中国問題」と述べている（時事通信社政治部、前掲書、103 頁）。
(77) 伊藤昌哉、『自民党戦国史：権力の研究』、朝日ソノラマ、1982 年、90 頁。
(78) 「読売新聞」、1972 年7月6日朝刊。
(79) 「朝日新聞」、1972 年7月8日朝刊。
(80) 同上。
(81) 中野士朗、前掲書、82-84 頁。
(82) 柳田邦男、『日本は燃えているか』、講談社、1983 年、272 頁。
(83) 「朝日新聞」、1972 年7月15日朝刊。
(84) 早坂茂三、『政治家田中角栄』、前掲書、369 頁。
(85) 中野士朗、前掲書、87 頁。
(86) 「読売新聞」、1972 年7月10日朝刊。
(87) 永野信利、前掲書、26 頁。
(88) 同上。

(89) 時事通信社政治部編、前掲書、122-123 頁。
(90) 古川万太郎、前掲書、369 頁。
(91) 同上書、371 頁。
(92) 時事通信社政治部編、前掲書、140 頁。
(93) 「朝日新聞」、1972年9月20日夕刊。
(94) 古川万太郎、前掲書、371 頁。
(95) NHK取材班編、前掲書、102 頁。
(96) 古川万太郎、前掲書、371 頁。
(97) 永野信利、前掲書、27 頁。
(98) 同上。
(99) 「朝日新聞」、1998年8月26日朝刊。
(100) 石井明、朱建栄、添谷芳秀、林暁光編、『記録と考証:日中国交正常化・日中平和友好条約締結交渉』、岩波書店、2003 年、199 頁。
(101) 「朝日新聞」、1998年9月9日朝刊。
(102) 同上。
(103) 石井明、朱建栄、添谷芳秀、林暁光編、前掲書、199 頁。
(104) 大平正芳回想録刊行会編、『大平正芳回想録:追想編』、大平正芳回想録刊行会、1981 年、50 頁。
(105) この日の深夜、大久保は公明党本部に電話を入れた。「留守番役の党職員が聞いた。『いま、どちらですか』『もう北京に着いてるよ』『冗談でしょ。1日で入れるわけがない』『本当だよ。羽田から北京まで、たった12時間だよ。新記録さ』」と、意気揚揚とした様子の大久保の声が受話器から流れてきた(毎日新聞社政治部編、前掲書、173 頁)。
(106) 「朝日新聞」、1998年9月10日朝刊。
(107) 中野士朗、前掲書、105 頁。
(108) 毎日新聞社政治部編、前掲書、180 頁。
(109) 「竹入・周会談の日中共同声明関連部分(第3回竹入・周会談)」(1972 年7月29日)、『日中国交正常化交渉』、外務省外交史料館、歴史資料としての価値が認められる開示文書(写し)、整理番号 01-298-2。
(110) 「朝日新聞」、1998年9月10日朝刊。
(111) 同上。
(112) Henry A. Kissinger, *Years of Upheaval: sequel of White House Years*, London: Weidenfeld & Nicolson, and Michael Joseph, 1982, p.693.
(113) 「朝日新聞」、1998年9月10日朝刊。
(114) 同上。
(115) 「竹入・周会談の日中共同声明関連部分(第3回竹入・周会談)」(1972 年7月29日)、『日中国交正常化交渉』、外務省外交史料館、歴史資料としての価値が認められる開示文書(写し)、整理番号 01-298-2。
(116) 当時、外務省条約局条約課事務官だった丹波實は「日中間の正常化交渉というような重大な外交問題で秘密合意のごときものは当然考えておらず、しかも、中国側がこのような大きな含みをもつ提案を野党党首に託してくるなどということはまったく想定外のことであった」と回想している(丹波實、『わが外交人生』、中央公論新社、2011 年、21-22 頁)。
(117) 「竹入・周会談(第3回)」(1972 年7月29日)、『日中国交正常化交渉』、外務省外交史料館、歴史資料としての価値が認められる開示文書(写し)、整理番号 01-298-1。
(118) 毎日新聞社政治部編、前掲書、189 頁。
(119) 同上。
(120) 時事通信社政治部編、前掲書、143 頁。
(121) 柳田邦男、前掲書、279 頁。

(122) 毎日新聞社政治部編、前掲書、194頁。
(123) 栗山尚一へのインタビューによる（2011年8月9日、自宅において）。
(124) 『朝日新聞』、1998年9月10日朝刊。
(125) NHK取材班編、前掲書、120頁。この中日友好協会代表団の来日見合わせの発表に激怒したのが受け入れ窓口となっていた社会党であった。竹入は田中との話し合いが終わった後、佐々木に電話をしたのだが、連絡が取れなかったため、佐々木への確認を得ずに独断で発表したためである。竹入によると「佐々更さんから電話がかかってきて、なんだァ!と怒られてね。ぼくは、あんたを探したけどおらんかったから、発表させてもらったけど、周総理からあんたにもくれぐれもよろしくという伝言だったよ、と平謝りに謝った」と回想している（柳田邦男、前掲書、281頁）。
(126) 蔣介石口述、西内雅解題、『国民新聞シリーズ第4集:敵か?友か?』、国民新聞社、1972年、13頁。ただし、どのようなルートを通じて蔣介石の耳に入ったかは明らかにされていない。外務省からの通達記録も存在していない。したがって、当時、対日工作を主務とする国府の「日本ロビー」と呼ばれる人々を通じて非公式に伝わったと推察される。
(127) 田川誠一、前掲書、343頁。
(128) 唐家璇、「中国外交のドン独占インタビュー:対日工作の責任者が語った48年の外交秘話 田中角栄から小泉、小沢まで」、『文藝春秋』2010年4月号、文藝春秋、2010年、165-166頁。
(129) 孫平化は日本滞在中、「これまでに経験したことがない」ほど「毎日多忙な日程をこなした」が、「どんなに忙しくとも、毎晩、必ず北京に電話を入れて報告し、指示を仰いだ」という（孫平化、『私の履歴書:中国と日本に橋を架けた男』、日本経済新聞社、1998年、141頁）。
(130) 『朝日新聞』、1972年7月15日朝刊。
(131) 古川万太郎、前掲書、374頁。
(132) 唐家璇、前掲書、166頁。
(133) 『朝日新聞』、1972年7月18日朝刊。
(134) 孫平化、安藤彦太郎訳、『日本との30年:中日友好随想録』、講談社、1987年、160頁。
(135) 大平正芳回想録刊行会編、『大平正芳回想録:伝記編』、前掲書、324頁。
(136) 孫平化、『私の履歴書:中国と日本に橋を架けた男』、前掲書、142頁。
(137) 肖向前、竹内実訳、『永遠の隣国として:中日国交回復の記録』、サイマル出版会、1997年、156頁。
(138) 大平正芳回想録刊行会編、『大平正芳回想録:伝記編』、前掲書、325頁。法眼は従来から「対中タカ派」と言われ（『読売新聞』、1972年4月29日朝刊）、日中国交正常化に否定的だったが、田中内閣発足と同時に一転する。その理由について栗山は「法眼さんっていう方は、私が知る限りかなり強硬な反共な方でした。やはりこの時期には世の中の流れが、国内的にも国際的にも変わっていて、アメリカも変わってきたし、日本もということを法眼次官は理解されていたのでしょう。次官のところに会議で何度も行きましたけれども、我々の事務当局の方針、あるいは田中さんと大平さんの方針に抵抗されるというようなことは一切なかったです」と証言している（栗山尚一、『外交証言録:沖縄返還・日中国交正常化・日米「密約」』、岩波書店、2010年、127頁）。
(139) 『朝日新聞』、1972年8月16日朝刊。
(140) 大平正芳回想録刊行会編、『大平正芳回想録:伝記編』、前掲書、327-328頁。
(141) 「大平外相彭大使会談録」（1972年7月25日）、情報公開法に基づく外務省の保有する行政文書、外務省大臣官房総務課外交記録・情報公開室、開示請求番号2016-00006。
(142) 同上。
(143) 「張資政接見宇山大使談話記録」（1972年8月1日）、『中日斷交後重要交涉事項』第1冊、中央研究院近代史研究所檔案館、館藏號11-01-02-10-01-013、舊檔號012/0010、影像編號11-EAP-00868。
(144) 同上。
(145) 「竹入公明党委員長に対する周恩来首相の発言（要旨）について」（1972年8月10日）、『日與中共勾搭

前後』、中央研究院近代史研究所檔案館、館藏號 11-01-02-04-02-092、舊檔號 005.22/0005、影像編號 11-EAP-00567。全文は参考資料①を参照。
(146) 同上。
(147)「日中国交正常化交渉について」(1972 年 8 月 15 日)、『日與中共勾塔前後』、中央研究院近代史研究所檔案館、館藏號 11-01-02-04-02-092、舊檔號 005.22/0005、影像編號 11-EAP-00567。全文は参考資料②を参照。
(148) 早坂茂三、『オヤジと私』、集英社、1987 年、158 頁。
(149) 同上書、158-159 頁。

第4章

椎名特使派遣における日台間の駆け引き

第1節　椎名の特使起用

▶1　日中国交正常化協議会

　日本にとって最も難儀だったのが台湾の扱いだった。大平正芳は口癖のように「日中関係というけれど、実際は日台関係だよ」と零していた[(1)]。1972年7月20日、台湾側は外交部長の沈昌煥によって声明を発し、その中で「日本国政府首相の最近の言論」は「国際信義と条約義務に違反」しており、日中国交正常化を目指そうとする態度は「日本の国際社会における信頼と中華民国との友好関係に厳重な影響を及ぼす」と痛烈に批判した[(2)]。

　この頃、自民党内は日中国交正常化の推進派と慎重派に割れていた。田中角栄は7月13日、これまで自民党政務調査会の所管だった「中国問題調査会」を、そこから切り離して、総裁直属機関の「日中国交正常化協議会」に置き換えた。会長には田中から「日中国交正常化を自分はどうしてもやりとげたい。それには君に出馬してもらうほかない」と口説かれた小坂善太郎が起用された[(3)]。外務大臣、自民党外交調査会長も歴任した外交通である。

　小坂を会長に発足した日中国交正常化協議会は、衆議院212人、参議院99人、元職が5人の合計316人という大所帯となった。小坂は「党内コンセンサスを作るよう努力したい。日中問題は、もはや議論や調査の段階でなく、いかにして正常化するかという時期」に来ていると、その決意を明らかにするも[(4)]、推進派と慎重派が入り混じっており、当初から難航が予想された。副会長には推進派と慎重派のバランスを考え、推進派から江崎真澄、川崎秀二、木村俊夫、田川誠一、古井喜実、慎重派から秋田大助、小川平二、北沢直吉、塚田十一郎、山田久就、後に推進派の宇都宮徳馬、慎重派の大野市郎が新たに加わって、事務局長には鯨岡兵輔が就任し、13名の正副会長会議、59名の常任幹事会が中心となって運営していくこととなった。

　24日、初総会が開かれた。小坂は「9月10日をメドに正常化の基本姿勢を決めたい」と、慎重派の機先を制して宣言し[(5)]、田中も「協議会の活動によって大事業を成就させたい」と訴えた[(6)]。

　8月3日、今度は大平が常任幹事会に出席した。だが、想像されていた通り、ここで推進派と慎重派による激しい口論が展開される。それは大平が「台湾との

外交関係をそのままにして国交正常化について日中双方の合意が成立することは困難だと思う」と発言したことがきっかけだった[7]。大平としては単に事実を説明したつもりだったのだが、慎重派は「台湾問題はきわめて重大な問題であり、軽々しく『外交関係の断絶』などという結論を出すべきではない」と火を噴いた[8]。

中でも一際声を荒げたのが賀屋興宣(かやおきのり)である。賀屋は「台湾切り捨て、否認ということ自体が、きわめて不条理のものであって、とうてい日本として信義、国益上認むべからざるもの」として強く反発した[9]。戦前は大蔵大臣、戦後はA級戦犯として終身刑となり、巣鴨拘置所で服役し、仮釈放となってからは再び政界に躍り出て法務大臣を歴任した親台派議員の長老である。当時、83歳となっていた。賀屋は「日本の天皇制の維持であるとか、日本の戦後の分割占領の防止、また賠償の放棄、二百数十万の軍隊、在留邦人の無事帰還とか、普通ではありえないような厚い好意すら台湾は敢えてしたのである」と、「蔣介石恩義論」を唱え、「何ら日本に対して不当、不法の行為をやらないのに、こちらから断交するとか、国家としての存在を認めないとか、これほど反友誼的、信義に欠ける外交措置があるだろうか」と主張した[10]。

小坂は後に「台湾支持派が前列に陣どって、総会になると賀屋興宣さんを先頭にぶちまくるんですね」と述べた上で、「夏の暑いさ中に次から次と演説をぶたされてクラクラするような思いでしたよ」と回想している[11]。賀屋の熱情は、血気盛んな中川一郎、藤尾正行(まさゆき)、渡辺美智雄といった面々にも共有されており、彼らは真正面から日中国交正常化に反対の論陣を張った。1973年7月、血判状を捺して結成される「青嵐会」(せいらんかい)の中核メンバーである。

ただし、慎重派も一枚岩ではなかった。「賀屋興宣に代表される戦前派と、中川一郎に代表される戦後派に分かれ」ており、戦前派は日中国交正常化そのものに反対である一方、戦後派は「総裁選挙で田中を積極的に支持したグループであり、田中新体制が日中国交正常化と真っ先に取り組んだことに不満を持っていた」のである[12]。つまり、推進派からすれば、戦後派に対しては十分に説得する余地があったのである。

その後も日中国交正常化協議会は会合を開く度に荒れに荒れた。31日の常任幹事会では、「到頭小坂らの『不信任動議』まで出されるに及んで、大任をまかされた小坂の苦悩は頂点に達し」て、挙句の果てにはペテン師呼ばわりされ、顔を紅潮させた小坂が怒鳴り返す場面もあり、ジュース瓶が割れ、灰皿が砕けるほどの攻防が繰り広げられた[13]。一方、推進派は、慎重派との対立を避けようと

発言を控えた。そのため小坂は孤立無援の状態に置かれた。苦悩の色は隠しようがなかった。

　しかし、9月5日の常任幹事会で一応の終止符が打たれることとなる。小坂の出した案が日中国交正常化協議会の基本方針として満場一致で可決されたのである。その際、小坂の案以外に賀屋の案、別の推進派、慎重派からも案が出された。当初、これらの取り扱いに関して、紛糾しそうな雰囲気だったのが、慎重派の中川と渡辺が、小坂の案を字句修正して決着させるよう助け船を出したため、一転して、その場は落ち着きを取り戻す。慎重派も米中接近、中国の国連加盟と台湾の国連脱退という国際政治環境の変化に加え、日中国交正常化に肯定的な世論の動向といった「『時の大きな流れ』に逆らっている焦燥感はおおいようがなかった」のである[14]。その背後には「すべて田中の非公式な個別説得」があった[15]。

　こうして、8日の総会で基本方針が承認され、午後の自民党総務会において党議決定された。その前文は「わが国と中華民国との深い関係にかんがみ、従来の関係が継続されるよう、十分配慮のうえ、交渉すべきである」と謳われている。「従来の関係が継続されるよう」という文言は小坂の苦心の作であった。「従来の関係」には外交関係も含むとする慎重派と、含まないとする推進派との間での事態が収拾せず、結局、玉虫色の表現で決着させたのである。

　日中国交正常化協議会が一応の結論を出すと、多くの親中派議員が相次いで訪中した。総会翌日には自民党の古井と田川、元外務次官の松本俊一を乗せた全日空機が北京に降り立った。戦後初の直行便である。田中訪中をテレビ中継するための大勢の技術スタッフも同乗していた[16]。

　田川は日中国交正常化に向けて汗を流してきた松村謙三、LT貿易に調印した高碕達之助の遺影を手にしていた。一行は、12日に周恩来と会談した[17]。

　続いて、小坂を団長とする23名による自民党の「小坂訪中団」が14日、別途、中国入りした[18]。18日に人民大会堂で行われた周恩来との会談では、周恩来が、いきなり「中国人民は日本軍国主義の被害者である」とし、「今日9月18日は41年前に九一八事変が起きた日である」と述べ[20]、話題を過去の「歴史」に集中させた。「九一八事変」とは、満州事変の発端となった柳条湖事件のことである。中国国内における日中国交正常化に反対する人々に配慮するために取り上げたのであろう。その上で「今、両国は握手をしている。これは歴史を変えたと言える。新時代の到来である」と語った[21]。

　20日には日中覚書貿易事務所代表の岡崎嘉平太も訪中している。さらに財界、文化界、スポーツ界からの訪中団も相次いだ[22]。いよいよ日中国交正常化は大

詰めを迎えようとしていた。

▶2 ハワイ会談

　田中角栄が訪中するに当たっては、まず日本外交の基軸とも言える日米間の協調関係を再確認し、日中国交正常化に対するアメリカの理解を得る必要があった(23)。田中は8月31日午前7時58分の日航特別機に乗って羽田空港を出発し、ハワイのホノルルにあるヒッカム空軍基地に向かった。機内の田中は「必要があればどこにでも身軽に出かけてゆく。今度はその一回目ということだよ」と洩らし、初外遊にしては「意外なほどさばさば」しており、「張りつめた緊張はさらさらない。自信たっぷり」の表情を浮かべていた(24)。

　到着するとニクソン本人がタラップの下まで出向いて田中を迎えた。日本の首相の初訪米では、まずワシントンを訪れるのが通常のパターンである。田中が日米関係の対等を演出するため、東京とワシントンの中間地であるハワイに設定したのは極めて画期的なことであった。

　式壇に立つと、日本、アメリカの国歌の吹奏が流れた。陸軍、海軍、空軍、海兵隊、それに沿岸警備隊の5軍による儀仗兵(ぎじょうへい)の閲兵(えっぺい)に続いて、田中は「今回の会談が日米両国間の間断なき対話の新しい時代を画(かく)することを切望する」とのステートメントを読み上げ、ハワイを代表する曲「アロハ・オエ」と、集まった日系人が振る「日の丸」の小旗に送られながら、その場を後にした(25)。

　ニクソンとの会談は日中国交正常化を進めるに際して必須だった。それは、日本が台湾の扱いに関して日米安保条約において拘束されていたためである。日米安保条約の拘束とは、「極東条項」と呼ばれる第6条によるもので、「日本国の安全に寄与し、並びに極東における国際の平和及び安全の維持に寄与するため、アメリカ合衆国は、その陸軍、空軍及び海軍が日本国において施設及び区域を使用することを許される」となっていた。この「極東」とは「フィリピン以北」で当然、台湾も含まれ、アメリカとしては、仮に日中国交正常化の結果、日本が、この日米安保条約の適用区域から台湾を外すようなことになると、「台湾をめぐり緊急事態が発生した場合、米国は日本の基地を使用できない」という状況になることを恐れていたのである(26)。

　さらに1969年11月の佐藤栄作とニクソンとの会談における共同声明では「総理大臣は、台湾地域における平和と安全の維持も日本の安全にとってきわめて重

要な要素であると述べた」と謳っており、日米安保条約の「極東条項」を積極的に裏打ちしていた。「つい2ヵ月前まで続いていた佐藤政権の対中国政策・対台湾政策を180度転換させようとするのだから、外交手続き上からも国際信義上からも、対米調整は、不可欠のもの」だった(27)。

会談はクイリマ・ホテルで開かれた。個別会談は31日午後1時20分から1時間35分行われ、田中とニクソンに加え、駐米日本大使の牛場信彦、大統領補佐官のキッシンジャーが同席した。

田中訪中について口火を切ったのはニクソンからだった。ニクソンは「貴総理は近く北京を訪問されるが、日中関係の将来をいかに評価しておられるか。自分が指摘したいのは、中共に対する日米の目標が同一(Identical)である必要はないということである。日本の総理大臣の目標は自国の国益に奉仕することであり、米国大統領とて同じことである。しかし日米両国のoverriding concernとして、日米両国が中国政策で相反したり対立したりすることのないよう配慮すべきだと考えるので、この問題をとり上げるのである」と問うと、田中は「結論からさきに申上げると、まず日中国交回復により日米関係が不利益を蒙ってはならない。日中国交の恢復は最終的には米国の利益につながりうると考える」とした上で「問題は台湾である」と答えた(28)。

これに対しニクソンは「米国は台湾の経済的自立のためできる限りのことをする方針である」と台湾重視の態度を見せると、田中は「それで結構である。念のため申上げておきたいのは、日本は北京の敷いたレールにのって国交を回復するのではない。即ち先方の言いなりには決してならぬということである。日本の自由圏内の一国としての立場、日米関係への配慮の上に立って国益を守るという前提で話合うのである。日中交渉の模様についてはすべて御連絡する」とニクソンを安心させようとした(29)。ニクソンは日本の頭越しに対中接近を試み、2月に訪中している。それ故、田中訪中に苦言を呈することはできない(30)。

キッシンジャーは、この田中の発言を耳にした時、「田中は訪中してもいったんはそのまま帰ってくる」と見ていたようである(31)。即ち仮に訪中したとしても即、日中国交正常化はないと踏んでいたのである。だが、結果的にはキッシンジャーの予想は外れた。

続いて午後3時10分から55分間、外務大臣の大平正芳や国務長官のロジャーズ(William P. Rogers)も加わって合同会談が行われた。大平は事前にロジャーズに対して「日米友好関係、特にその象徴たる日米安保体制を何ら害することのな

いように配慮する」と述べたことを伝えると、ニクソンは「私と田中総理との会談も大体同じような分野をカバーした」とし、アメリカも中国との関係改善に当たっては「日米関係に害を及ぼすような取極めや、申し合せは行なわないという事に最大の考慮を払っている」と応じた(32)。日本としては、いかなる場合でも台湾を日米安保条約の適用区域から除外しないということを決めていたのである。換言すれば、大平は中国が仮に日米安保条約の部分的な「手直し」を求めた場合は、「日中正常化はしない」との決意を最初から持っていたのであった(33)。

日米共通の悩みは台湾の処遇だった。これについては翌日に持ち越された。

第2回目の会談は9月1日午前9時から田中とニクソンが個別に、この後、大平とロジャーズが入り、午前11時15分まで開かれた。主題は台湾問題である。田中は「日本としては台湾との経済的交流は続けて行きたいが、日台間の国交関係は消滅せざるをえないと考える。従って米国が日本の立場を理解して、日台間の友好関係ができる限り継続されるよう支援するよう願いたい。日本としては経済交流は現状通りつづけるし、日本にある台湾人の権益は守る考えである」と率直に述べると、ニクソンは「台湾が貴総理の訪中を神経質に注視しており、今後の台湾の反応が必ずしも予見しがたいものであることは率直に申し上げておきたい。台湾の反応に関して米国のなしうることは多くなく、かつ蔣総統は誇り高くかつ自己の所信を守るため全力をつくして来た人物でかつ高齢であるから同総統を説得することは容易な業でない」と諭した(34)。

話は「1つの中国」論に移る。田中が「東西両独と異り、北京も台湾も中国の唯一正統の政府だと主張していることが問題の根源である」と言うと、ニクソンは「自分は蔣介石、周恩来と話合ったわけであるが、すべてについて異るこの両人が『中国は1つ』との点については、共通の考え方をもっている。問題はどちらの中国か、と言うことである」と課題のポイントを明確にした(35)。これについて具体的に日本としての方向性を示したのが途中から入ってきた大平である。

大平は日中国交正常化後の日台関係について「台湾との外交関係はシフトするが、その他は現状維持のため最大の努力を払う。人の往来、貿易、投資、関税、特恵の適用、コンタクト・ポイントの設置等の問題が生じるが、日本としてはできる限りの努力を払うつもりである」と語り、最後に「日本は台湾の帰属につき権利を放棄している。従って台湾の将来はサンフランシスコ平和条約を結んだ連合国の手中にあるが、連合国は何らの決定を行っていない。かゝる状況の下において、日本は、台湾を中共の領土と認める立場にはない。しかし、北京の『台湾

は中国の不可分の一部』との主張に対しては、これを理解し尊重することはできるが、これ以上には出られない」と締め括った(36)。この「台湾は中国の不可分の一部」という中国の主張を「理解し尊重する」とした考え方は、後に日中共同声明の中にも盛り込まれることとなった。

　これを受け、日米間で「田中総理大臣・ニクソン大統領共同発表」が出された。焦点の中国問題は、台湾に関する言及はなかったものの、「総理大臣と大統領は、最近の大統領の中華人民共和国及びソ連邦訪問は意義深い一歩であったことを認めた」とされ、併せて「総理大臣の来たるべき中華人民共和国訪問も、アジアにおける緊張緩和への傾向の促進に資することとなる」と記された(37)。ニクソンは田中訪中に理解を示し、一方の中国からも何のクレームも出なかった。「『まず、ハワイはうまくいった』との感慨」が大平の胸を過った(38)。

▶3　椎名の特使受諾

　訪中が迫る中、田中角栄は、これまで外交関係を維持し、友好関係を保ってきた台湾に特使を送ろうとしていた。選ばれたのは元外務大臣の椎名悦三郎である。
　椎名が田中から特使を頼まれたのは、8月に入って間もなくのことであった。椎名は自らが率いる椎名派の仲間を誘い、実業家の萩原吉太郎の別荘に宿泊しながら、北海道の大沼国定公園で静養していた。そこに田中から副総裁就任要請と同時に(39)、自らの訪中に先立って特使として台湾を訪問して欲しいとの連絡が入る(40)。
　特使には「はじめから成功という評価は期待されなかった。相手国の朝野から激しい怒り、不満を全身に浴び、ひたすら忍従するしかない、どう考えても損な仕事以外の何ものでもなかった」が(41)、椎名は熟慮の末、22日の自民党総務会で副総裁となり、翌日、特使就任を受諾した。椎名の役目は、日本が日中国交正常化を決断した理由と経過、日台間の実務関係を従来のまま継続したいとの希望を伝えることにあった(42)。
　では、なぜ田中は椎名に白羽の矢を立てたのか。何より田中は1965年6月の日韓基本条約の締結時に見せた外務大臣としての椎名の卓越した手腕、透徹明敏の識見、豪邁なる胆力に期待を寄せていたからであろう。
　戦前は商工省に勤務し、産業合理局長を経て商工次官となり、戦後、政界に転じてからも、ずっと通産畑を歩いてきた椎名にとって外交は苦手分野ではあった

が、やがて「ポーツマス条約を締結した小村寿太郎以来の名外相との賛辞を贈られるほど」になっていた⁽⁴³⁾。しかも、椎名は「台湾近代化の父」と評される後藤新平の甥であることから台湾でも、その名が通っていた⁽⁴⁴⁾。

明代末期の中国古典『菜根譚』に出てくる「不如省事」の「省事」、即ち、枝葉末節に拘らずに些細で煩雑なことは切り捨て根幹を掴むことを旨とする椎名は、その面相、挙措から誠実さ、重厚さが滲み出ていた。田中は反日感情で凝り固まった台湾のムードを崩すには椎名が適任であると感じたのかもしれない。

だが、特使派遣に対する台湾側の反応は冷たかった。単に日中国交正常化に対する自民党内の慎重派への配慮であり⁽⁴⁵⁾、失敗は明らかで余計なこととの反発が相次いだ⁽⁴⁶⁾。受け入れの目途は全く立たなかった。

椎名が正式に特使を受諾した翌日、駐日台湾大使館の公使である鈕乃聖に外務省アジア局中国課長の橋本恕から電話が入る。日本は椎名を特使に田中の親書を持たせて台湾に派遣することが決まったため、近日中に駐台日本大使の宇山厚を通じて国府の意見を聞きたいとし、さらに、この件に関しては宇山にも伝えてあるとの内容だった⁽⁴⁷⁾。これが特使派遣に関する日本からの公式ルートを通じた最初の通達であった。

一方、この頃、大平は台湾に探りを入れるべく、密使を台湾に送った。その密使に指名したのが辜寛敏である。1947年2月に台湾で起った外省人支配に対する本省人の反乱事件「二・二八事件」を機に日本に逃れ、「台湾独立聯盟」を結成した台湾独立運動家で⁽⁴⁸⁾、大平とも交情が深かった。外務大臣に就任して間もなく、大平は辜寛敏を私邸に招き、次のように要請した⁽⁴⁹⁾。

> 大平　今の状況をあなたも分かっているでしょう。断交は時間の問題です。しかし、これまでの日台関係を鑑みると、断交は私たちが最もやりたくないことなのです。ただ同時にもう決断せざるを得ないことでもあります。このようなやるせない気持ちを、台湾に帰って、政府に伝えていただけないだろうか。
>
> 辜　大使館はまだあります。大使を呼び出して伝えればいいのではないでしょうか。
>
> 大平　まだ離婚する前なのに離婚後のことを話さなければならない。あなたは私にどう話せと言うのですか。
>
> 辜　分かりました。もし台湾にとって有益であるならば、私は喜んで引き受

けます。

　続けて辜寛敏は大平に「日本が今後、台湾とどういった関係を維持したいと考えているのか。外務省の今後の対台湾に対する具体的方針を箇条書きのメモにして、それを私が政府に渡せるように準備をしてほしい」と依頼した[50]。大平は、暫く考えた後、これを了承し、早速、外務省アジア局中国課長の橋本恕にメモを準備するよう命じ、1週間から10日経った後、辜寛敏に、そのメモを託した。

　当時、戒厳令下にあった台湾では、辜寛敏のような台湾独立運動家はブラックリストに名前が載せられ帰国できず、国を失ったのも同然の状態にあった。だが、辜寛敏は駐日台湾大使館経済参事の劉維徳による手助けもあって、7月下旬に極秘裏に台湾へ戻り、外交部長の沈昌煥と密かに面会した。場所は沈昌煥が寄寓していた台北中泰賓館11階の客室だった。

　辜寛敏は早速、メモの内容を中国語に訳しながら沈昌煥に説明した。その時の様子を辜寛敏は「彼は逐一、私が言ったことを鉛筆でノートに全て書き綴っていた」と回想している[51]。

　では、そのメモには、どんなことが書かれてあったのだろうか。辜寛敏の記憶によると、日台間における「双方の国民による船舶の往来は従来通り行うこと、航空路線については民間協定によって継続させること、そして最も重要な点は貿易関係が断交の影響を受けないようにすること」と、さらに「台湾における日本政府の資産と台湾への貸付金を放棄し、台湾政府の日本における資産に関しては、できる限り協力して維持すること」が記されてあったという[52]。

　このメモが、どの程度の効果を発揮したかは不明である。大平は極秘に日本の意向を伝えるため、カモフラージュの意味で、常識的に考えれば指名されるはずのない台湾独立運動家を、わざわざ密使として派遣したのであろう。

第2節　椎名訪台の準備

▶1　特使受け入れ工作

　特使は決まったものの、台湾側は「『日本政府はけしからん』の一点張り」だった[53]。大平正芳が駐日台湾大使の彭孟緝に受け入れを依頼すると、「田中総理

の中国問題に関する考えはすでに十分わかっていることであり、特使にしてみても喜ばしい話をしに来るとは到底思えない」として猛反発し(54)、これを拒否した。

　日中国交正常化の流れは止められない。大平も「断腸の思いで行っている」としか答えようがなかった(55)。台湾では、特使受け入れも含め「いかなる妥協もせず、日華平和条約の破棄によって惹き起こされる全ての結果は日本が責任を負うべき」であり、その場合、「私たちは合法的行動を休止することを発表」し、「戦争状態の復活宣言」をすべきとの過激な主張も聞かれ始めた(56)。8月8日には行政院長の蔣経国が談話を発表し、その中で「日本政府首相は繰り返し共匪との『国交正常化』を進めることを主張しているが、日本と共匪との関係が正常化することは中華民国と断交することを意味している」と述べ、「日本政府が歴史的重大な過ちを犯さないよう、両国間、並びにアジア太平洋地域の平和と安全に危害を加える行動を慎め」と警告した(57)。

　このような状況の中、大平は1人の人物を通じて、特使受け入れを要請することにした。日台間の青年交流に取り組んでいた自民党本部に勤務する松本彧彦である。松本は全国組織委員会青年局を担当しており、青年部、学生部の組織強化に奔走していた(58)。

　8月19日、大平は、日本経済新聞社政治部の首相官邸キャップである山岸一平を介して、当時、32歳だった松本を私邸に呼び出した。大平は台湾との青年交流を通じて「実権者である蔣経国氏と話をしたことのある、数少ない日本人の１人」である松本に「先日、彭大使とも会って、日本側の考え方をいろいろ話をしてみたが、彼は大変高姿勢な態度で僕に抗議する一方なんだ。このぶんでは、とても特使を受けてくれるような雰囲気ではないのだよ。誠にけしからん」と(59)、余程、彭孟緝の態度が気に障ったのか、普段は温和な大平にしては珍しく憤慨振りを露わにした。続いて「君にご足労願ったのは、いずれ特使が決まったら、その受け入れ交渉を手伝ってもらいたいと思ったからなんだ。相手はやはりトップでなければ駄目だよ」と切り出した(60)。

　松本は戸惑った。突然のことで、「私のような若造には、とてもそんな大役はつとまりません」と固辞するしかなかった(61)。だが、大平は簡単には引き下がらなかった。結局、「これはひいては、日本のためだと思って引き受けてもらいたい」と訴える大平に、松本は「いったい、私のようなものに、何がお手伝いできるか、考えさせて下さい」と言って私邸を後にした(62)。

　松本が危惧していたのは、上司に当たる全国組織委員長の石田博英の反応であ

った。かつて石田は中外商業新報社、後の日本経済新聞社の上海支局長を務めたこともあり、中国問題には一家言ある大の中国通だったという。しかも、特使受け入れ交渉は「組織委員会、まして委員長の業務とはまったく関係のないこと」であり、「とても石田委員長の理解を得ることはできないのではないか」という心配もあった(63)。

しかし、急を要する案件だったため、翌日、松本は石田と会い、前日の大平との面会内容の全てを率直に伝え判断を仰いだ。すると石田は意外にも「思い切り頑張ってごらん。僕のことは心配しないでいいから」と快諾した(64)。胸に問えていた一抹の不安が一気に消失したと松本は述懐する(65)。松本は大平の依頼を引き受けることを決意した。

この間も外務省は再三に亘って台湾側に特使受け入れの要請を行った。8月31日、外務省は駐台日本公使の伊藤博教に再度の交渉をするよう訓令を出し、それの内容に沿って伊藤は外交部次長の楊西崑に対して、できるだけ早く同意を得たいと伝えた。楊西崑は、すぐ上司に報告し正式に回答すると返答した。しかし、結局、梨の礫であった(66)。

一方、松本は外務省アジア局参事官の中江要介と連絡を密にしながら訪台の準備を進めた。だが、台湾に行って具体的に何をすべきか方向性が見えないまま眠れない夜が続いた(67)。こうして外務省から官職欄に「PRIVATE SECRETARY TO MR. ETSUSABURO SHIINA, AMBASSADOR ON SPECIAL MISSION（椎名悦三郎特使秘書）」と書かれた公用旅券が、駐日台湾大使館から公用査証が発給され、9月10日、松本は満を持して台湾に飛んだ。

台湾に到着した松本は、最初に以前から行き来していた中国青年反共救国団を訪ね(68)、執行長の宋時選と面会した。中国青年反共救国団は松本の立ち上げた日華青年親善協会のカウンターパートで、宋時選は蒋経国の側近でもあった。キーマンは総統府資政の張群以外にあり得ないと踏んでいた松本は、宋時選に張群との会談の段取りを依頼した(69)。

宋時選は、これを引き受けた。「話は驚くほど早かった。その日の夕方には私宛に返事が届いた。翌日、張群秘書長を総統府に訪ねるようにとのこと」だった(70)。

こうして、12日、総統府にて松本と張群との会談が実現する。総統府に到着すると、外交部亜東太平洋司に勤務する松本の友人の柯振華が正面玄関に出迎えに来ていた。柯振華の案内で中に通された松本は、直立不動のまま張群を待った。

暫くすると、穏やかな笑みを浮かべた張群が入室してきた。

　張群は座るよう促すと、松本は軽く会釈して椅子に腰を下ろした。通訳は柯振華が務めた。松本は自ら取り組んできた台湾との青年交流について、「ようやく良い関係ができつつある。つぼみが膨らんで花が咲こうとしている」と述べ、続けて、そんな時に「こういう難しい局面になった。両国がこれからどういう関係になるかわかりませんが、私たちは蔣介石総統は日本の大恩人だと教えられてきたし、自分でも書物や史料を読んでそう思っている。総統に対しては台湾ではいろんな評価があることは知っているけれど、日本にとっては恩人であることは間違いない。こういう認識があるので、蔣総統の多大な恩義にわれわれはとても報いることはできないが、せめて、お国と青年交流をやって、将来にわたって両国の良い関係が継続できるようにしたいと思っている」と訴え[71]、従来の青年交流に支障を来たさないためにも、特使受け入れを了承して欲しいと要請した。張群は頷きながら松本の話に耳を傾けた[72]。

　張群は、日本に渡って陸軍士官学校で学び、この間、日本人との交友関係を広げたことを懐かしそうに淡々と語り始めた。陪席していた柯振華を介さず全て日本語だった。その物腰の柔らかさに松本は感動せずにはいられなかったという[73]。そして最後に、「『君の言っていることはよく理解できた』と言って、それ以上、どうするとも、こうするとも」言わなかったため、松本は、長居は無用と思い、「勝手なことを申し上げて大変失礼しました」と頭を下げ、そのまま退席した[74]。

　松本は張群と別れた後、すぐ駐台日本大使の宇山厚に報告し、そこから自民党本部へ連絡して、椎名の秘書である岩瀬繁に張群との会談内容を伝えた。台湾側が特使受け入れを承諾したのは、その翌日のことであった。

　午前11時30分、外交部長の沈昌煥が宇山を外交部に招き、「椎名先生の日本政府特使としての来華要請について中華民国政府は国際間の慣例に従い同意する」とし、同時に「日本政府が進める共匪との『関係正常化』は、中日両国の国交及び両国人民間の友誼に損害を与えるもので、中華民国政府は、これに強く反対する立場であることを何度も表明し、日本政府に厳重なる抗議をしてきた。私たち政府の厳正なる立場は、どのような状況にあろうとも変わることはない」との通告を出した[75]。これを受け、外務省は宇山を通じて午後2時頃、台湾側の正式回答を受理した。

　余りに早い結果に松本は驚いた。当然、最終判断を下すのは蔣経国である。「い

かに対日問題とはいっても、蔣院長を蔑ろにして」、張群が「独断で物事を推し進める」ことはない(76)。

この件について松本が柯振華に問うと、「1つの推理」として(77)、「宋時選氏は蔣経国院長の身内」であり、松本からの「陳情の件は、真っ先に蔣院長に伝えられ」、その結果、「蔣院長は外交部や行政院の事務方を通すことなく、直接、張群秘書長に話をし」て、「余人を介さずにトップ同士による政治的判断の結果」、特使受け入れを決めたのではないかとの答えが返ってきた(78)。この時、松本の脳裏を8月19日に大平が語った「相手はやはりトップでなければ駄目だよ」との言葉が過ぎったという(79)。

▶2 インフォーマルな要請

松本彧彦とは別のルートで特使受け入れに向け動いていた人物が2人いる。玉置和郎と水野清である。ただし、彼らの場合は松本とは異なり田中角栄や大平正芳、あるいは椎名悦三郎から依頼を受けたのではなく、自らの判断によるものだった。

台湾と太いパイプを持つ参議院議員の玉置は8月10日、宗教団体「生長の家」総裁の谷口雅春から預かった蔣介石宛の親書を届けるため台湾に赴いた。生長の家は1967年11月の蔣経国来日時に大規模な「歓迎運動を展開」し、それ以来、台湾側は生長の家に対して「非常な好意をもって接していた」のであった(80)。

玉置は参議院全国区において生長の家（生長の家政治連合）を支持母体としていた。蔣経国、張群、沈昌煥、国民党中央委員会秘書長の張宝樹と相次いで会談した玉置は、その際、「田中内閣の中華民国無視とも言える対中外交に遺憾の意」を表し、「道義を守るために全力を尽くす」ことを約束するも、彼らの怒りは凄まじく、特に田中、大平が日中国交正常化となれば日華平和条約は存続できないとながらも、台湾との実務関係は維持できると楽観視していることに対し、「平和条約の否定は、すなわち交戦状態の復活である」と考えていることに衝撃を覚えるのであった(81)。

続いて、9月4日、玉置はインドネシア、オーストラリア歴訪時に急遽、台湾に立ち寄った。特使受け入れを哀訴するためである。

しかし、相手の態度は硬く、沈昌煥、張宝樹、さらに中国青年反共救国団副主任の李煥、経済部長の孫運璿は「日本との外交関係が断絶した場合、経済関係の

みを継続するが如きは絶対にない」とし、さらに「当国が台湾海きょう、バシー海きょうで如何なる措置をとっても、これは米国に対するものでなく、日本に対する報復措置として主権国家が行なうことである」と述べ、挙句の果てには中日文化経済協会の会長である何応欽が「戦事中の日本軍のざんぎゃく行為を示す展示会を行う計画である」とまで言い、玉置を困惑させた[82]。玉置は必死に特使受け入れを了承するよう訴えるが、明確な返答は得られなかった。

衆議院議員の水野が特使受け入れのために訪台した件については服部龍二が水野本人にインタビューし、著書『日中国交正常化：田中角栄、大平正芳、官僚たちの挑戦』（中央公論新社、2011年）において詳細に伝えている。水野は椎名派ではあるが、どちらかと言えば中国寄りで、1971年9月には川崎秀二を団長とする自民党の「川崎訪中団」に加わり、周恩来とも面会し、さらに日中国交正常化に慎重だった時の首相である佐藤栄作に「あらゆる機会を利用して対中政策の変更」を迫るほどであった[83]。

訪台を勧めたのは松本と張群の会談にも立ち会った柯振華である。水野とは旧知の仲だった。当初は躊躇した水野だったが、最後は柯振華の求めに応じた[84]。以下、服部の著書に記されている対象箇所を引用したい[85]。

　　柯が、「あなたは椎名派だし、それで結構です」と強く訪台を求めた。
　　水野は、「椎名派だったけれども、椎名さんとは親しくなかった」という。訪台前に水野は椎名と打ち合わせず、椎名の秘書に「行ってもいいか」と伝えた程度であった。
　　訪台した水野は9月12日、張群を訪れ2人だけで会談した。水野が国際情勢を論じ、「田中、大平は北京に行くのです」と述べると、張群は警告した。
　　「中国共産党に結局、騙されるよ。いまは中国共産党もソ連と仲悪くて、追い詰められて困っているけれども、調子がよくなったら、あなたたちを裏切るよ」
　　もともと水野は中国寄りであり、張と波長が合わないのは当然だろう。話は平行線をたどりかけた。それでも水野は、「椎名さんを受け入れてやってくれというお願いに来たのですから、どうかひとつ受け入れてやって下さい」と頼み込んだ。
　　張は熟考して見せると、水野の目前で受話器を取り、沈昌煥外交部長に椎名訪台の受け入れを指示した。水野はこう分析する。

「台湾というのは勿体ぶっていて、椎名謝罪特使が行くけれども、その椎名さんを受け入れてくれと、あなたが頼みに来なさいということだったと思う」

台湾が欲していたのは、椎名派の衆議院議員が訪台して、椎名受け入れを懇願するという筋書きである。水野によると、それが台湾の描く「ストーリーだった」。

水野は服部のインタビューに、このように答えている。水野が張群と会談した日は、松本と張群との会談と同じ日である。しかしながら松本は、椎名だけでなく張群や柯振華の口からも、水野の訪台に関する言及はなかったと証言する[86]。一方、柯振華は、まず自分は当時、張群のアシスタントであり、彼と日本人の賓客との面会の場に日本語通訳として同席することはあっても決して「対日担当」ではなかったと語る[87]。その上で水野と張群との面会をセッティングした件については、これを認めながらも「台湾側が水野を誘い入れた」のではなく、日本側、具体的には親台派議員の灘尾弘吉を通じて、水野と張群の会談をアレンジするよう依頼があったと述べた[88]。

さらに「訪台した水野は9月12日、張群を訪れ2人だけで会談した」とあるが、柯振華も、その場に立ち会ったという。話題は主に国際情勢全般で、どちらかと言えば雑談に近く、水野が「椎名さんを受け入れてやってくれとお願いに来たのですから、どうかひとつ受け入れてやって下さい」と張群に歎願したとの証言は記憶にないと語り、日本の外務省を通して来台したのは松本だけで、特使受け入れに当たって、彼の真摯な訴えが張群の心を揺さぶったのは事実とした。この件については中江要介も「政治家を中心に様々な人物が『実は私が台湾政府との窓口になった』などと言っていますが、外務省や大平外相という正式なラインに乗っかかって台湾に行っていただいたのは私の知る限り、松本さんだけです」と明言している[89]。

ただ、柯振華によると、台湾側は、特使受け入れ自体は8月末の段階で決めており、どのタイミングで日本側に回答するかについて外交部内で意見が割れていたという。特使受け入れのキーパーソンである張群、沈昌煥いずれも鬼籍に入り、今となっては、その実相を正確に描くことはできない。しかし、松本だけでなく、玉置、水野のアプローチも少なからず台湾側の怒りを和らげ、特使受け入れの時期を早めたことは確かであろう。

▶3　断交準備

　台湾側は、表向きは激憤ぶりを見せながらも、実際に断交となった場合を想定した検討を極一部の人々の間で密かに進めていた。蔣経国本人も随分と早い段階から特使受け入れの腹積もりだったようである。

　日本側が特使派遣の意向を台湾側に伝えた8月24日、蔣経国は行政院第1287回院会において「特使派遣に関する報道について、日本は今以て我が政府に正式表明はしていない。しかしながら中日間には未だ外交関係が存在しており、仮に日本が、この件について正式に通達してきた時は、国際慣例に従って、拒絶するわけにはいかない」と述べている[90]。即ち、蔣経国の最終的には「国際慣例に従って」特使を受け入れるとの基本方針の下で検討が行われていたものと思われる。

　さらに蔣経国は31日の行政院第1288回院会で「現段階における対日外交問題に関しては、私たちは国際間で私たちを助けようとする力、全国、そして海外の軍民同胞の力によって、日匪『関係正常化』を阻止しようと尽くしてくれている。私たちは終始、国家の最高利益に顧慮する立場で奮戦することを怠らない。私たちは原則として現段階における利害損失を顧慮すべきであり、同時に、いかなる措置を施されても、今後の国家利益と生存環境に与える影響に対しても顧慮しなければならない。中日関係が、さらに悪化することを防ぐために経済方面、内政方面、軍事方面と、あらゆる方面において適切な措置を講じて、全国の力を集中し、来る挑戦を迎え入れなければならない」と発言している[91]。「今後」を十分に考えながら対応すべきとの指摘は、断交の時のことを考えたものであろう。蔣経国は日台関係の悪化を望んではおらず、断交後をも見据えて現実的に対処していくつもりでいたのである。

　外交部も「対日交渉三原則」を基礎に、断交後を念頭に準備を始めていた。対日交渉三原則とは次の通りである[92]。

　　（甲）私たちは日匪国交正常化に関し、現在、あるいは将来に係わらず、これに対して徹底的に断固として反対し、その後に生ずる一切の結果は完全に日本側が責任を負うものとする。
　　（乙）目下、私たちは積極的に外交活動に取り組み、友好関係にある国と日本の正義人士と協力して日匪国交正常化を阻止する。仮にそれが阻止できない

状況になった場合は、それを先延ばしにするよう施策を講じる。国際情勢及び大陸の動向の目まぐるしい変化には、それを先延ばしにできる転機が存在するのである。

（丙）目下、外交部と駐日大使は善後策の問題については日本側と交渉すべきではないが、断交前後の対応策については、すぐにでも計画しておかなければならない。

そして、この対日交渉三原則の下に「日本問題工作小組」が発足し、協議が行われた。例えば8月11日午前11時30分から外交部長の沈昌煥主催で開かれた外交部での会議では断交後の駐日台湾大使館に代わる「駐日機構及び人員」の計画を秘密裏に進めることが話し合われている[93]。

▶4　個人レベルでの情報収集と宣伝工作

この時期、日台間は正規ルートではなく、個人的なネットワークを通じた情報収集と宣伝工作が水面下で繰り広げられた。その記録は現段階において日本では明らかになっていないため、台湾の中央研究院近代史研究所檔案館に保管されている外交史料を頼りに見ていきたい。

まず、これら外交史料の中に頻繁に登場するのが国民大会秘書長の陳建中である。陳建中は長年、国府の対日工作を担当してきた人物で、自民党の親台派議員と密に接触していた。9月6日には、外交部長の沈昌煥に「日本における同志からの9月6日報告：最近の日本における重要な政情」と題するレポートを送り、その中で、賀屋興宣、千葉三郎、渡辺美智雄、中川一郎といった親台派議員から聴取した日中国交正常化協議会の動向、田中角栄、大平正芳が日中国交正常化後に台湾問題を、どのようして処理するつもりなのかが記されている[94]。

立法委員の梁粛戎と齊世英も水面下で情報収集に当たった。梁粛戎は明治大学、齊世英は京都帝国大学で学んだ知日派である。

例えば、2人は9月22日午後5時から50分間に亘って田中のライバルである福田赳夫と赤坂プリンスホテルで密会している。22日と言えば田中訪中の3日前である。

その際、福田は外務事務次官の法眼晋作に電話を入れる。「日中国交正常化と同時に中華民国との従来の関係を維持するために、知恵を出してほしい。法論理

的拘束を受ける必要はない。これは現実的な政治問題である」と伝え電話を切ると、2人に向かって「中日両国関係は特殊であり、今までに先例はなくとも日本は新しい例を創ることも可能である」と述べた(95)。

　田中訪中前日の24日朝には、佐藤栄作の取り計らいで2人は田中と会談することとなった。場所は首相官邸である。

　夜が明けて間もなく、2人が宿泊する東京プリンスホテルで駐日台湾大使の彭孟緝を交え、事前の打ち合わせを行う。ところが、確認のため梁粛戎が首相官邸に電話をしたところ「田中はゴルフに行った」と告げられ、一方的に約束を反故にされてしまう(96)。

　梁粛戎は即、佐藤に連絡を入れた。それを聞いた佐藤は烈火の如く激怒し、田中に対して「馬鹿野郎」と怒鳴った。

　彭孟緝と斎世英の2人は、田中の対応に戸惑い、茫然とした表情を浮かべながら室内を彷徨き回っていた。「敗戦時に中華民国は『以徳報怨』を以って寛大な対応をし、日本人に恩恵を与えたにも関わらず、このような侮辱的な仕打ちを受けた」として(97)、怒りの感情を抑えることができなかった。一方、彼らのカウンターパートとなっていた日本人としては東京大学教養学部教授の衛藤瀋吉、京都産業大学法学部教授の小谷秀二郎が挙げられる。

　衛藤は当時、自民党の日中国交正常化協議会の会長である小坂善太郎のアドバイザーを務めていた。佐藤とも近く、小坂は衛藤を佐藤への伝言役に使っていた(98)。

　梁粛戎は旧知の仲だった。そのため、衛藤は度々、台湾側に対してアドバイスを行っている。8月8日、梁粛戎宛てに送った書簡には以下のようなことが書かれている(99)。

> その後、田中内閣の外交政策に深く憂慮しております。このままで行けば、何時の間にか北京の術中に陥るのではないかという危惧の念があります。もっと聡明な対外政策を打ち樹てさせるように微力を盡しておりますが、なかゝ思うようになりません。大平外相自身は非常に慎重なのですが、法眼事務次官と橋本中国課長は従来の鷹派的色彩があっただけに、一轉して今は北京に迎合すること甚しく困っております。変節漢は人一倍に忠誠心を叫びたい衝動をとどめ得ぬものであります。
>
> 蔣総統の親書を持った特派使節でも派遣なさったら如何ですか。

「竹入メモ」を台湾側に提供した小谷は田中の訪中延期に向けて奔走した。この頃、小谷は日本中に巻き起こる中国との「平和ムード、和解ムード、そして友好ムード」に強い危機感を抱いていた[100]。小谷は「中共は非常に巧妙に、そして非常に長期的視野に立って、日米間の離間や親中共派の育成に努力」し、実際、「日本では、日日あらゆるものが中共と結びつき、親中共ムードが溢れて」おり、「中共の対日間接戦略」が始まっていると警鐘を鳴らしている[101]。

8月半ばの訪台後、小谷は先方からの依頼を受け、台湾側の意向を自民党側に伝えた。梁粛戎に宛てた書簡には次のようなことが記されている[102]。

> 最近の動きは、ようやく、台湾問題が実は極めて重要な問題であるということに、気がつき始めて、慎重な考慮をはじめたようであります。遅まきながら、正常な姿に戻りつつあることは慶びに耐えません。小生としても、先づ先日御話し申上げましたように、田中訪中の日を絶対に九月から先に延ばすことに焦点を当てて手を打って来ましたが、どうやら九月末訪中は延期されることになりそうです。そうすればこれだけ、圧力をかける時間も増し、新聞に対する批判もより大きくなって来ると考えます。第一ラウンドの攻撃は終り、第二ラウンドにはいろうとしています。
>
> 目下当地にいたっていますが、来週は東京にいて、積極的に動きたいと考えています。法眼次官は、台湾から要人が来られたら、積極的に御目にかかりますと云って御りました。しかし、目下、最大の難物は、大平大臣と外務省だと思われます。
>
> 政府当局も、椎名特使以外に、愛知先生も特使として派遣したい考えのようです。したがって、往来が激しくなれば、更によい智慧も湧くことでせうから、今後更に密接な連絡をとって参りたいと思います。

興味深いのは、田中角栄は椎名悦三郎だけでなく元外務大臣の愛知揆一も「特使として派遣したい」考えだったという箇所である。この件について日本側、台湾側の外交史料を精査してみたが、その形跡は見当たらなかった。さらに愛知の娘婿である和男にも確認したが、全く記憶にないとの答えが返ってきた[103]。恐らく揣摩憶測の類ではないかと思われる。

書簡の冒頭には「過日は、心からの御もてなしを受け、感謝致して御ります。

かずかずの御土産品を頂戴し、御礼申し上げよう御座いません」とある。訪台時に相応の接待を受けていたのであろう。小谷は、台湾側の期待に応えるため、自らが有する政権中枢とのパイプを使い、田中の訪中延期のために「積極的に動きたい」と述べ、梁粛戎の不安を払拭しようとしている(104)。

　田中派の参議院議員で当時、自民党副幹事長だった大森久司は9月3日、高橋季義を筆頭とする実業家3名と一緒に台湾を訪れた。4人は、故宮博物院の参観、花蓮地区の見学、台湾商工界との経済交流を行う一方、「秘密裏」に「各階層の人物」との接触を試み、6日昼には陳建中が「中日関係研究会」の名前で設けた招宴に出席した(105)。東南水泥公司董事長の陳江章との会談時、大森は「今回、命を受けて台湾を訪問し、中華民国の日中国交正常化に対する反応を探っているが、混乱しているかと思いきや、着いてみると、意外にも平穏で安定しており、しかも台湾は目覚ましく繁栄し、進歩していたため、深く感動した」とし、続けて「田中と大平に会って、実際の状況と日本と中国が結託することに対して台湾が強硬に反対しているということを報告し、田中に慎重に日中問題を処理するよう強く促す」と力説した(106)。

　しかしながら、結果的には彼らの努力は報われることはなかった。柯振華曰く、外交部を始め台湾側は少なくとも田中内閣発足の段階から、多少は遅らせることはできても近い将来、断交は避けられないと見る向きが大勢を占めていた。日本側も含め、彼らは断交を最初から織り込み済みで、それでも僅かな可能性を見出そうと動いたのであろう(107)。

▶5　田中親書の起筆過程

　田中角栄は訪台する椎名悦三郎に、蔣介石に宛てた親書を託すことにした。親書の原案は8月中旬頃、外務省アジア局中国課長の橋本恕が中心となって中国課の人々によって起筆され、実際に執筆したのは中国課首席事務官の小倉和夫であった。

　原案段階の親書を外務省外交記録・情報公開室に開示請求したところ、以下のような内容の原案の写しが届けられた。これは手書きの初稿に訂正を加え、タイプで打ち直したものである。些か長くなるが、正確を期すために全文を記したい(108)。

謹啓

　酷暑の候、貴総統閣下におかれましては、御高齢にもかかわらず、ますます御壮健にて中華民国の偉大なる発展とアジアの安定に日夜御尽力されていることに対し、心からお慶び申し上げます。

　本日、ここに閣下に宛てて拙書を呈する所以は他でもなく、最近のわが国と中華人民共和国との関係改善の動きに関し、閣下におかれましては少なからず憂慮されているものと拝察したためであります。私は、これまで閣下がわが国とわが国の国民に寄せられました格別の御配慮や従来の貴我両国の友好関係に鑑み、中国問題に関する日本政府の見解を率直に閣下に御説明申し上げ、閣下ならびに貴国国民の御理解を頂きたいと存じます。

　顧みますれば、戦後二十有余年、閣下におかれては終始変わらず、わが国および国民に対し、深い御理解と暖かい御配慮をたまわりました。わが政府および国民はこのことに均しく深い感銘をうけています。また国を憂い政治を志ざす者と致しまして、私はかねてより、中国民族の偉大なる領導であらせられる閣下の高邁なる御見識と絶対的な指導力に対し、欽佩の念を禁じ得ないものであります。

　わが国は、一九五二年、貴国政府との間に、平和条約を締結し、爾来、政府・民間の双方において、あらゆる機会を通じ、一貫して貴国との間の友好関係の強化増進に努めてまいりました。特に昨年の国連における中国代表権問題の審議に際しましては、わが国政府が各種の困難を乗り越えて、国連における貴国の議席確保に奔走したことは、閣下におかれましても御高承のことと拝察いたします。

　しかしながら、わが国の強い希望と努力にもかかわらず、近年の国際情勢の変化は如何ともしがたく、昨年の国連総会における中国代表権問題審議は不幸な結末に終り、また中華人民共和国承認国があいついだ結果、すでに世界の過半数の国が中華人民共和国政府を中国の唯一合法政府と認めるに至り、さらに、ニクソン大統領が北京を訪問し、中華人民共和国との関係改善をはかる状況にあります。

　ひるがえってわが国におきましては、近年の国際情勢の変化がわが国の世論に大きな影響を与え、今や大多数の国民が「日中国交正常化」を強く希望しており、日中国交正常化はいまや押しとどめることができない国論となっております。わが国は、いうまでもなく民主主義を国の基本原則とし、政府は国民多

数の意思と願望を政治の上で具体化する責任を有しております。私は、「日中国交正常化」がひとりわが国の問題にとどまらず、アジア、ひいては世界の平和に係わる問題であることを念頭におき、再三、再四熟考いたしましたが、わが国民多数の意思と願望が明白である以上いまや政府の責任において国交正常化を実現せざるをえないという結論に達しました。

　政府としては、中華人民共和国政府との間で国交正常化に関する話し合いが妥協するに至れば、その結果、わが国外交の幅が拡大され、多元化し流動化する最近の国際情勢に対処しうるようになるものと期待しています。

　私は、ここに、断腸の想いで申し述べますが、国交正常化問題に関し、北京政府と日本政府との話し合いが妥協すれば、戦後長い間、友好協力関係を維持してまいりました貴国政府とわが政府との公式の関係が断たれる結果となります。しかしながら、私といたしましては、閣下の貴国民に対する訓示にも示されたとおり、貴国におかれましては、「変に処して驚かず、荘厳自強」の態度を維持され、現在わが国が置かれた立場に御理解を賜りますよう切望する次第であります。

　日本政府の真意を殊更に秘匿し、閣下に対し一時の気休めを申し上げることはかえって閣下に非礼であると信じます。そこで日本政府の真意を率直に申し上げれば、日中国交正常化が実現した後においても、政府間の公式の関係を除く、民間レベルでの各方面における両国間の友好交流関係が維持されるよう、あらゆる可能性を探求したいと念じております。甚だ身勝手な云い分であることは重々承知の上で、今後さらに閣下の御寛仁にすがり、このような日本政府の真意をおくみとりの上、閣下の御高配をえたいと念じております。

　ここに、私の所信を閣下に忌憚なく申し述べ、閣下の御賢察と御理解を切にお願いする次第であります。筆を擱くにあたり、改めて、閣下の一層の御健勝と貴国の御隆昌を祈念いたします。

敬具

　一九七二年　月　日

（御自署）
日本国内閣総理大臣（田中　角榮）

　中華民国総統　蔣　介石　閣下

「最大の問題」は「信義と礼儀を尽くし、台湾の面子を保ち、また、日本の品

格と尊厳をどう守るか」である(109)。原案段階で中国課を最も悩ませたのが日中国交正常化によって正式の外交関係は断たれるが、その後も従来と変わらず国民間の実務関係は維持していきたいということを、どのような表現で台湾側に伝えるかにあった。だが、そこには「微妙な問題」が存在した(110)。

　日本側から正式の外交関係が断たれることに言及する必要があるのかということである。条約論で言えば「１つの国には１つの政府」が建前であり、「中台双方が、いずれも、中国は１つであり、自分こそが中国の正統政府である」と主張しても(111)、一方と外交関係ができれば、片方とは外交関係が途絶するのは明白である。

　このことを殊更に公言すれば台湾側の気持ちを逆撫でする恐れがある。しかしながら、「これをはっきり云わない場合、台湾が万一にも日本の立場を誤解し、妙な動きをする」ようなことになれば(112)、当然、中国側が日本に対して猜疑心を持ち、日中間の交渉に悪影響を及ぼす危険性も考えられた。

　併せて実務関係を継続させたいとする日本側の希望を伝えるべきかどうかという部分も頭痛の種だった。まだ断交前の段階である。「今から『別れた』後」のことを口にすれば「台湾の面子をつぶしかねず、また一時的にせよ台湾が激怒して、経済・貿易上の関係も停止すると云ってきたらやぶ蛇」であり、「首相親書のごとき公の文書に、しかもこの時期に言及するのはかえって得策ではない」との主張もあった(113)。

　だが、最後は「日中友好団体の関係者を通じて、『田中首相を困らすことはしない』との中国首脳のメッセージがそれとなく伝えられ」たこともあって(114)、「公式の関係が絶たれる」、「民間レベルでの各方面における両国間の友好交流関係」という控えめな表現で盛り込まれることとなった。

　原案は大平正芳の確認を経て田中の手に渡った。田中は満足したが、少なからず不安もあったのだろう。橋本に対し、安岡正篤に添削を依頼するよう指示した。

　安岡は終戦時の昭和天皇によるラジオ放送の詔書発表（玉音放送）に加筆したことで知られる陽明学の泰斗で歴代首相の指南役と仰がれた人物である。池田勇人率いる池田派、即ち後の大平派を「宏池会」を命名したのも安岡である(115)。

　小倉が原案を見せると、安岡は「この手紙は全く格調が無い」と指摘し(116)、「台湾の要路が一読して、腹を立てながらも、しかしうまいことを云うなあ……といわしめる文章を書こう」と言って(117)、これを引き受けた。数日後、安岡から小倉に万年筆で加筆、修正された親書案が戻ってきた。親書は見違えるように

趣のある文体に生まれ変わっていた。原文は以下の通りである(118)。

蔣介石總統閣下鈞鑒
　謹啓者
閣下鼎祺安燕履祉吉祥我が久しく仰望神馳する所であります　近來我が國と北京政府との交渉に関し議論紛紛
閣下の左右亦之を我が國政府の降志辱身自ら國格を損する行爲として論難さるるを傳承致しまして茲に謹んで本問題に関する日本政府の所見を開陳し
閣下の諒察を仰ぎたいと存じます
顧みれば戰後二十餘年
閣下の日本國及國民に對する終始渝らぬ高誼優待は日本國政府及國民の齊しく欽尚する所であり、一九五二年我が國が　貴國政府との間に平和條約を締結して以來政府民間擧ってあらゆる機會を通じ一貫して　貴國との友誼を勵行して參りました　特に昨年の國連に於る中國代表權問題の審議に當っては我が國政府が率先挺身して難を排し紛を解き國連に於る　貴國の議席確保に奔走盡瘁致しましたことは長く青史に傳えて兩國の爲に友邦齊しく感銘する所であります
然るに近年國際情勢は激變し國連總會に於る中國代表權問題の議決北京政府承認國の續出　ニクソン大統領の北京訪問等北京政府との關係改善を謀るに世を擧げて滔々たる者が有ります　我が國は此等と亦自ら撰を異にし　古來中國と斯文の交深く且久しく國民大衆が中國大陸との社稷蒼生を敬愛するの情尋常ならぬものが有り　從って即今の時勢に鑑み日中國交正常化の時機已に熟すとして政府の決斷を仰望すること誠に止むを得ぬ情勢となっております　我が國は言うまでもなく議會制民主主義を國政の基本原則とし　政府は國民多數の意思と願望を政治の上に具現すべき責任を有します　是れ我々が愼思熟慮して北京政府と新に建交する所以で徒に勢の爲に迫られ　利の爲に誘われて所謂親媚北京短視政策を採るものではありません
但本政策を實行に移すに當っては固より　貴國との間に痛切なる矛盾抵觸を免れず　時に又粗略有るを免れぬことと存じますが　自靖自獻の至誠を盡して善處し
閣下至仁至公の高誼を敬請する次第であります
閣下萬壽無疆を謹祝申上げます
　　　一九七二年九月十三日

| 日本國內閣總理大臣　　田中角榮（署名）謹白

便箋8枚にも及び、毛筆で綴られている。先方を敬う意味で、「貴國」の前は1文字分の空白を設け、蔣介石を「閣下」と呼び、それが出てくる場合は必ず改行されている。このスタイルは当時の台湾においては一般的なマナーとなっており、日本側の相当な配慮が感じられる。

日付は9月13日、つまり、台湾側から特使として椎名訪台を受け入れるとの回答があった日となっている。したがって親書の本文は事前に準備し、台湾側の通告後に日付を書き入れることを予め決めていたものと思われる[119]。親書は、これとは別に中国語に訳されたものも用意され、田中の署名は日本語の原文のみに記された[120]。

大きな変更箇所は、最後にある「貴國との間に痛切なる矛盾抵觸を免れず時に又粗略有るを免れぬことと存じますが」の部分である。原案にあった「公式の関係が絶たれる」は削除された。断交を仄めかすような表現は使わず「痛切なる矛盾抵觸を免れず」という曖昧な言い回しに止めたのである。

さらに「民間レベルでの各方面における両国間の友好交流関係」は全面的に消された。安岡が、どのような理由で削除したかは不明である。ただ、小倉は当初から余り実務関係の維持を強調すれば、台湾側に「別れ話に金銭的考慮を早くから持ち込む」との印象を抱かせることになるのではないかと心配していた[121]。日本側は自らの体面や威厳よりも、経済、貿易といった実利を重要視していると受け止められることは日本外交にとってマイナスになるとの判断が徳性を重んじる安岡の中にあったのではないかと思われる。

▶6　椎名の苦悩

9月13日、特使受け入れの知らせを聞いた椎名悦三郎は早速、外務省を訪ね、その結果、17日に台湾を訪問して、19日に帰国することが決まった。翌日には椎名を特使として派遣することが閣議決定され、同時に椎名に同行するメンバーも発表された。その顔触れは以下の通りである[122]。

| 特派大使　椎名悦三郎　衆議院議員、自民党副総裁、元外務大臣、元通産大臣
| 顧　問　　村上　勇　衆議院議員、元郵政大臣、元建設大臣

顧　問	秋田　大助	衆議院議員、元自治大臣、自民党対外経済協力特別委員長	
顧　問	福永　一臣	衆議院議員、元自民党副幹事長、元運輸政務次官	
顧　問	加藤常太郎	衆議院議員、元運輸政務次官	
顧　問	菊池　義郎	衆議院議員、元科学技術庁政務次官	
顧　問	高見　三郎	衆議院議員、前文部大臣	
顧　問	福井　勇	衆議院議員、前衆議院運輸委員長	
顧　問	鹿野　彦吉	衆議院議員、元経済企画庁政務次官	
顧　問	砂田　重民	衆議院議員、前総理府総務副長官	
顧　問	山村新治郎	衆議院議員、元運輸政務次官	
顧　問	中村　弘海	衆議院議員、元自民党国民運動副本部長	
顧　問	綿貫　民輔	衆議院議員、自民党商工局次長	
顧　問	浜田　幸一	衆議院議員、自民党青年局次長	
顧　問	川上　為治	参議院議員、元参議院商工委員長	
顧　問	大森　久司	参議院議員、自民党副幹事長	
顧　問	楠　正俊	参議院議員、元参議院文教委員長	
随　員	中江　要介	外務省アジア局参事官	
随　員	七海　祥朗	外務省情報文化局海外広報課事務官	
随　員	若山　喬一	外務省研修所事務官	
秘　書	岩瀬　繁	（椎名特派大使付）	
秘　書	頭山　統一		
秘　書	小渕岩太郎		
秘　書	田口　忠男		
秘　書	松本　或彦		
秘　書	横瀬　昌博		

　外務省アジア局参事官の中江要介は名簿の序列をどうするか、自民党筆頭副幹事長の竹下登に相談した。竹下の頭の中には自民党の国会議員全員のプロフィール、選挙区、当選回数が叩き込まれており、迅速明快に序列を決めていった(123)。
　当初、椎名一行には、財界からの代表も含めて大規模なものを想定していた。台湾側に十分な礼を尽くすためである。しかしながら、「逆に台湾側から『断交』にともなう今後の措置」、即ち、実務関係を維持するための相談をしたいのでは

ないかと勘繰られ、「反発を引き起しかねないおそれあり」として立消えになった(124)。

滞在中のスケジュールは最終的に次の通りとなった(125)。

1．椎名特使
   9月17日（日）
     13：45　台北着（JAL721）
     14：10　円山ホテル着
     17：15　ホテル発、大使公邸へ
     17：30〜20：45　在留邦人代表との懇談会
     21：00　ホテル着
   9月18日（月）
     8：45　円山ホテル発
     9：00〜10：50　沈外交部長と会見（於 外交部）
     11：00　総統府着、記帳
     11：10〜12：25　厳副総統と会見（於 総統府）
     13：00　昼食（於 ホテル）
     15：00　ホテル出発
     15：15　立法委員等民意代表との懇談会（於 三軍々官クラブ）
     15：40　三軍々官クラブ発
     15：50〜16：50　何応欽将軍と会見（於 自宅）
     18：15　ホテル出発
     18：35〜19：30　沈外交部長との第2次会談（於 外交部）
     19：30　沈外交部長招宴（於 外交部）
     22：30　ホテル着
   9月19日（火）
     8：45　円山ホテル発
     9：00〜11：00　蔣経国行政院長との会見（於 行政院）
     11：00〜　張群総統府資政と会見（於 総統府）
             （本使のみ同席）
     13：00〜14：30　日華協力委員会（於 円山ホテル）
     16：10　ホテル出発、空港へ

16：25　離華（JAL702）

　２．特使顧問団
　　9月17日（日）特使と同じ
　　9月18日（月）
　　　8：45　特使とともに円山ホテル出発
　　　9：00　沈外交部長表敬
　　　9：40〜12：30　国際問題研究所々員との意見交換（於 同研究所）
　　　13：00　昼食（於 ホテル）
　　　14：30〜19：00　立法委員等民意代表との懇談会（於 三軍々官クラブ）
　　9月19日（火）
　　　8：45　特使とともに円山ホテル発
　　　9：00〜9：10　蔣行政院長に表敬
　　　9：20〜10：50　文教界との懇談会
　　　11：00〜12：30　経済界との懇談会
　　　13：00〜14：30　日華協力委員会招宴（於 円山ホテル）
　　　16：10　特使とともにホテル出発、空港へ
　　　16：25　離華（JAL702）

　だが、ここまでの態勢が整いながら、田中と大平は椎名に対し、訪台時における明確な基本方針を伝えようとはしなかった。「行って何をする」と聞くと、田中は「外交は大平（外相）に任せてあるから、大平に聞いてくれ」と「泣くような顔」をして逃げようとする[126]。そこで椎名は言われた通り、大平に会って「中共に対して、どの程度まで台湾に対して譲るのか。台湾をどう説得すればいいんだ」と問うたが、「分裂国家の一方を認めたら、もう一方を認めるわけにはいかん。それが近代外交の大きな原則になっているんで……」と口籠るため、「もういいよ」と言い残し、その場を去った[127]。

　結局、椎名は最後まで２人に真底を質すことができなかった。当時の椎名の心境について次男の素夫は「田中、大平さんはおやじに『台湾に行って説明してくれ』というだけで、国交正常化と台湾との断交という真意を明確に伝えたわけではなかった。おやじは『一体台湾へ行って何を言うのかね』とこぼしていた」と述懐している[128]。台湾との交渉の進め方は、椎名独自で思索せざるを得なくな

ったのである。

　では、なぜ田中も大平も言葉を濁そうとしたのであろうか。この時期に入ると、ほぼ日中国交正常化の青写真が完成しており、当然のことながら日華平和条約の失効、つまり台湾との外交関係の途絶、さらに文字ではなく大平の口から、それを発表することも打ち合わせ済みだった。もし、そのシナリオが椎名の耳に入れば、特使を返上する挙に出て、田中訪中も水泡に帰する怖れがあると考え、まずは椎名を送り込むことが先決と判断したのである[129]。

▶7　幻のステートメント

　一方、外務省では田中角栄の親書と併せ、椎名悦三郎が台湾に到着した直後に台北松山(しょうざん)空港で読み上げるステートメントを用意することとした。原案は日本側の苦悩が滲み出ており、「全般的には特使の使命が国府説得にあるとの点が強く出過ぎており、一方的なおしつけがましいとの印象を与える」内容だった[130]。そこで、これを全体的に見直し、末尾では「先方の意見を傾ちょうすべきこと、意見交換の結果は特使帰日後わが政府指導者に詳細伝達し、深甚なる配慮が払われるように致したい」といった文言を追加することが検討され、その結果、「貴国の指導者の方々ときたんのない意見を交かんし、百年の大計に立って、日華両国のため、また日華両国民のために、最善の途を見出したいと念じております」との一文が挿入される[131]。

　そんな時、出発前々日の9月15日になって突然、駐台日本大使の宇山厚のところへ外交部長の沈昌煥から「至急会いたい」との連絡が入った[132]。ちょうどステートメントの中身を煮詰めていた矢先のことだった。外交部に着くと、沈昌煥は宇山の前でメモを読み上げた[133]。

> 　明らかに貴国政府は、既にわが国に対する非友好的政策を決定済であり、これをわが方に通告せしめる為にシイナ特使をして訪華させるものと見ざるを得ない。かかる態度は、単にわが政府の受入難いものであるのみならず、必ずやわが全国民を激こうせしめるものである。
> 　貴国政府において速かにこの点を明らかにされることを希望する。然らざれば、国民政府は特使の来訪について重大な政策的考慮をせざるを得ないであろう。

> シイナ特使来訪の任務が重要であることにかんがみ、わが方はシイナ氏が当地に到着後また当地滞在期間中に政策的な如何なるステートメントまたは談話をも発表されないことを希望する。
>
> 本件に関しては本日（15日）中に回答されるように要請する。

これに続いて沈昌煥は「当国世論が最も激こうし、しん経質になっている実情を十分に本国政府にお伝えありたい」と述べ、ステートメントの発表を取り止めるよう念押しした。台湾の人々の日本に対する怒りは最高潮に達していた。その現れとして「日貨不買・はり紙・デモ・大使館前座りこみ、日人飲食拒否・日語不使用・シナ事変記録映画テレビなどがあり、対日経済報復・台湾海峡封鎖・日本沿岸砲撃の叫び」も聞こえた[134]。

宇山は何の反論もしなかった。「日本政府、シイナ特使が貴国政府の立場に最も深い注意を払うであろうことはごうまつの疑いもないところである」と答え、沈昌煥の要請を快諾し、外務省に「先方の申出は無理からぬものと考えるので、本件ステートメントは行なわないことと致したい」との連絡を入れた[135]。

椎名一行の壮行会は、出発を翌日の控えた16日午前、自民党本部で開かれた。マス・メディアが盛んに台湾との断交を「説得」するために送られる「説得大使」と揶揄していることを意識してか、椎名はスピーチで「私は台湾に説得に行くのではない。説得のセの字もいってはおらぬ。台湾には事情を説明し、台湾側のきたんのない意見を聞くために行くだけだ」と語った[136]。

これを受け、大平も「非常に仲のいい友人の関係でも、どうしても相談しなければならないこともあるもの。国と国の間でも同じで、友情は失意の時こそ光る……」と述べ[137]、台湾を刺激しないよう努めた。壮行会では「乾杯がおわると出席者はそそくさと退席」していった[138]。まるで「通夜のよう」だった[139]。

第3節　椎名訪台へ

▶1　冷淡な扱い

椎名一行は、9月17日午前9時10分、大平正芳と官房長官の二階堂進が見送る中、羽田空港を飛び立った。その頃、台北松山空港周辺は、椎名悦三郎の訪台

に抗議する群衆で埋め尽くされ、異様な雰囲気に包まれていた。当時の台湾は戒厳令下にあった。「集会やデモは本来認められていなかったはず」であるが、「この時ばかりは台湾有史以来初の、政府が承知の上で実行された、いわゆる官製デモである」と言われた[140]。

　椎名一行が到着すると、そこには一足先に台湾入りしていた松本彧彦と宇山厚が待っていた。一方、台湾側は外交部から礼賓司長の呉祖禹、亜東太平洋司長の周彤華の2人だけで出迎えるという極めて冷淡な扱いであった。

　当然、儀仗兵による栄誉礼も礼砲もなかった。「日本が北京との国交正常化を勝手に決めたのだから、今さら説明を聞く必要もないという態度の表明」である[141]。

　台湾側は特使受け入れに当たり、早々と、その方針を決めていた。「私たちの採る準備措置」によると、椎名一行の安全を十分に確保することが強調される一方、儀礼的行事は行わず、記者会見もさせず、「表敬及び会談」に関しては「外交部長との会談は挙行」するが、「副総統、行政院長との会談に関しては外交部長との会談後に決める」、「監査委員及び国民大会代表、民意代表」、「国民党人士」、「中日合作策進会の委員」との座談会の実施に当っては「強烈な対応」をすることが確認されていたのである[142]。

　椎名一行は、それぞれ用意された車に乗り込み、警備車がサイレンを鳴らしながら、特使車を先頭に車列を組んだ。すると出発直後、群衆が雪崩を打つように車列に突進して取り囲み、興奮した人々は手にしていた「抗議文、くだもの、たまご、いし等を自動車に投げつけ、つばきをはきかけ、またコンぼう、プラカード、足等で乱打し、全車りょうとも破損をきた」すという事態が起こり、一帯は大騒ぎとなった[143]。「人体に対する危害はなかった」が[144]、福永一臣、加藤常太郎の3号車、中村弘海、浜田幸一の7号車の2台はフロントガラスを割られ[145]、「『田中の新政策を打倒せよ』『田中の対中共正常化政策絶対反対』『椎名は出ていけ』などと書いたプラカードを掲げ、口々にスローガンを叫び、田中首相の肖像画を地面に投出して車にひかせる」[146]という場面もあった[147]。

　車列は何とか殺気立つ群衆の波を潜り抜け、民権東路、中山北路を直走り、宿泊先となる圓山大飯店へと向かった[148]。圓山の中腹にある純中国式の宮廷を思わせるホテルである。

　圓山大飯店に到着した椎名一行は一室に集まり、スケジュールを確認した。すると、浜田が突然、「おやじさんは特使だから、特使というのは総理大臣の親書

っていうのを持っているんじゃないですか。その中身を教えてくれないと、俺たち、どういう話をしていいかわからない」と言い出した[149]。翌日、メンバー全員が参加する中華民国民意代表・日本国会議員座談会が予定されていたためである。すると、椎名は「親書というのは、総理大臣から蔣介石総統宛の手紙で、こういうものを君らの前で公開するわけにはいかないんだ」と答え、一同を唖然とさせる[150]。

椎名は当然、田中親書の内容を知っていた。だが、それを披露すれば、賛否両論飛び交って収拾できなくなると判断したのである。椎名は「得意の椎名流おとぼけ」で躱し[151]、結論として、それぞれが自由に持論を展開することとなった。

椎名一行は、帰国するまでの間、公務以外は、殆ど宿泊先から出ることはなかった。通常であれば午餐会、晩餐会を催し、そのまま会談続行というケースもあるが、「国府は椎名訪台が全くの時間の浪費であるとの立場に立ち、冷たい歓迎をする」ことを決めていたため[152]、そのような配慮はなく、外の安全が保障できないとして、食事は厳重警備の中、庶民向けの屋台染みた食堂かホテル内のレストランで簡単に済ませる程度であった[153]。

椎名一行は夕刻、台北市日本人商工会議所のメンバーと3時間半に亘って懇談した。彼らは「外交関係が断絶すれば経済・文化関係も切ってくる可能性が極めて大きくなってきている。この場合には不測の事態が起ることも予想され、在留邦人の生命の安全も期せられない状況が現出する可能性がある」とし、実際、「日本人はつめたい。けしからんという空気に変り、日本品不買運動や排日的運動まで起り始めている。これは非常に危険なちょうこうであり、一たん爆発すると大きな破かい力となって収しゅうがつかない状況にもなりかねないので、よく念頭においてほしい」との要望が上がった[154]。

さらに「最悪の事態が生ずるとわれわれがこれまで台湾の人々の中に飛び込み、長年かかって信頼を勝ち取り、経済発展にこうけんして来た努力も水ほうに帰し、また一たん失なわれた信頼感を取りもどすことは不可能」と交々に不安を訴えた[155]。憂慮するのも無理もないが、業を煮やしたのか椎名一行の中には「あなた方は商売をしに来ているのに日本政府への不満めいた話や、あまり自分たちの立場のことばかりを主張すべきはない」と遣り返すという緊張した一幕もあった[156]。

▶**2　相次ぐ会談**

　椎名悦三郎は18日午前9時から1時間55分、副団長の村上勇、秋田大助、宇山厚同席の下、外交部長の沈昌煥と会談した。沈昌煥は一連の日本の対応を批判しながらも、特使受け入れが遅れたのは日本の外務省の不手際、国民党内と台湾の人々の反日感情が原因で、椎名には何の非もないと述べた(157)。これに対して椎名は一言ずつ噛み締めるように丁寧に日本の状況について説明した。

　続いて、総統府にて蔣介石への表敬署名が行われ、そのまま午前11時10分から副総統の厳家淦(げんかかん)との会談に入った。その場には、外交部の政務次長である楊西崑、周彤華、日本側は村上、秋田、宇山、外務省から中江要介が同席した。まず椎名が田中角栄から預かった親書を手渡すと、厳家淦は、これを受け取り「間違いなくおとどけ致します」と述べ、蔣介石に取り次ぐことを承諾した(158)。

　厳家淦は沈昌煥と同様、日中国交正常化の流れに対して極度の憤怒を覚えていると訴え、椎名に日華平和条約をベースに特使として日台間の外交関係を存続するために力を尽くすよう要請した(159)。会談は1時間30分続いた。

　今度は午後3時50分から4時55分までの1時間強に亘って中日文化経済協会の会長である何応欽(かおうきん)と会談した。何応欽は冒頭、椎名に対し「私も閣下も、昔から中日親善をお互いに主張して参りました事は、中日両国の人々のよく知るところです」と、これまでの努力を讃えた(160)。

　しかし、最初は穏やかだった何応欽の口調は徐々にヒートアップしていく。田中が目指す日中国交正常化は「ひどく損害を与える」もので、「中華民国及び人民に対して極めて非友好的な行為」と断じ、「中日（日華）平和条約は中日両国間の戦争状態の終結を処理した条約で、その期限には制限なく」とし、日本は「サンフランシスコ平和条約を結び、この条約に基き中華民国と日本の間に中日平和条約が締結され、中日両国の国会で批准」したのであって、「よって中日平和条約とサンフランシスコ条約は、切っても切れない関係」であり、「サンフランシスコ条約の有効期間中は、如何なる情況の下においても、中日平和条約は有効」と日華平和条約の正当性を主張した(161)。次いで蔣介石の「以徳報怨」(いとくほうえん)を取り上げ、さらに「中共のアジア赤化政策は永遠不変」で、中国大陸の後は日本を赤化することを狙っており、それは周恩来の「悪らつな陰謀詭計（ペテン）」であると警告を発した(162)。そして、自民党日中国交正常化協議会が出した結論の中で「中華民国との深い関係にかんがみ、従来の関係が継続されるよう、十分配慮の

うえ、交渉すべきである」との「従来の関係」に外交関係が入るよう椎名から田中に忠告して欲しいと訴えた(163)。椎名は「何将軍の御高見を田中首相及び大平外相にお伝えして、日本は終始一貫、中華民国に対する友好関係を維持すべきであり、中華民国を犠牲にしてはならぬと思います」と答えた(164)。

午後6時30分、椎名は再び沈昌煥と会談する。急遽、セットされたものだった。この場で椎名は、殆ど発言せず、代わって秋田と村上が交互に日中国交正常化と台湾との外交関係を併存させたいと主張し、沈昌煥にアドバイスを求めた。しかし、沈昌煥の反応は素っ気ないもので会談終了時間の7時35分まで日本を非難し続けた。

この間、顧問団は国際関係研究所を訪問し、研究メンバー13名、中国から逃亡してきた7名の青年代表と懇談した。その際、顧問団を代表して福永一臣が「われわれ議員一同は中華民国にしん近感を持ち日華友好関係の維持を願い、日本と中共との接近をゆう慮するものである」とスピーチし理解を求めたが、最後に「大陸から脱出して来たせい年7名」が「わが国の動きに対しふまん」を訴え、その場は一気に緊迫したムードとなった(165)。

▶3　中華民国民意代表・日本国会議員座談会

椎名悦三郎に同行した顧問団は18日午後2時30分から三軍軍官クラブで開かれた中華民国民意代表・日本国会議員座談会に臨んだ。日本側が23名、台湾側から座長を務める立法院長の倪文亜（げいぶんあ）を筆頭に国民大会代表10名、立法委員11名、監察委員7名、台湾省議会と台北市議会から2名ずつの33名に加え、傍聴人も参加した。

まず倪文亜が開会の辞を述べた。倪文亜は「中共不法集団」との「関係正常化」に「反対する旨を明らかに」した蒋経国、沈昌煥を始めとする「我が政府のこの厳正にして確固たる立場を支持」すると力説した(166)。重苦しく張り詰めた空気が漂う。

そこへ一歩遅れて椎名が会場入りした。スピーチに立とうとする椎名の姿を見て、誰もが通り一辺倒の内容で終わるだろうと予想した(167)。

自己紹介の後、すぐに本題に入り、自民党の日中国交正常化協議会で決せられた基本方針の前文にある「わが国と中華民国との深い関係にかんがみ、従来の関係が継続されるよう、十分配慮のうえ、交渉すべきである」との一文に触れた。

これについて椎名は「相当に含蓄のある文句」であるとしながらも「従来の関係とは外交関係も含めて」と説明し、さらに「其の他のあらゆる関係をともに、従来の通りに、これを維持して行くと、そう云う前提に於て、両国の間の接衝を進めるべきであると、こう云う意味であると云う事が決定した次第であります」と言い切った(168)。これには全員が一瞬、目を白黒させながらも、暫くして歓声と拍手が沸き起こった。

椎名は特別に力を入れるわけでもなく表情も変えずに淡々と語り続けた。駐日台湾大使館政務参事だった林金莖は後に「私たちは質問した。日本と中共が国交正常化した後、中華民国との外交関係は維持されるのか？ 椎名は『継続維持されるだろう』と答えた。私たちは安心し、中共は『1つの中国』を厳格に実行しているが、日本が私たちとの外交関係を維持すれば、中共は日本と国交正常化することは不可能であろうと思った」と述べている(169)。

この意外な一言で、その場は一気に和やかな雰囲気へと変わった。その後、ディスカッションへと移るが、先方も予め用意していた発言内容を変更するわけにもいかず、「中共との国交正常化の推進がもたらす各種の危険性を説明すると共に、タナカ首相訪中そ止、日華平和条約破棄反対、日華外交関係が断絶すれば経済関係も維持し得ない等の訴」えを型通りに行った(170)。

だが、いずれも拍子抜けした迫力のないものだった(171)。日台関係の行く末を案じ、断交のケースを想定して先々のことまで憂いていた松本は、この時、それが単なる取り越し苦労に終わったとして心の底から充足感を覚えていたと述懐している(172)。

▶4 椎名・蔣経国会談

椎名悦三郎と蔣経国との会談は19日午前9時から総統府で行われた。日本側から村上勇、秋田大助、宇山厚、中江要介が、台湾側からは沈昌煥が出席した。公式の会談記録は残されていない。ここでは中江が私的に残した「中江メモ」を頼りに、その内容を見ていく(173)。

椎名は最初に蔣介石の健康状態を気遣って、蔣経国に「蔣介石総統のお加減は如何か」と尋ね、「大事なお体なので、ゆっくり静養され、長生きして頂きたい」と述べた(174)。続いて、日本の報道は正確性に欠けていると指摘した上で本題に入った。

椎名は「小坂会長の『日中国交正常化協議会』というものがあり、その意見に従って処理して行きたいと何度も田中は言明している」とし、「その決議の中の前書きに、特に『中華民国』との関係は深いので、『従来の関係』をそのまま維持することを念頭において、日中正常化の審議に臨むべきであるという表現がある。最後の最後までもめた点で、『従来の関係』とは外交を含めた意味である」と、明確に外交関係と併せて「従来の関係」も継続すると伝えた(175)。勿論、これは田中角栄が決したものではない。自民党としての基本方針である。

蔣経国は苛立ち(いらだち)を隠せない様子で「我が方では大平外相の駐日彭孟緝大使への発言を重視している。それは、『日中国交樹立の暁には「日華平和条約」はなくなってしまう』というもので、これはどういうことか」と追及した(176)。椎名は「彭孟緝大使への発言は詳らかにしていないが、他の会合の機会に大平外相が『論理的に両立しない』ということは言っているように記憶している。『論理的には成り立たない』ということを1つの見解として言ったのではないか」とし、さらに「親しい彭孟緝大使との関係で感想を伝えたということだと思う」と語り、「断交の宣言ではなく、予告でもなく」て、「感想」のレベルであると答えた(177)。

蔣経国は納得しなかった。「親『中華民国』反『共産主義』の日本政府があってこそ共同の立場で日本の発展、アジアの平和を確保しうるという認識である」と主張し、「現在我々は台湾にいるが、これはあくまで大陸を取り戻すまでの基地であり、必ずや大陸を取り戻せると固く信じている。7億の人民は決して共産主義の生活方式を受け入れ得ないと思う。その日のために、日本との友好を保って行きたい」と「大陸反攻」を唱え始めた(178)。大陸反攻を実現するには日本の協力が必要であると訴えたのである。

最後に蔣経国が「万が一にも一方的に日本が『日華平和条約』を破棄するようなことをすると、私は政府を代表し、厳然としてそれによって生ずる一切の責任は日本側が負うべきであり、いかなる困難があろうとも、我々は大陸の同胞を救うために、アジアの平和のために、敢然として我が道を行くし、この権利を守るために、一切の処置を取るだろうことをここに申し上げる」と警鐘を鳴らすと、椎名は「当面の日華問題を通してアジア、世界の全局面を見て、何ら矛盾撞着なくすることは困難だと思うが、誤りなきを期したい」と述べ、併せて、「同時に、特使としての使命であるから、こういう話から当面どうすべきか深く考慮を払って十分田中総理に伝え、誤りなきように期したい」と結んだ(179)。会談は2時間10分にも及んだ。

蔣経国との会談で椎名は「断交」という言葉を１度も発しなかった[180]。この件に関しては松本或彦も、椎名は滞在中、全く「断交」を口にしなかったと証言している[181]。「断交」に言及しないことによって、日本側からではなく、台湾側から「断交」するという方向に持っていこうと目論む日本側の強かさが窺える。
　会談の模様を書き綴った中江は２人の遣り取りを、どう見たのであろうか。中江は「両者とも、嘘をついている」と語る[182]。「従来の関係」も継続すると主張する椎名に対し、蔣経国は大陸反攻を論じる。しかし、いずれも叶うはずがないことは、２人とも百も承知のはずである。
　中江は「相手も、嘘だとわかっていながら、『あなた、嘘でしょう、ほんとうはこうじゃないですか』とは言わないで、『うんうん』うなずきながら聞いて、それで会談は終わった」とし、その様子を「勧進帳」に例えている[183]。中江の言う勧進帳とは歌舞伎十八番の１つである。
　異母兄である源頼朝に追われ、山伏姿で奥州に向かう義経が、加賀国の安宅の関で関守の富樫左衛門に見咎められる。機転を利かせた武蔵坊弁慶が白紙の巻物を勧進帳であるかのように読み上げ、義経を打ち据える。富樫は、それが弁慶の芝居であると知りながら一行を通すというシナリオである。中江は椎名、蔣経国という「２人の役者」が「嘘をつき合いながらもお互いのメンツを立てあった」という「非常に味のある交渉であった」と評している[184]。
　椎名が蔣経国と会談をしている間、顧問団は三軍軍官クラブで９時25分から10時50分まで18名の教育界代表、11時20分から12時20分までは中華民国工商協進会理事長の辜振甫を始め29名の経済界代表との懇談に臨んだ。先方の主張は、どこへ行っても同じである。いずれも激しい非難が飛び交い、それぞれから激烈な抗議文が手交された[185]。
　椎名特使一行の訪台の締め括りとして、椎名と蔣経国との会談終了直後、行政院新聞局長の銭復が声明を発表した。その内容は「日本が日華条約を一方的に破棄した場合に起きる結果については、日本が責任を負うべきである。また国府はその場合、なんらかの行動をとる権利を留保する」という厳しいものであった[186]。
　その後、椎名は総統府で張群と会談し、午後１時から谷正綱が会長を務める中日合作策進委員会による招宴に臨む。この席には張群、さらに何応欽も出席し、招宴と呼ぶに相応しい形式にはなったものの、その強硬な態度に変りはなかった。
　午後４時25分、全行程を終えた椎名一行は台北松山空港を発った。見送りに来たのは亜東太平洋司長の周彤華だけであった。

椎名訪台は、セレモニー的色彩の濃いものではあったが、日本側からすれば、田中訪中、続く日中国交正常化のためには、どうしても踏まなければならない1つの手続きであり、区切りであった。一方、台湾側からすれば、国府に対する事実上の日本による断交通告であり、日本との最後の公式な外交に他ならなかった[187]。

▶5　激怒した周恩来

　椎名悦三郎にとっては最後まで「ただ『忍』の一字」だった[188]。午後9時5分、椎名一行が羽田空港に到着すると、外務省アジア局長の吉田健三が慌てて機内に乗り込んできた。「特使の昨日の台北でのご発言が、北京で問題になっています。実は小坂善太郎先生（自民党日中正常化協議会会長）が現在、北京を訪問中ですが、昨日、夜中に周恩来首相から呼び出されて、椎名特使の台北での発言は、日本政府は2つの中国を認めるということを意味するのではないか、と詰問されたのです。小坂先生は台北での事情を全くご存じないので、それ以上の話にはならなかったのですが、今後、いろいろ問題になってくると思います」とのことだった[189]。

　18日の中華民国民意代表・日本国会議員座談会における椎名の発言を問題視したのである。実は、この日の深夜、折から訪中していた小坂善太郎のところに周恩来から至急の連絡が入った。

　「10人ばかりで駆けつける」と、周恩来は小坂に向かって「台湾に行っている椎名悦三郎特使が日中国交正常化後も日本と台湾の外交は継続される、と述べたそうではないか」と「威儀を正し、怒りをこめて」と問い質した[190]。「訪中前に田中首相はもちろん党の意見もまとめてきた。そんなことは絶対にない」と抗弁するが、周恩来の怒りは収まらない[191]。そこへ同行していた川崎秀二も加勢し、ようやく納得を得たという。

　吉田の指摘に椎名は「君に、そんなことを言われる必要はない」と、珍しく烈火の如く怒り出した[192]。椎名は田中角栄から特使の要請を受けて以来、台湾に行って何をするか自問自答し続けた。だが、結局、政権政党の副総裁として、党議決定通りに説明するしかなかった。

　特に1番のポイントとなる「従来の関係」については、自民党として「わが国と中華民国との深い関係にかんがみ、従来の関係が継続されるよう、十分配慮の

うえ、交渉すべきである」と明確に基本方針を決めている。「従来の関係」には外交関係を除くとは、どこにも書かれていない。椎名が「拠り所とするのは党の決議。これにしたがったまで」だった(193)。

しかし、自らが中国を代表する唯一の正統政府と主張して譲らない「2つの中国」が現存していることを考えれば、双方と外交関係を持つことは、それぞれからすれば到底、容認することはできない。日本が台湾との間で、これまで通り外交関係を継続するとなれば、中国からは当然、クレームが出てくることは予想できた。

椎名は遅かれ早かれ波紋を呼ぶことは折り込み済みだった。吉田から言われなくとも当然、「そんな問題になることは、はじめからわかっていること」でもあった(194)。

翌日、椎名は首相官邸で田中、大平正芳と会った。「日本と中華民国との従来の関係の維持ということには、外交関係を含むということになっていると台湾政府に説明した」と報告すると、2人にとっては「予想外のこと」で「大きな衝撃」を受けた様子だったという(195)。2人は「椎名副総裁の発言はあくまで自民党内の事情を説明したものであり、政府としての正式な意思表明ではない」と弁解するしかなかった(196)。

▶6 蔣介石からの返簡

暫くして、田中角栄が蔣介石に宛てた親書に対する返簡が送付されてきた。当時、蔣介石は肺炎を患い病床にあった。したがって、本人が直々に筆を執ったとは考え難い。原案は4度に亘って推敲されているが、誰の手によるものなのかは不明である(197)。

田中が受け取った親書の現物は現段階では公開されていないが、張群の執筆した『我與日本七十年』(台北：中日關係研究會、1980年) の中に清書版が収録されている。その内容は以下の通りである(198)。

　　角榮總理閣下‥
　　九月一三日惠函奉悉。承示各節，難安緘默，願爲閣下一擔述之。
　　中共之欲赤化亞洲以全世界，乃盡人皆知之事，貴國與中共建交，在經濟上又無近利可期.，不知究何所圖而亟亟於背信絕義引狼揖盜如此？

中日兩國關係密切，自東漢中葉以來，歷兩千年，交往稠疊，誼同兄弟。中國實無絲毫有負於日本。反觀貴國之對中國，遠者元明之際無論矣，卽就近者言，瀋陽事變及八年抗戰，日本所加於中國之創痛不可謂不深，而戰後中華民國對日本之維護，不遺餘力。對日本之友誼不可謂不篤，對日本之信任，不可謂不堅。親仁善鄰，春秋之義。本人關懷日本，與人爲善，五十年如一日，無他，視貴國如弟昆，求兩國之共榮而巳。若貴國竟與壓迫中國大陸人民之暴力政權建交，是與中國全體人民爲敵，竊爲貴國不取也。爰不區區，唯閣下實利圖之！　蔣中正啓。

以下は張群が日本で出版した『日華・風雲の70年：張群外交秘録』（サンケイ出版、1980年）に掲載されている日本語訳である(199)。

　　角栄総理閣下。
　　九月十三日付の書簡、拝見しました。いろいろと、お示しいただきましたが、黙することはできず、率直に申し上げます。
　　中共がアジアから世界全体の赤化を欲していることは、すべての人々が熟知しており、貴国が中共と国交を樹立しても、経済的にも期待できる近利はありません。何を期するところがあって、こうも慌しく、信に背き、義を絶ち、狼を部屋に引き入れ、盗賊に礼遇するようなことをなさるのでしょうか。
　　日中両国の関係は密接で、東漢の中期以来、二千年にわたって、交往を積み重ね、兄弟同様のよしみをつづけました。中国が日本に負うものはいささかたりともありません。それに反し、貴国が中国に負うものは、遠く元、明の時代のことは言わないにしても、近くは瀋陽事変（満州事変）から、それに続く八年間の抗戦など、日本が中国に与えた傷と痛みは、深くなかったとはいえません。しかも戦後、中華民国は、日本の維護に力を惜しみませんでした。日本に対する友誼は篤くなかったとはいえず、また日本に対する信任も堅くなかったとはいえないのです。仁に親しみ、隣を善くするのは、春秋（歴史）の義です。私の日本に対する心づかいは、人と善をなすこと、五十年一日の如くでした。貴国を弟のように思い、両国の共栄だけを求めたのです。貴国が中国大陸の人民を圧迫している暴力政権と建交するならば、それは中国全体の人民を敵とすることにほかなりません。私は貴国はそのようなことをしないとひそかに思っています。閣下の実利を思うあまり、心の中のあれこれを申し上げます。　蔣中正啓

第4章 椎名特使派遣における日台間の駆け引き　177

　その文体は荒々しく、瞋恚(しんい)の炎を燃え立たせる蒋介石の怒りが滲み出ている。日中国交正常化の断念に向けた最後の望みを、この返信に賭けたのであろう(200)。だが、そんな蒋介石の願いは田中には届かなかった。

注

(1) 中江要介、『らしくない大使のお話』、読売新聞社、1993年、53頁。「日中関係正常化にあたって本当に難しいのは、それまで友好理に発展していた日台関係の処理の方である」という意味である（同上）。
(2) 「中華民國外交部新聞稿：中華民國六十一年七月二十日第一六二號」、『中日斷交後重要交渉事項』第1冊、中央研究院近代史研究所檔案館、館藏號 11-01-02-10-01-013、舊檔號 012/0010、影像編號 11-EAP-00868。
(3) 自由民主党編、『自由民主党党史：証言・写真編』、自由民主党、1987年、230頁。
(4) 「読売新聞」、1972年7月14日朝刊。
(5) 「月刊・自由民主」編集部、『自民党政権の30年：日本の進路を決めた男たち』、太陽企画出版、1986年、222頁。
(6) 椎名悦三郎追悼録刊行会、『記録椎名悦三郎』下巻、椎名悦三郎追悼録刊行会、1982年、141頁。
(7) 同上書、223頁。
(8) 同上。
(9) 賀屋興宣、『戦前・戦後80年』、浪曼、1972年、339頁。
(10) 同上書、331頁。
(11) 自由民主党広報委員会出版局編、『秘録・戦後政治の実像：自民党首脳の証言で綴る風雲の30年』、永田書房、1976年、349頁。
(12) 早坂茂三、『政治家田中角栄』、中央公論社、1987年、377頁。
(13) 「月刊・自由民主」編集部、前掲書、224頁。
(14) 同上書、225頁。
(15) 早坂茂三、前掲書、378頁。
(16) 田川は、この日の日記に「これまで過去10回にわたる訪中は、いずれも香港経由で出かけ、どんなに急いでも30時間前後かかったことを思うと、感慨無量である」と綴っている（田川誠一、『日中交渉秘録：田川日記・14年の証言』、毎日新聞社、1973年、356頁）。
(17) 中共中央文献研究室編、『周恩来年譜：1949-1976』下巻、北京：中央文献出版社、1997年、550頁。
(18) 北京に着くなり中日友好協会の会長である廖承志と会談した。小坂が率直に「台湾との断交は、終戦に際し、『怨に報いるに徳を以ってする』と言われた蒋介石総統に対する忘恩の徒である、という意見があって非常に苦労した。しかし、中国は1つだ」と伝えると、廖承志は翌日、「蒋介石のことを総統とは何事か」と激しい剣幕で怒鳴ったという（小坂善太郎、『議員外交40年：私の履歴書』、日本経済新聞社、1994年、87頁）。
(20) 江明武主編、『周恩来生平全記録：1898〜1976』下巻、北京：中央文献出版社、2004年、919頁。
(21) 同上。
(22) 楊正光主編、張暄編著『当代中日関係四十年』、北京：時事出版社、1993年、311頁。
(23) Qingxin K. Wang, *Hegemonic Cooperation and Conflict: Postwar Japan's China Policy and the United States*, Greenwood Pub Group, 2000, p.166.
(24) 「朝日新聞」、1972年9月1日朝刊。

(25) 同上。
(26) 毎日新聞社政治部編、『転換期の「安保」』、毎日新聞社、1979年、203頁。
(27) 柳田邦男、『日本は燃えているか』、講談社、1983年、291-292頁。
(28) 「日米首脳会談（第1回会談）」（1972年8月31日）、情報公開法に基づく外務省の保有する行政文書、外務省大臣官房総務課外交記録・情報公開室、開示請求番号 2016-00003。
(29) 同上。
(30) 逆に、それを慮ってかニクソンは「劇的、かつ突然に行なわれたことは、米国の国内世論に対する最大限の効果を狙ったもの」で、「これがアジアの指導者としての日本の自負を著しく傷つけた」と釈明した（「アメリカ局北米第1課『日米首脳会談:背景、成果及び今後の展望』」（1972年10月4日）、『田中総理米国訪問関係（1972.8）会談関係』、管理番号 0102-2001-01497、分類番号 A'.1.5.2.24-1)。
(31) 牛場信彦、『外交の瞬間：私の履歴書』日本経済新聞社、1984年、137頁。
(32) 「第1回合同会議」（1972年8月31日）、情報公開法に基づく外務省の保有する行政文書、外務省大臣官房総務課外交記録・情報公開室、開示請求番号 2016-00003。
(33) 毎日新聞社政治部編、前掲書、208頁。
(34) 「日米首脳会談（第2回会談）」（1972年9月1日）、情報公開法に基づく外務省の保有する行政文書、外務省大臣官房総務課外交記録・情報公開室、開示請求番号 2016-00003。
(35) 同上。
(36) 同上。
(37) 「ニューヨーク・タイムズ」は田中を「独立独歩の実業家」と呼び、ニクソンの主張、態度と似通っていると評した（*The New York Times*, September 3, 1972）。
(38) 大平正芳回想録刊行会編、『大平正芳回想録：伝記編』、大平正芳回想録刊行会、1983年、330頁。
(39) 当時、椎名は自民党における大物ではあったものの無役だったため、田中は総裁の次席ポストである副総裁に当てることで台湾側の面子を立てようとしたのであった（松本彧彦へのインタビューによる〈第1回:2008年5月23日、松本事務所において〉）。
(40) 椎名悦三郎追悼録刊行会編、前掲書、155頁。
(41) 同右書、157頁。
(42) 『朝日新聞』、1972年9月11日朝刊。
(43) 小枝義人、「風雪素描第16回:椎名悦三郎」、『自由民主』2015年3月10日号、自由民主党、2015年、8頁。
(44) 後藤は1898年3月、第4代台湾総督の児玉源太郎の知遇を得て総督府民政局長（民政長官）となり、南満洲鉄道初代総裁に就任するまでの9年間、未開だった台湾の近代化のために努めた。椎名は東京帝国大学入学と同時に、後藤の実姉である初瀬（初勢）の婚家たる椎名家に養子入りした。
(45) 「中央日報」（台湾）、1972年8月21日。
(46) 「中華日報」（台湾）、1972年8月19日。
(47) 「極秘件：沈部長九月六日向中常會提出有關日本政府擬派特使訪華之報告稿 1. 日政府醞釀派遣特使訪華」（1972年9月2日）、『中日斷交後重要交渉事項』第2冊、中央研究院近代史研究所檔案館、館藏號 11-01-02-10-01-014、舊檔號 012/0011、影像編號 11-EAP-00869。
(48) 申子佳、張覺明、鄭美倫、『辜振甫傳：辜振甫的戯夢人生』、台北：書華出版事業、1994年、16-18頁。
(49) 辜寬敏口述、張炎憲、曾秋美採訪整理、『逆風蒼鷹：辜寬敏的臺獨人生』、台北:吳三連臺灣史料基金會、2015年、121-122頁。
(50) 同上書、122頁。
(51) 同上書、123頁。
(52) 同上書、124頁。
(53) 田村重信、豊島典雄、小枝義人、『日華断交と日中国交正常化』、南窓社、2000年、232頁。

(54) 松本彧彦、『台湾海峡の懸け橋に:いま明かす日台断交秘話』、見聞ブックス、1996年、126頁。
(55) 「アジア局長『大平大臣-彭大使会談』」（1972年8月16日）、「台湾の反響」、「日・台政治関係（日中国交正常化の反響）」、外務省外交史料館、管理番号2011-0715、分類番号SA.1.2.2。
(56) 「香港時報」（香港）、1972年9月10日。
(57) 「中華民國外交部新聞稿:中華民國六十一年八月八日」（1972年8月8日）、『中日断交後重要交渉事項』第1冊、中央研究院近代史研究所檔案館、館藏號11-01-02-10-01-013、舊檔號012/0010、影像編號11-EAP-00868。
(58) 松本は、この頃、日本外交の基軸として日米関係と同時に善隣外交を推進しようとしていた佐藤栄作からの依頼を受け、自民党青年局の青年部長である小渕恵三を会長に、松本と同じく青年局を担当していた小安英峯を理事長、自らは事務局長となって「日華青年親善協会」を発足させ、台湾との友好親善に取り組んでいた（松本へのインタビューによる）。
(59) 松本彧彦、前掲書、130-132頁。
(60) 同上書、130頁。
(61) 同上。
(62) 同上書、130-131頁。
(63) 同上書、134頁。
(64) 同上。
(65) 松本へのインタビューによる。
(66) 「極秘件:沈部長九月六日向中常會提出有關日本政府擬派特使訪華之報告稿1.日政府醞釀派遣特使訪華」（1972年9月2日）、『中日断交後重要交渉事項』第2冊、中央研究院近代史研究所檔案館、館藏號11-01-02-10-01-014、舊檔號012/0011、影像編號11-EAP-00869。
(67) 松本へのインタビューによる。
(68) 中国青年反共救国団は2000年10月に「反共」を削除し「中国青年救国団」と改名した（「聯合報」（台湾）、2000年10月29日）。
(69) 松本彧彦、前掲書、139頁。
(70) 同上書、141頁。張群が応諾した理由について松本は「ずっと謎」だったが、それから30年以上を経て、中国青年反共救国団の副主任を務めていた元行政院長の李煥から当時のエピソードを聞いて、ようやく「その謎が解けた」と語っている（「公開シンポジウム『戦後史の中の日台関係』を開催」、『フォルモサ歴史文化研究会ニュースレター』第3号、フォルモサ歴史文化研究会、2011年、2頁）。李煥によると、中国青年反共救国団の「宋時選執行長が李煥元副主任に、李煥元副主任が蔣経国行政院長に、そして蔣経国行政院長が張群秘書長に、青年交流に取り組んでいる日本の若者に会って彼の話を聞いてあげてほしいと口添えをしてくれた」のだという（同上）。
(71) 近代日本史料研究会編、『松本彧彦オーラルヒストリー』、近代日本史料研究会、2008年、32頁。
(72) 松本へのインタビューによる。
(73) 同上。
(74) 近代日本史料研究会編、前掲書、32頁。
(75) 「中華民國外交部新聞稿:中華民國六十一年九月十三日第一九四號」（1972年9月13日）、『中日断交後重要交渉事項』第3冊、中央研究院近代史研究所檔案館、館藏號11-01-02-10-01-015、舊檔號012/0012、影像編號11-EAP-00870。
(76) 松本彧彦、前掲書、150頁。
(77) 同上。
(78) 同上。
(79) 松本へのインタビューによる。
(80) 玉置和郎記録集編纂委員会、『政党政治家玉置和郎』、学習研究社、1988年、91頁。

(81)　同上書、91-92 頁。
(82)　「伊藤臨時代理大使発外務大臣宛電信:日中正常化問題（要人内話）第 382 号」（1972 年 9 月 6 日）、「国府・国府系華僑」、『日中国交正常化（諸外国の反応）』、外務省外交史料館、管理番号 2011-0711、分類番号 SA.1.2.2。
(83)　水野清、「秘話でつづる激動の日中現代史:佐藤栄作に『国交回復』を迫った日々」、『月刊現代』1992 年 11 月号、講談社、1992 年、136-138 頁。
(84)　同上書、138 頁。
(85)　服部龍二、『日中国交正常化:田中角栄、大平正芳、官僚たちの挑戦』、中央公論新社、2011 年、98-100 頁。
(86)　松本へのインタビューによる〈第2回：2016 年 4 月 11 日、セルリアンタワー東急ホテルにおいて〉。
(87)　柯振華へのインタビューによる〈2016 年 5 月 18 日、台北王朝大酒店において〉。
(88)　服部のインタビューの中で、「椎名派だったけれども、椎名さんとは親しくなかった」という水野は、「あなたは椎名派だし、それで結構です」との柯振華からの要請を受けて訪台したと述べている。しかし、1987 年 11 月、自民党立党 30 周年に当たって刊行された『自由民主党党史：証言・写真編』（自由民主党、1987 年）では、「中華民国側が特使を受け付けなかったので、椎名さんは苦境に立った。当時私は椎名派だったので、よく椎名先生にお会いしたが、大変困っておられた。椎名先生は日中国交正常化問題についてはかなり批判的でもあったが、副総裁という立場から、反対もできなかった。私にすれば、椎名さんも気の毒だったし、大平さんにも何とかしてあげたいと思っていたので、私なりに協力を考えた。たまたま私は、中華民国の駐日大使館の外交官に親しい人がいたので、その人を通じて何とか特使を受け入れてくれるよう頼む事にしたが、その人はちょうど台北へ帰っていたので、後を追うかたちで台湾へ行った」と述べており、「椎名さんとは親しくなかった」と言いながら、ここでは自ら椎名への協力を買って出た上、しかも自分の判断で訪台したと証言している（自由民主党編、『自由民主党党史：証言・写真編』、自由民主党、1987 年、238 頁）。
(89)　田村重信、豊島典雄、小枝義人、前掲書、233 頁。
(90)　「速擬辦法以解決臺北地區防洪問題：民國六十一年八月二十四日主持行政院第一二八七次院會指示」、蔣經國先生全集編輯委員會、『蔣經國先生全集』第 17 冊、台北：行政院新聞局、1991 年、396 頁。
(91)　「集中力量迎接挑戰：民國六十一年八月三十一日主持行政院第一二八八次院會指示」、蔣經國先生全集編輯委員會、『蔣經國先生全集』第 17 冊、台北：行政院新聞局、1991 年、400-401 頁。
(92)　「部長在立法院第五十會期中報告大綱：7. 政府對策」（日付未記入）、『中日斷交後重要交涉事項』第 1 冊、中央研究院近代史研究所檔案館、館藏號 11-01-02-10-01-013、舊檔號 012/0010、影像編號 11-EAP-00868。
(93)　「本部日本問題工作小組會議記錄」（1972 年 8 月 11 日）、『中日斷交後重要交涉事項』第 1 冊、中央研究院近代史研究所檔案館、館藏號 11-01-02-10-01-013、舊檔號 012/0010、影像編號 11-EAP-00868。
(94)　「據在日本方面同志九月六日報告：日本最近重要敵情」（1972 年 9 月 9 日）、『中日斷交後重要交涉事項』第 2 冊、中央研究院近代史研究所檔案館、館藏號 11-01-02-10-01-014、舊檔號 012/0011、影像編號 11-EAP-00869。
(95)　「昌煥部長吾兄勛鋻」（1972 年 9 月 23 日）、『中日斷交後重要交涉事項』第 3 冊、中央研究院近代史研究所檔案館、館藏號 11-01-02-10-01-015、舊檔號 012/0012、影像編號 11-EAP-00870。
(96)　梁肅戎口述、劉鳳翰、何智霖訪問、何智霖紀錄整理、『梁肅戎先生訪談錄：口述歷史叢書（7）』、台北：國史館、1995 年、166 頁。
(97)　同上。
(98)　衛藤瀋吉、『日本宰相列伝（22）：佐藤栄作』、時事通信、1987 年、251-254 頁。
(99)　「衛藤瀋吉発梁肅戎先生宛書簡」（1972 年 8 月 8 日）、『中日斷交後重要交涉事項』第 2 冊、中央研究院近代史研究所檔案館、館藏號 11-01-02-10-01-014、舊檔號 012/0011、影像編號 11-EAP-00869。
(100)　桑原寿二、林三郎、漆山成美、中村菊男、柴田穂、前田寿夫、小谷秀二郎、入江通雅、『中国の現実と日

本の国益』、自由社、1971 年、175 頁。
(101) 同上書、174 頁。小谷は蔣経国の伝記を執筆するほど台湾に傾倒した。その「あとがき」によれば、小谷は「日本が中華民国を切り捨て、中共政権を承認しようとする動きを見せ始めた頃」から、「一種の危機感とでも言うべき感情の高まり」が芽生え、「第2次世界大戦の終熄時における蔣ㄹ総統の『以徳報怨』政策に対し、その後の日本政府が、あまりにもあっけなく『以怨報徳』的政策転換をやってのけたこと」に怒りを覚えたという（小谷豪治郎、『蔣経国傳：現代中国 80 年史の証言』、プレジデント社、1990 年、313 頁）。
それ故、「日本政府の対中国政策にあくまで反対であることと、イデオロギー的な潔癖性を行動によって示すために、自らを中華民国との友好関係を意識的に維持発展させようとする、マイノリティー・グループに身を置き、それに属することに誇りすら持ってきた」と述べている（同上書、314 頁）。
(102) 「小谷秀二郎教授六十一年八月廿六日梁委員肅戎函」（1972 年8月 26 日）、『中日断交後重要交渉事項』第2冊、中央研究院近代史研究所檔案館、館藏號 11-01-02-10-01-014、舊檔號 012/0011、影像編號 11-EAP-00869。
(103) 愛知和男への電話インタビューによる〈第1回：2016 年5月 25 日〉。
(104) 小谷は断交後の 1973 年4月、中国哲学の碩学である宇野精一を会長に自らは小説家の藤島泰輔と一緒に専務理事となり、「日華民族文化協会」を立ち上げ、台湾との交流事業に取り組んだ。ただ、事業実施に当たって外務省は「われ関せず的態度をとり」続け、「単に傍観者的立場をとるならば、まだ許せる」ものの、時に「一種の妨害工作と受けとめられても仕方のない」ことをしたと回想している（小谷秀二郎、『日本・韓国・台湾』、浪曼、1974 年、51-52 頁）。
(105) 「據在日本方面同志九月四日報告」（1972 年9月6日）、『中日断交後重要交渉事項』第2冊、中央研究院近代史研究所檔案館、館藏號 11-01-02-10-01-014、舊檔號 012/0011、影像編號 11-EAP-00869。
(106) 同上。
(107) 当時、「台湾ロビー」と称される日本人のジャーナリストや評論家が頻繁に台湾へ赴き、日本における中国問題の動向に関する情報提供をしていた。恐らく彼ら台湾ロビーは情報提供によって台湾側から金銭授受や飲食接待を受けていたと思われる。「あるジャーナリスト」は「日本の外務大臣大平正芳及びその周辺人物に接触」して得た日中国交正常化協議会の動向、台湾問題に対する日本側の対応、断交後の日台関係といった「日匪関係正常化に関する現況」を外交部に報告している（「中央委員會大陸工作會情報第 2756 號：日匪接觸最近動向」（1972 年8月 24 日）、『中日断交後重要交渉事項』第2冊、中央研究院近代史研究所檔案館、館藏號 11-01-02-10-01-014、舊檔號 012/0011、影像編號 11-EAP-00869）。
(108) 「田中総理の蔣介石総統宛親書（案）」（年月日未記入）、情報公開法に基づく外務省の保有する行政文書、外務省大臣官房総務課外交記録・情報公開室、開示請求番号 2016-00005。
(109) 台湾日本研究学会編、『「台湾日本歴史文化座談会台日断交 30 年回顧と展望」会議記録』、台湾日本研究学会、2003 年、66 頁。
(110) 石井明、朱建栄、添谷芳秀、林暁光編、『記録と考証:日中国交正常化・日中平和友好条約締結交渉』、岩波書店、2003 年、229 頁。
(111) 同上書、229-230 頁。
(112) 同上書、230 頁。
(113) 同上。
(114) 同上。
(115) 「宏池」は中国後漢中期の儒学の碩学で知られる馬融が著した『廣成頌』に登場する「高岡の樹に臥し、以って宏池に臨む」から引用したものである。
(116) 台湾日本研究学会編、前掲書、66 頁。
(117) 椎名悦三郎追悼録刊行会編、前掲書、175 頁。
(118) 「蔣介石總統閣下鈞鑒」（1972 年9月 13 日）、『中日断交後重要交渉事項』第3冊、中央研究院近代史研

究所檔案館、館藏號 11-01-02-10-01-015、舊檔號 012/0012、影像編號 11-EAP-00870。
(119) この日の午後3時から首相官邸において、田中、大平、椎名による協議が行われ、正式に蔣介石宛の親書を椎名が携行することが決定した（「朝日新聞」、1972年9月14日朝刊）。
(120)「蔣介石總統閣下鈞鑒」（1972年9月13日）、『中日斷交後重要交渉事項』第3冊、中央研究院近代史研究所檔案館、館藏號 11-01-02-10-01-015、舊檔號 012/0012、影像編號 11-EAP-00870。
(121) 石井明、朱建栄、添谷芳秀、林暁光編、前掲書、230-231頁。
(122)「椎名特派大使一行名簿」（年月日未記入）、『椎名特使台湾訪問（1972年9月）』、外務省外交史料館、歴史資料としての価値が認められる開示文書（写し）、整理番号 01-1933-2。公表されている名簿では七海と若山の名前、役職の一部が黒塗りとなっている。頭山は玄洋社を創設した頭山満の三男である秀三の長男で政治運動家、小渕は衆議院議員で自民党青年局青年部長である小渕恵三の叔父、田口は警視、横瀬は警部で警備係として随行した。
(123) 中江要介、前掲書、54頁。
(124) 椎名悦三郎追悼録刊行会、前掲書、166-167頁。
(125)「宇山大使発外務大臣宛電信：椎名特使一行の滞華日程等第903号」（1972年9月21日）、『椎名特使台湾訪問（1972年9月）』、外務省外交史料館、歴史資料としての価値が認められる開示文書（写し）、整理番号 01-1933-11）。日本側の期待とは裏腹に、蔣介石との面会は最初から予定には組み込まれなかった。日本側は当初、椎名と蔣介石の会談は当然のこととして行われるものと考えていたようである。実際、最終日に開催されるであろう台湾側の招宴における椎名のスピーチの原案まで用意し、その冒頭において蔣介石の名前を挙げ、「高まいなる御意見と日本の将来をおもんばかってのしたしき友人としてのあたたかい御ちゅう告をいただき、かつかく意のない意見の交換ができましたことをちゅう心よりよろこんでおります。私は、日本に帰りましたならば、早速タナカ総理、大平外相その他関係者にみな様の意のあるところを十分に伝えたいと考えます。私は、タナカ総理はじめ日本政府と致しましては私がうかがいましたみな様の御意見を十分にわきまえた上で、日中国交正常化交渉に臨むものと信じております」と書かれている（「宇山大使発外務大臣宛電信：政府特使招えんにおけるえん説第407号」（1972年9月13日）、情報公開法に基づく外務省の保有する行政文書、外務省大臣官房総務課外交記録・情報公開室、開示請求番号 2016-00008）。だが、結局、立ち消えとなり、この原案も幻と化す。
(126) 椎名悦三郎追悼録刊行会、前掲書、192頁。
(127) 同上。
(128)「戦後史開封」取材班、『戦後史開封』（2）、産経新聞ニュースサービス、1995年、98-99頁。
(129) 椎名悦三郎追悼録刊行会編、前掲書、162頁。
(130)「宇山大使発外務大臣宛電信：特使の空港ステートメント第415号」（1972年9月14日）、情報公開法に基づく外務省の保有する行政文書、外務省大臣官房総務課外交記録・情報公開室、開示請求番号 2016-00008。
(131) 同上。
(132)「宇山大使発外務大臣宛電信：シイナ特使の空港ステートメント第424号」（1972年9月15日）、情報公開法に基づく外務省の保有する行政文書、外務省大臣官房総務課外交記録・情報公開室、開示請求番号 2016-00008。
(133)「宇山大使発外務大臣宛電信：シイナ特使の空港ステートメント第425号（往電第424号に関し）」（1972年9月15日）、情報公開法に基づく外務省の保有する行政文書、外務省大臣官房総務課外交記録・情報公開室、開示請求番号 2016-00008。
(134) 蔣介石口述、西内雅解題、『国民新聞シリーズ第4集：敵か?友か?』、国民新聞社、1972年、11-12頁。
(135)「宇山大使発外務大臣宛電信：シイナ特使の空港ステートメント第424号」（1972年9月15日）、情報公開法に基づく外務省の保有する行政文書、外務省大臣官房総務課外交記録・情報公開室、開示請求番号 2016-00008。

(136) 椎名悦三郎追悼録刊行会編、前掲書、167 頁。
(137) 同上書、167-168 頁。
(138) 同上書、168 頁。
(139) 「サンケイ」、1972 年 9 月 17 日。
(140) 松本彧彦、前掲書、156 頁。
(141) South China Morning Post, September 18, 1972.
(142) 「極祕件:沈部長九月六日向中常會提出有關日本政府擬派特使訪華之報告稿5. 我擬採取之準備措施」（1972 年 9 月 2 日）、『中日斷交後重要交渉事項』第 2 冊、中央研究院近代史研究所檔案館、館藏號 11-01-02-10-01-014、舊檔號 012/0011、影像編號 11-EAP-00869。
(143) 「宇山大使発外務大臣宛電信:特使派遣（到着）第 443 号」（1972 年 9 月 17 日）、『椎名特使台湾訪問（1972 年 9 月）』、外務省外交史料館、歴史資料としての価値が認められる開示文書（写し）、整理番号 01-1933-12。
(144) 同上。しかしながら、柯振華によると、これは「官製デモ」というよりも日本側を脅すための言わば芝居に近く参加者全員が手加減しており、物を投げる、車列を襲うタイミングは警備係が目で合図しながら指示を出していたという（柯振華へのインタビューによる）。
(145) 「読売新聞」、1972 年 9 月 18 日朝刊。
(146) 「朝日新聞」、1972 年 9 月 18 日朝刊。
(147) 当時、駐高雄日本総領事館の副領事だった蒔田恭雄は、この日、抗議の電話が殺到し、中には爆破予告まであり、さらに日本映画を上映していた映画館では何者かがスクリーンをナイフで切り裂くという事件が発生したと回想している。しかも、断交翌日には自宅マンションの駐車場に止めてある愛車に1メートルほどのコイン傷が入っていたという（蒔田恭雄へのインタビューによる〈2013 年 6 月 13 日、高雄福華飯店において〉）。
(148) 夜、沈昌煥から宇山に「シイナ特使一行に対し深いちん謝の意を伝達していただきたく今後かかることのないよう一層警備を厳にする」との連絡があった（「宇山大使発外務大臣宛電信:特使派遣第 444 号」（1972 年 9 月 17 日）、『椎名特使台湾訪問（1972 年 9 月）』、外務省外交史料館、歴史資料としての価値が認められる開示文書（写し）、整理番号 01-1933-12）。
(149) 近代日本史料研究会編、前掲書、35 頁。
(150) 同上。
(151) 松本彧彦、前掲書、160 頁。
(152) Hong Kong Standard, September 16, 1972.
(153) 台湾の国家安全局、台湾省警備総司令部は「公式スケジュールの警かいには万全を期すが、国会議員、記者等が個別に（私的に）行動することはできればつつしんでほしい。やむなく行動する時は事前に通知をもらえればそれに応じた措置をとりたい。この点のてい方を願いたい」と事前に忠告している（「宇山大使発外務大臣宛電信:特使派遣（警護警かい）第 431 号」（1972 年 9 月 15 日）、『椎名特使台湾訪問（1972 年 9 月）』、外務省外交史料館、歴史資料としての価値が認められる開示文書（写し）、整理番号 01-1933-6）。
(154) 「宇山大使発外務大臣宛電信:特使と在留邦人とのこん談第 447 号」（1972 年 9 月 18 日）、『椎名特使台湾訪問（1972 年 9 月）』、外務省外交史料館、歴史資料としての価値が認められる開示文書（写し）、整理番号 01-1933-13。
(155) 同上。
(156) 松本彧彦、前掲書、161 頁。
(157) 「極極祕:外交部沈部長接見日本政府特使椎名悦三郎談話記録（1）」（1972 年 9 月 18 日）、『中日斷交後重要交渉事項』第 3 冊、中央研究院近代史研究所檔案館、館藏號 11-01-02-10-01-015、舊檔號 012/0012。
(158) 「宇山大使発外務大臣宛電信:総理しん書手交第 446 号」（1972 年 9 月 18 日）、『椎名特使台湾訪問（1972 年 9 月）』、外務省外交史料館、歴史資料としての価値が認められる開示文書（写し）、整理番号 01-1933-14。

(159)「中央日報」(台湾)、1972年9月19日。
(160)「宇山大使発外務大臣宛電信:椎名特使訪台 (何応欽将軍発言要旨送付) 第905号」(1972年9月21日)、『椎名特使台湾訪問 (1972年9月)』、外務省外交史料館、歴史資料としての価値が認められる開示文書 (写し)、整理番号01-1933-16。
(161) 同上。
(162) 同上。
(163) 同上。
(164) 何応欽、『中日関係と世界の前途』、台北:正中書局、1974年、60-69頁。
(165)「宇山大使発外務大臣宛電信:特使同行議員団関係行事 (報告) 第451号」(1972年9月19日)、『椎名特使台湾訪問 (1972年9月)』、外務省外交史料館、歴史資料としての価値が認められる開示文書 (写し)、整理番号01-1933-18。
(166) 中華民國民意代表・日本國會議員座談會祕書組編、『中華民國民意代表・日本國會議員座談會議録』、中華民國民意代表・日本國會議員座談會祕書組、1972年、8頁。
(167) 松本へのインタビューによる〈第2回〉。
(168) 中華民國民意代表・日本國會議員座談會祕書組編、前掲書、11頁。
(169) 黄自進訪問、簡佳賛紀録、『林金莖先生訪問紀録:中央研究院近代史研究所口述歴史叢書 (82)』、台北:中央研究院近代史研究所、2003年、80頁。
(170)「宇山大使発外務大臣宛電信:特使同行議員団関係行事 (報告) 第451号」(1972年9月18日)、『椎名特使台湾訪問 (1972年9月)』、外務省外交史料館、歴史資料としての価値が認められる開示文書 (写し)、整理番号01-1933-18。
(171) 松本へのインタビューによる〈第2回〉。
(172) 同上。
(173) 中江メモは原本と浄書本の2種類が存在する。原本は宿泊先である圓山大飯店の客室用レター用紙を凡そ縦18cm、横13.2cmに裁断したもので1枚の白紙を含め6枚あり、これに中江が青インクのボールペンで会談模様を記録した。その内容は通訳として同席していた駐台日本大使館2等書記官の駒正春二による逐語翻訳を走り書きしたもので、文字や記号は本人でなければ理解できないものが複数ある。それから四半世紀以上が経ち、中江は、このメモを講演用に補足説明や解説を加えながらワープロ印字版にし、さらにワープロ印字版をベースに印刷された活版、中京大学社会科学研究所の『社会科学研究』第24巻第1号への収録用を作成した。したがって中江メモは原本含め4点が存在する。ここで取り上げるのは『社会科学研究』第24第1号である。
(174) 中江要介、「椎名悦三郎・蒋経国会談記録:『中江メモ』」、『社会科学研究』第24巻第1号、中京大学社会科学研究所、2003年、70頁。
(175) 同上書、72頁。
(176) 同上書、73頁。
(177) 同上。
(178) 同上書、74-75頁。
(179) 同上書、75-76頁。
(180) 高橋政陽、若山樹一郎、「当事者が明らかにした30年目の新事実:『日中』か『日台』かで揺れた日本外交」、『中央公論』2003年4月号、中央公論新社、2003年、67頁。
(181) 松本へのインタビューによる〈第2回〉。
(182) 中江要介、『日中外交の証言』、蒼天社出版、2008年、108頁。
(183) 同上書、110頁。
(184) 同上書、111-112頁。
(185)「宇山大使発外務大臣宛電信:特使同行議員団関係行事 (報告) 第451号」(1971年9月18日)、『椎名

特使台湾訪問（1972年9月）」、外務省外交史料館、歴史資料としての価値が認められる開示文書（写し）、整理番号01-1933-18。
(186)「朝日新聞」、1972年9月19日夕刊。
(187) 滞在中、個人、団体から合計103通にも及ぶ抗議文が椎名一行に対し手交、あるいは郵送で届けられた。その内容は「これまでに発表された当国政府の声明文、ないしは当地紙社説の論ずる域を出ないが、いずれも真面目なもの」だった（「宇山大使発外務大臣宛電信：日中国交正常化問題（抗議書送付）第906号」（1972年9月21日）、『椎名特使台湾訪問（1972年9月）」、外務省外交史料館、歴史資料としての価値が認められる開示文書（写し）、整理番号01-1933-23）。
(188) 椎名悦三郎追悼録刊行会編、前掲書、191頁。
(189) 松本彧彦、前掲書、181頁。
(190) 小坂善太郎、前掲書、87-88頁。
(191) 同上書、88頁。小坂訪中団のメンバーの1人に、銀幕の大スター「李香蘭」で一世を風靡した山口淑子がいた。山口は周恩来の「機嫌を取るために数曲歌い、一生懸命サービスした」という（中江要介著、若月秀和、神田豊隆、楠綾子、中島琢磨、昇亜美子、服部龍二編、『アジア外交動と静：元中国大使中江要介オーラルヒストリー』、蒼天社出版、2010年、145頁）。
(192) 松本彧彦、前掲書、182頁。
(193) 中江要介、『残された社会主義大国：中国の行方』、KKベストセラーズ、1991年、34頁。
(194) 田村重信、豊島典雄、小枝義人、前掲書、76頁。
(195) 服部龍二、前掲書、123頁。
(196)「読売新聞」、1972年9月21日朝刊。
(197)「總統復日本田中總理函初稿」（年月日未記入）、『中日斷交後重要交渉事項』第3冊、中央研究院近代史研究所檔案館、館藏號11-01-02-10-01-015、舊檔號012/0012、影像編號11-EAP-00870）。中央研究院近代史研究所檔案館には「總統復日本田中總理函初稿」が全部で4種類残されている。「初稿」が1種類、「初稿（一）」が2種類、「初稿（二）」が1種類、このうち「初稿」と「初稿（一）」の1つは宛名が「角榮總理閣下」ではなく「田中總理閣下」となっている。
(198) 張群、『我與日本七十年』、台北：中日關係研究會、1980年、265-266頁。
(199) 張群、古屋奎二訳、『日華・風雲の70年：張群外交秘録』、サンケイ出版、1980年、279-280頁。
(200) 服部龍二、前掲書、125頁。

第5章

田中訪中と
日中国交正常化

第1節　訪中前夜

▶1　一命を賭す覚悟

　田中角栄は内閣発足から僅か2ヵ月足らずで、日中国交正常化の準備を整えた。1972年9月21日には訪中日程を25日から30日までとすることを発表する。訪中団の主たるメンバーは以下の通りである[1]。

　　（1）内閣総理大臣　　　　　田中　角栄
　　（2）外務大臣　　　　　　　大平　正芳
　　（3）内閣官房長官　　　　　二階堂　進
　　（4）随員（49名）
　総理官邸
　　　木内、杉原、小長3総理秘書官、西田官房長官秘書官等13名
　外務省
　　　アジア局長　　　　　　　吉田　健三
　　　条約局長　　　　　　　　高島　益郎
　　　アジア局地域政策課長　　秋山　光路
　　　情報文化局報道課長　　　浅尾新一郎
　　　アジア局中国課長　　　　橋本　恕
　　　条約局条約課長　　　　　栗山　尚一
　　　外務大臣秘書官　　　　　森田　一
　　　外務大臣秘書官事務取扱　藤井　宏昭等29名
　警察庁
　　　警視庁公安部外事第1課長　鳴海　国博等7名
　（参考）
　　　田中総理訪中同行記者　80名
　　　田中総理訪中テレビ中継技術者　70名
　　　KDD関係技術者　24名

　しかし、この余りにスピーディーな決定に反発も出ていた。首相官邸、田中の

個人事務所が入っている砂防会館、田中の私邸前には連日連夜、反中派勢力の街宣車が現れ、激しい抗議運動を展開していた。

田中の秘書である「越山会の女王」こと佐藤昭は８月４日、自らの日記に「連日、右翼の街宣車が嵐のような騒音を鳴り響かせながら通る。『大仕事をやりとげて死なん』の意気込みの田中は、まさに命がけ」と綴っている[2]。田中は「中国には命をかけて行く。俺は命は惜しくない。深夜、目を覚まして思うのは、常に国家国民のことだけだ。岸さんも言っていたが、この気持ちは総理経験者でなければわからないものだ」とも語っていた[3]。些か大仰にも聞こえるが、本気で一命を賭す覚悟を持っていたのであろう。橋本恕も「田中総理は与党や政府内部の反対を押しきり、右翼による襲撃の危険もかえりみず、訪中したのである。中国にも日中戦争のため愛する家族を失った多勢の人々が、田中総理を襲撃する恐れもあった。文字どおり生命がけの訪中であった」と記している[4]。

大平正芳の元にも頻繁に脅迫状が届き、本人も身の危険を感じていた。田中訪中に同行取材することとなる産経新聞社の阿部穆にも、自分は反中派勢力に殺されるかもしれないと語っていた。この言葉を耳にした時、阿部は一瞬にして血の気が引いたという[5]。

几帳面な大平は、日中国交正常化を決断した理由を記した遺書も用意し、「万が一、この交渉が不調に終わった場合には、自分としては日本に２度と帰ることができないかもしれない。またこの交渉によってどんな危険があるかもしれない。留守中のことはよろしく頼む」と秘書の真鍋賢二に伝えていた[6]。国運を左右するテーマだけに、田中も大平も腹を括っていたのである[7]。大平の娘婿で秘書官として支えた森田一の長女、即ち大平の孫娘に当たる渡邊満子は、当時の様子を次のように回想している[8]。

> 1972年９月25日、田中角栄総理、二階堂進官房長官、大平らは、国交正常化交渉のため北京に旅立つ。その日の朝、大平家は緊張感と悲壮感、奇妙な静寂に包まれていた。政府一行のメンバーには、大蔵省からの出向で大平の秘書官となっていた父も加わっていた。田中総理も厳重警戒のうちに羽田空港へ向い、一方、大平の出発は、まずダミーの車を出し、本人の乗った車はそれから数分後に出発した。その時でもなお反対の声は大きく、今でいうテロの危険性も充分に考えられる状況だったため、もしかしたら、これが最後の別れになるかもしれない……、家族は誰も口に出して言わなかったもの

の、覚悟はあったと思う。

　出発前々日、田中は護国寺にある松村謙三の墓前に花束を供え、静かに手を合わせた。出発前日には高碕達之助の眠る小平霊園に出向き、同じく花束を手向け恭しく合掌した。墓参後は、小平霊園近くの小金井カントリー倶楽部でゴルフを楽しみ、「これだけやれば、中国料理を1週間続けても大丈夫」と気炎を上げた[9]。田中は常に陽気に振る舞っていたが、それは表面上で、心中は決して穏やかではなかったはずだと阿部は振り返る[10]。

　一方、外務省にも殺伐とした空気が流れていた。それは「条約にせよ共同声明にせよ、細かい表現を詰める段階になって、双方の見解が対立してまとまらなくなる場合が少なくない」からで、「いくら周恩来が『会談は成功すると思います』といっても、それはあくまでも政治的なレベルでの発言」であり、そう生易しいものではないことを「外交のプロにはわかりすぎるほどわかっていた」からである[11]。出発前日の夜、羽田東急ホテルで外務省から訪中団に加わる随員全員が夕食をした時でさえ、日中国交正常化は成功すると自信を持っていた人間は1人もいなかった。

　中国でも田中一行を受け入れるに当たり、人民に対して、どう説得するかが大きな課題として浮上していた。当時は、まだ戦争の記憶が鮮明に残っており、戦争の被害者として日本に怨恨を持つ人々が大勢いたためである。田中を賓客として迎えることに抵抗を感じる人民も少なくなかった。

　こうした不満に考慮し、外交部は「日本田中角栄首相訪中の接待に関する内部宣伝提綱」を策定して大々的なキャンペーンを一斉に開始する。陣頭指揮は周恩来が執った。周恩来は自ら筆を執って、内部宣伝提綱に「中日国交回復後、平等互利、互通の原則の上に立ち、さらに中日経済交流を発展させる。私たちは日本の大企業との貿易拡大、日本の中小友好商社との往来を継続保持していく。そのことは、中日両国人民の利益に一致するものである」と記し、9月5日には「各級党組織に内部宣伝提綱を配布しなさい」と命じ、「20日までに北京、上海、天津を始めとする18地区に関しては一般家庭に至るまで誰もが理解できるよう国民向けの学習会を開催しなさい」と要求した[12]。

　外交部の日本課副課長だった丁民は、「この宣伝工作がなければ、正常化に対する民衆の理解を得るのは難しかっただろう」と断言している[13]。それだけに限らず、田中一行を接遇する迎賓館の従業員、運転手に至るまで、先の戦争で日

本人に肉親を殺された人がいないかどうかまで徹底的に調べ上げた[14]。

▶2　機内の田中

9月25日、いよいよ出発の日を迎えた。午前5時45分に目を覚ました田中角栄は、私邸に押し寄せるカメラマンの前に姿を現し、他愛のない雑談をした後、簡単に朝食を済ませ、7時20分、羽田空港に向かった。田中が到着すると、そこには大平正芳、官房長官の二階堂進が待っていた。

田中の前には200メートルにも及ぶ人垣ができている。田中は次々と握手を交わし、時に相手の肩を軽く叩きながらタラップに上がっていった。副総理の三木武夫を始め、自民党からは副総裁の椎名悦三郎、幹事長の橋本登美三郎、総務会長の鈴木善幸、政調会長の桜内義雄、さらに社会党の元委員長である佐々木更三[15]、副委員長の日野吉夫、公明党委員長の竹入義勝、民社党書記長の佐々木良作といった野党勢の顔も並んだ。超党派による見送りは、1956年10月、日ソ国交回復のために訪ソした鳩山一郎以来のことである。

特段のセレモニーもない静かで淡々とした旅立ちだった。送迎デッキには「日の丸」の小旗1本もなく、「万歳」の声もなかった。「中国への謝罪の旅に、盛大な見送りは無用」との田中の指示だった[16]。

田中を乗せた日本航空特別機は8時10分に離陸した。機内で田中は大平、二階堂と向かい合わせの席に座った。「きのうのゴルフで体のコンディションは上々だ」と言いながら[17]、ブランデーの水割りを口にし、2度目の朝食となるパン4個、ステーキ、オムレツ、サラダ、フルーツを瞬く間に平らげ、待ち受ける交渉に備え一眠りする[18]。

緊張と不安で極限状態に追い込まれていた外務省の随員に対しては「もう君たちに任す」と述べ、さらに「正常化できなければ、手ぶらで帰るのもちっとも構わんよ」とまで語った[19]。この一言で随分と気分が楽になったと栗山は述懐している[20]。上海上空辺りで目を覚ますと、眼下には田園地帯が広がっていた。「うんうん、いよいよ大陸だな」と呟きながら感慨深げな表情を浮かべた[21]。

第2節　交渉初日

▶1　周恩来との握手

　午前11時30分、田中角栄一行が北京空港に到着すると、空は抜けるように青く、文字通りの「北京秋天」であった。タラップを降りると、230名余りの人々が待っていた[22]。
　淡い灰色の人民服に身を包んだ周恩来が大股で歩み寄り、地上を踏んだ田中と両手で握手をしながら、その握り合った手を盛んに上下に振った。国旗掲揚塔には「日の丸」と「五星紅旗」が肩を並べて掲げられ、粛然と整列する人民解放軍軍楽隊によって「君が代」と「義勇軍行進曲」が演奏される。その「熱情友好」ぶりに田中は感激した[23]。
　儀仗兵閲兵の後、田中一行は、高級車「紅旗」に分乗して、フルスピードで36キロメートル離れたところにある元首級の賓客が宿泊するという釣魚台迎賓館へと向かった。釣魚台という名前は、12世紀、中国の金王朝の皇帝である章宗が、ここの池に釣り場を設けたことに由来する。
　田中の乗った紅旗には周恩来が同乗した。「空港から宿舎までの沿道には100メートルおきに警官が立っていた」が、「民衆の歓迎風景はみられなかった」ようである[24]。
　田中が泊るのは迎賓館の18号楼2階である。黄色のタイル張り、瓦葺きの建物である。田中と周恩来は、一先ず応接間に落ち着いた。田中が「日本でも今度赤坂離宮を大改造して迎賓館にします」と切り出し、「迎賓館が完成したら第1号にどうぞ」と言うと、周恩来は笑いながら「それは光栄なことです」と応えた[25]。
　そんな種々雑多な会話をした後、田中は自分の部屋に入った。すると田中を驚かせる出来事が待ち受けていた。部屋の温度は田中の好きな摂氏17度に設定されている。暑がりの田中のためにボーイが氷水で冷やした手拭い、氷入りの水を運んできた。田中は、それを一気に飲み干す。
　片隅には、さり気なく田中の大好物である台湾バナナ、富有柿、木村屋のアンパンが置いてあった。朝食時には、飲み慣れた新潟県柏崎市にある老舗「西巻醬油店」の天然味噌が用いられた味噌汁が出てきた。田中は目を剝き、口に当てて

一口啜ると「何だ、これは俺んちの味噌汁だ」と声を上げた(26)。「これは大変な国に来た。交渉、掛け合い事は命がけだな」と田中は舌を巻いた(27)。

実は中国側は5月中旬頃、日本駐在のジャーナリスト2人を使って、秘書の早坂茂三から田中の趣味嗜好を聞き出していたのである。これを完璧に実行に移したのであった。中国外交の巧みさ、底知れなさを象徴する変事だったと言えよう。

田中一行は、予定より15分遅れて人民大会堂「接見庁」に移動した。全員が腰を下ろす。当初はテーブルを挟んだ差し向かいの交渉型配置だったのを場を和らげるため周恩来の配慮でソファだけの馬蹄形となった。

周恩来が、この部屋に飾られた江西省と湖南省の省境に位置する井岡山(せいこうざん)の絵画について解説しながら長旅の労を労った。田中が「おいしいお酒をいただきました。宿舎で少しいただいたら、酔いました」と言うと、周恩来は、「マオタイ(茅台)酒です。韓念龍(かんねんりゅう)外務次官の故郷（貴州省茅台鎮(まおたいちん)）で、長征を行なったときに発見した酒です」と説明し、続いて「おいしいが、度が高い。これでカンペイをやったらまいってしまう」と感想を述べると、「どうです、ウオッカやウイスキーをマオタイにかえられては」と勧めた(28)。第1回会談を目前に控えた2人の歓談は、和やかなムードで幕を閉じる。

▶2　第1回会談

午後2時55分、人民大会堂「安徽庁」で、第1回会談が始まった。最初に田中角栄が日本側出席者を順番に紹介した。周恩来は「最近の条約は難しく、文章も多くてかなわない。田中首相のところへもあまり書類をあげない方がよいですよ」と外務省条約局長の高島益郎(ますお)にアドバイスしたかと思えば、通産省出向の田中の秘書官である小長啓一(こながけいいち)には「あなたが日本列島改造論をやっているのですね」とユーモラスな一言を発した(29)。

田中が6月に日刊工業新聞社から刊行した『日本列島改造論』は、空前のベストセラーとなり注目を浴びた。小長はゴーストライターの1人だった。その情報力に田中一行は驚嘆させられる。

田中は物怖(ものお)じせず「日中国交正常化の機が熟した。今回の訪中を是非とも成功させ、国交正常化を実現したい」と口火を切ると、周恩来も「田中総理の言うとおり、国交正常化は一気呵成(いっきかせい)にやりたい。国交正常化の基盤の上に、日中両国は世々代々、友好・平和関係をもつべきである。日中国交回復は両国民の利益で

あるばかりか、アジアの緊張緩和、世界平和に寄与するものである。また、日中関係改善は排他的なものであってはならない」と応じた[30]。さらに田中が「中国が（国交樹立後）、日本に共産主義を輸出しようというのなら、困る。そんなことなら、私はすぐに帰国する」と釘を刺すと、「日本は経済的に大国になった。われわれのほうが遅れている。（革命輸出など）そんな気持ちはない」と笑顔で答えた[31]。

次に大平正芳が「日華平和条約の問題であり、中国側がこの条約を不法にして無効であるとの立場をとっていることも十分理解できる。しかし、この条約は国会の議決を得て政府が批准したものであり、日本政府が中国側の見解に同意した場合、日本政府は過去20年にわたって、国民と国会をだまし続けたという汚名をうけねばならない。そこで、日華平和条約は国交正常化の瞬間において、その任務を終了したということで、中国側の御理解を得たい」と、日華平和条約の合法性に言及した[32]。日本は日華平和条約により、中国との戦争状態は終わっていると説いたのである。

周恩来は険しい顔で「戦争状態終結の問題は日本にとって面倒だとは思うが、大平大臣の提案に、完全に同意することはできない。桑港条約以後今日まで戦争状態がないということになると、中国は当事者であるにもかかわらず、その中に含まれていない」と反論した[33]。日華平和条約を無効と見做し、日本との間には、まだ戦争状態が続いていると大平の主張に異を唱えたのである。続けて周恩来は「この問題を2人の外相に任せ、日中双方の同意できる方式を発見したいと思う」と、話し合いは大平と外交部長の姫鵬飛（きほうひ）との会談に任せると提案した[34]。

他方で「第3国との関係」に関しては大平が「とくに日米関係は日本の存立にとり極めて重大である。また、米国が世界に多くの関係をもっているが、日本の政策によって、米国の政策に悪影響が及ぶことがないよう注意しなければならないと考える。つまり、日中国交正常化をわが国としては対米関係を損ねないようにして実現したい」と要請すると、周恩来は「日米関係にはふれない。これは日本の問題である」とし、「中国側としては、今日は日米安保条約にも米華相互防衛条約にも、ふれずにゆきたい。日米関係については皆様方にお任せする。中国は内政干渉はしない」とまで踏み込んだ[35]。日米安保条約に基づく日米安保体制を認めたのである。

主に原則論に終始した第1回会談は、午後4時50分に終了した。二階堂進は「非常に有意義であった。この交渉は必ず成功するものとの印象を強くした」と述べ

たが⁽³⁶⁾、実際は、全く楽観を許さない険しいものであった。

▶3 周恩来の逆鱗に触れた「ご迷惑」発言

　午後6時30分、周恩来主催の歓迎夕食会が人民大会堂の大広間で催された。5,000人もの賓客を収容できる会場の正面の演壇には、「日の丸」と「五星紅旗」が並ぶ、天上には巨大なシャンデリアが眩いばかりの光を放ち、床には深紅の絨毯が敷き詰められていた。
　メインテーブルには、ホスト役の周恩来を挟んで右に田中角栄、左に大平正芳、真向かいに二階堂進が座った。席に着くなり、周恩来は田中に茅台酒を勧め、次いで自らの箸で料理を田中の小皿に盛った。
　周恩来の心遣いに、田中は畏(かしこ)まった表情で左手を挙げて会釈した。汗掻きの田中は、手拭いで顔を拭き、忙しなく扇子を動かす(37)。
　そのうち、人民解放軍軍楽隊のオーケストラが「毛主席走遍祖国大地」や「歌唱偉大的中国共産党」、「迎賓曲」の3曲、続いて、日本歌曲「さくらさくら」を始め、田中、大平、二階堂の故郷の代表曲を演奏した。二階堂は「田中さんの故郷の『佐渡おけさ』『越後獅子』、さらに大平さんの故郷の『金比羅船』を演奏した。何と次に聞こえてきたのが『おはら節』。私の郷里の民謡ではないか。驚きと同時に感激した」と語っている(38)。こうした細やかな演出は、中国の並々ならぬ意気込みの象徴とも言えた。やがて、周恩来がスピーチに立った(39)。

> 　田中首相のわが国訪問によって、中日関係史上に新しい1ページが開かれました。われわれ両国の歴史には、2000年の友好往来と文化交流があり、両国人民は深いよしみを結んできました。われわれはこれを大切にすべきです。しかし、1894年から半世紀にわたる日本軍国主義者の中国侵略によって、中国人民はきわめてひどい災難をこうむり、日本人民も大きな損害をうけました。前の事を忘れることなく、後の戒めとするといいますが、われわれはこのような経験と教訓をしっかり銘記しておかなければなりません。

　落ち着いた様子で淡々と語る周恩来だったが、日本に対して厳しい言葉を浴びせた。

> 首相閣下は中国訪問に先だって、両国の会談は合意に達すると思うし、合意に達しなければならないと言われました。わたしは、われわれ双方が努力し、十分に話し合い、小異を残して大同を求めることによって、中日国交正常化はかならず実現できるものと確信しています。

　最後に周恩来の音頭で一同が声高らかに乾杯した。続いて田中が演壇に上った。極度の緊張のためか、普段とは打って変わり苦渋に満ちた表情の田中は、一語一句噛み締めるように話し始めた⁽⁴⁰⁾。

> このたびの訪問にあたって、私は、空路東京から当地まで直行してまいりましたが、日中間が一衣帯水の間にあることをあらためて痛感いたしました。このように両国は地理的に近いのみならず、実に2000年にわたる多彩な交流の歴史を持っております。

　当時、随員の１人である外務省調査部分析課事務官だった美根慶樹は、この間、会場からは区切りごとに拍手が鳴り響いたと回想する⁽⁴¹⁾。だが、次の一言が発せられた時、微かな騒めきが起こった。

> しかるに、過去数十年にわたって、日中関係は遺憾ながら、不幸な経過を辿って参りました。この間わが国が中国国民に多大のご迷惑をおかけしたことについて、私はあらためて深い反省の念を表明するものであります。第２次大戦後においても、なお不正常かつ不自然な状態が続いたことは、歴史的事実としてこれを率直に認めざるをえません。

　本人だけでなく、田中一行は誰も気にも止めなかった。だが、この「ご迷惑をおかけした」の一言が、周恩来の逆鱗に触れていたことが、翌日の第２回会談で明らかとなる。

第3節　交渉2日目

▶1　高島への罵倒と「ご迷惑」発言の波紋

　2日目となる9月26日、田中角栄は早朝から意気揚々としていた。日本から持ち込んだ海苔や梅干と一緒に出された朝食を頬張り、「おれは学はないが……」と言いながら毛筆で次のような漢詩を認めた[42]。

> 国交途絶幾星霜　　修好再開秋将到
> 隣人眼温吾人迎　　北京空晴秋気深

　日中国交正常化に臨む自らの心境を託したものである。二階堂進は「日本へ帰ってからは国会答弁も漢詩でやったらどうだ」と冗談を飛ばした[43]。その後は、二階堂と外に出て庭内で写真撮影に勤しみ、応接間に戻って茅台酒を呷るほどの余裕を見せた[44]。

　一方、大平正芳は午前10時20分から人民大会堂「接見庁」で外交部長の姫鵬飛との会談に臨んでいた。ここで登場するのが外務省条約局長の高島益郎である。大平が「今日は、私共日本政府が考えている共同声明の草案について中国側の考え方を聞かせて戴きたいと考えます」と述べ[45]、高島を指名する。国際法に精通する高島は、日中共同声明の日本案を粛々と説明し始めた。

　高島は、まず日本と中国との間の戦争状態の終了について、中国側が「竹入メモ」において示した「中華人民共和国と日本国との間の戦争状態は、この声明が公表される日に終了する」との表現を指摘する。日華平和条約第1条では「日本国と中華民国との間の戦争状態は、この条約が効力を生ずる日に終了する」としており、日本が「自らの意思に基づき締結した条約が無効であったとの立場をとることは、責任ある政府としてなしうることではなく、日本国民も支持しがたい」と論じ、それ故、「日中両国間に全面的に平和関係が存在するという意味で、戦争状態終了の時期を明示することなく、終了の事実を確認することによって、日中双方の立場の両立」を図りたいと述べた[46]。

　次に賠償請求権の放棄である。高島は、中国が日本に「賠償を求めない」としたことは「率直に評価する」が[47]、台湾との間で交わした日華平和条約議定

書第１項（ｂ）に「日本国が提供すべき役務の利益を自発的に放棄する」とあり、台湾が賠償を「放棄する」とした以上、中国に賠償請求権はなく、「請求権」なる用語は受け入れ難く、したがって「法律的ではない表現」を用いるよう求めた[48]。

続いて、台湾の法的地位である。同じく中国側が竹入メモで提案した「日本政府は、中華人民共和国政府が提出した中日国交回復の３原則を十分に理解し、中華人民共和国政府が中国を代表する唯一の合法政府であることを承認する」との考えに高島は疑問を呈した。「中日国交回復の３原則」のうち、「台湾は中国の１つの省であり、中国領土の不可分の一部」であるとの主張に対して日本は「サン・フランシスコ平和条約によって、台湾に対するすべての権利を放棄」しており、台湾の「法的地位に関して独自の認定を下す立場にない」と伝える[49]。しかしながら、「同時に、カイロ、ポツダム両宣言の経緯に照らせば、台湾は、これらの宣言が意図したところに従い、中国に返還されるべきものであるというのが日本政府の変わらざる見解」であり、日本としては、そのことを「十分理解し、かつ、これを尊重する」とし、以下を提案する。

> 中華人民共和国政府は、台湾が中華人民共和国の領土の不可分の一部であることを再確認する。日本国政府は、この中華人民共和国政府の立場を十分理解し、かつ、これを尊重する。

さらに「中日国交回復の３原則」の「『日蔣条約』は不法であり、破棄されなければならない」との部分は、日本としては、日華平和条約を締結したこと自体を消すこととなり、日本外交の継続性を失わせることにもなるため、容認できないと訴えた。美根慶樹によると、高島は部下からの信頼が厚く、豪傑さと緻密さを兼ね備え、何事にも筋を通す人物だったという[50]。

そのような性格故か、相手から反撃されることを分かった上で、日華平和条約の合法性を前提に説明したのである。当然、高島の主張に、中国側は憤激し、会談は一気に険悪なムードとなった。

午後２時、迎賓館で２回目となる田中と周恩来との会談が行われた。周恩来は、これまでとは打って変わり険悪な形相で、蔣介石が「賠償を放棄したから、中国はこれを放棄する必要がないという外務省の考え方を聞いて驚いた」と切り出し、「我々に対する侮辱である」と、高島を厳しく批判した[51]。「我々に対する侮辱」

との言葉が示すように、周恩来にとって、この一件は面子に係るものだった。つまり、法律論で処理しようとする高島の遣り方に異を唱えたのである。

ただ、周恩来は続けて「田中・大平両首脳の考え方を尊重するが日本外務省の発言は両首脳の考えに背くものではないか」とも述べた[52]。高島と「田中・大平両首脳」を別物として扱っているのである。

勿論、高島は事前に大平と入念に打ち合わせをした上で発言し、田中も了承しているはずである。だが、それを口にすれば間違いなく交渉自体が物別れに終わる。

その場に同席していた外務省アジア局中国課長の橋本恕は「一種のブラフだろうね。『あれは高島の考えであって、まさか、田中、大平両首脳の考え方ではないと私は思う』と周恩来はちゃんと言っているんだから（笑い）。高島局長だって事前に大平外相と打ち合わせして外相に代わって発言したんだ。もちろん田中首相も承知していた。ただ、大平さんがそこで『私も高島と同じ考えだ』と言ってしまっては、交渉がパーになってしまうからね」と分析している[53]。周恩来は、交渉相手は「日本外務省」ではなく飽くまで「田中・大平両首脳」であると強調し、交渉決裂を避けようとしたのである。

この時、周恩来が高島を、私利私欲のために法律を詭弁的に解釈する悪人を指す「法匪」という言葉を使って罵倒し、退去命令まで出したと言われている。1988年5月2日に高島が死去した時も、生前のエピソードとして、「法匪」発言が「有名」と報じられるほど広く喧伝された[54]。

しかし、これは事実ではない。その場にいた外交部顧問の張香山は後に「その後、周総理が高島氏のことを『法匪』と批判したと日本のある文章に書かれたことがあるが、これはまったくのでたらめで、そのような事実はなかった」と語り[55]、外務省アジア局参事官だった中江要介も「周恩来総理が『法匪』と罵ったという話が、巷間まことしやかに伝えられているが、これは半分作り話」と断言した上で、高島が中江に対して、「皆がそう信じてそういっているのを、いまさら否定してみても仕方がないから、黙って放ってあるんだよ」と洩らしていたと証言している[56]。

筆者が調べたところ、日中国交正常化に携わった人々の一連の公式発言の中で、唯一、「法匪」なる言葉が出てくるのは、帰国後の30日午後3時から首相官邸で行われた田中の記者会見の場面だけであった。それは、日米安保条約に関する質問が出た時で、田中は「そこまで考えなくてもいいだろう。そこまで考えると、法匪といわれているように、すべてがピシーッと合っていないと、気がすまんよ

うな……世の中はそんなものじゃないですよ（笑い）……」と答えている(57)。
　では、なぜ「法匪」発言が定説化したのだろうか。それは、日中国交正常化後に田中周辺、あるいはマス・メディアが、高島の説明に周恩来が激怒したことを実態以上に騒ぎ立てたことによるものと思われる(58)。
　会談では昨晩の歓迎夕食会における田中のスピーチの中で出てきた「ご迷惑をおかけした」との発言に対しても、周恩来は「『中国人民に迷惑をかけた』との言葉は中国人の反感をよぶ。中国では迷惑とは小さいことにしか使われないからである」と強い調子で不快感を示した(59)。「ご迷惑をおかけした」は中国語で「添了麻煩」と翻訳された。
　厳密に言えば、周恩来を怒らせたのは田中の発した「ご迷惑」という言葉そのものではなく、「添了麻煩」という翻訳の方である。周恩来は「『ご迷惑をかけました』というのは、女性のスカートに水を掛けてしまったときに謝る言葉だ。これまでのことが単に『迷惑をかけた』だけですむのか」と言って田中に詰め寄った(60)。中国側の日本語通訳だった林麗韞（りんれいうん）は「日本側の人たちはそうでもなかったようですが、中国側にはなんとも変な空気が広がりましたね。唐聞生（とうぶんせい）さんという英語通訳担当の同僚が、『あんなたいへんなことを「添了麻煩」だなんて、ちょっと軽すぎないかしら』と言っていました。ふだんはとても温厚な周総理も、この一言をたいへん不満に感じておりました」と回想している(61)。
　「添了麻煩」と訳したのは、日本側の中国語通訳である外務省アジア局中国課事務官の小原育夫（おはらいくお）であった。当初、中国では小原のミスではないかとも言われた。だが、これは小原の誤訳ではなく、寧ろ小原は「『添了麻煩では中国側の反発を招く』と警告」していたのだが、「政府与党のほうが党内親台湾派の反対を恐れ、表現を変えられなかった」ため、「添了麻煩」と訳さざるを得なかったのが真相のようである(62)。
　そもそも、このスピーチ原稿を書いたのは橋本である(63)。橋本は「何日も何日も考え、何回も何回も推敲しました。大げさに言えば、精魂を傾けて書いた文章でした。もちろん大平外務大臣にも田中総理にも事前に何度も見せて、『これでいこう』ということになった」と語る(64)。外務省条約局条約課長だった栗山尚一（たかかず）によると、橋本本人も「ご迷惑」では不十分かもしれないと最後まで危惧していたという(65)。「党内親台湾派」に配慮して、「選びに選び抜かれた言葉」が「ご迷惑をおかけした」だったのである(66)。
　これに対して、田中は、どう反駁したのであろうか。日本の外務省による外交

記録公開文書には記されていない。田中本人は、次のような遣り取りがあったと証言する[67]。

> 田中　親子代々、何十年も垣根争いで一寸の土地を争い、口もきかないような両隣りの家もある。その両家の息子と娘がお互い同士、好きになって結婚したい。親が反対するなら家出をするといい出したときは、それではすべてを水に流して……。
> 周　あなたは日中間の長い戦争を垣根争いだと思っているのか。
> 田中　個人の家同士における垣根、寸土の争いは最大の争いだ。国家の争いは国境問題である。それが中ソ7,000キロにわたる国境の緊張ではないか。
> 周　あなたのいうことはわかった。発言の真意もよく理解できた。

言い訳染みてはいるが、田中は独特の比喩表現を用いながら自己流の解釈で釈明した[68]。冗談を交えた切り返しに周恩来は結局、「小異を残して大同につこう」と言って決裂を回避した[69]。「両首脳ともに『この会談をなんとか成功させよう』という点では相互に必死」だったのである[70]。

▶2　栗山の腹案と橋本の妙案

続いて、午後5時10分から2回目となる大平正芳と外交部長の姫鵬飛との会談が迎賓館で行われた。ここで大平は「戦争状態の終了宣言の問題」について2つの試案を提示する[71]。

第1案は「中華人民共和国政府は、中国と日本国との間の戦争状態の終了をここに宣言する」として、主語を「中華人民共和国政府」とすることにより、戦勝国である中国が一方的に戦争状態の終了を宣言することを意味したもの、第2案は「日本国政府及び中華人民共和国政府は、日本国と中国との間に、今後全面的な平和関係が存在することをここに宣言する」という、いつ戦争状態が終了したかを明確にしないとしたものである[72]。これに対して姫鵬飛は「日本側の提示された案に基づいて再検討してみる」としながらも、「本声明が公表される日」に戦争状態が終了するという中国案に固執し、「時期の問題は重要である」と答えた[73]。「戦争状態の終了宣言の問題」は難航する。

次に台湾の法的地位については、「中華人民共和国政府は、台湾が中華人民共

和国の領土の不可分の一部であることを重ねて表明した。日本政府は、この中華人民共和国政府の立場を十分理解し、ポツダム宣言に基づく立場を堅持する」との腹案を出した[74]。栗山尚一が編み出したものである。

ポツダム宣言には第8条で「『カイロ』宣言ノ条項ハ履行セラルヘク又(また)日本国ノ主権ハ本州、北海道、九州及(およ)ビ四国並(ならび)ニ吾等ノ決定スル諸小島ニ局限セラルヘシ」と記されている。栗山はポツダム宣言に言及することによって、台湾を中国に返還すると書かれたカイロ宣言を支持していることを示すことによって、日本が独自に台湾の法的地位を認定することを避けようとしたのである[75]。まさに苦肉の策であった。

栗山は、この腹案を密かにスーツの内ポケットに忍ばせ、田中角栄だけでなく、大平にも、当日まで、その内容を明かさなかったという[76]。最後の切り札であり、それ以上の腹案はなかったと証言する[77]。この腹案に姫鵬飛は即答を避け、「再度検討してみる」とだけ言い残した[78]。

こうして、細かな修文作業は事務レベルで行うことで合意し、そのメンバーは、大平と姫鵬飛が、それぞれ指名することとなった。だが、依然として日中間の隔たりは大きく、訪中2日目も合意の兆しは見えなかった。

この日の夜、大平、高島益郎、橋本恕の3人は、打ち合わせも含め、迎賓館の食堂に入った。田中は二階堂進を相手に茅台酒を口にしながら談笑していた。

交渉が暗礁に乗り上げ虚ろな目をしている大平は、席に着いても運び込まれた料理に箸を伸ばそうとしない。高島も橋本も失意の底にあった。そんな彼らを救ったのが田中だった[79]。

田中　おい、一杯やって、めし食おうや。
大平　そんなこと言ったって、このままでは交渉は行きづまる。国交正常化ができないまま手ぶらで日本へ帰れるのか？
田中　失敗したときの全責任は俺がすべてかぶる。君らはクヨクヨするな。こういう修羅場になると大学出はダメだな。
大平　そんなこと言ったって、明日からの交渉をどう進めて行ったらいいんだ。名案があるのか？
田中　どうやるかは、ちゃんと大学を出た君らが考えろ。

全員の顔が綻び、部屋中が笑いに包まれた。大平が田中に尋ねた[80]。

> 大平　なあ、田中君。キミは越後の田舎から出て来た時、総理になれると思ったかい。
> 田中　冗談じゃない。食えんから出て来たんだ。お前だって、そうだろう。
> 大平　オレもそうさ。讃岐の水呑み百姓の小セガレじゃ食えんからのう。
> 田中　それなら、当って砕けても、もともとじゃないか。できなきゃできないでいいサ。このまま帰るサ。責任はオレがとる。

　田中には然たる見通しはなかった。中国入りしてからの田中は交渉内容に一言も口を挟まなかった。その代り「責任はオレがとる」と言い、彼らを励まし続けた(81)。

　しかし、心中は決して穏やかではなかった。一歩誤れば田中への直撃弾となる。相当な重圧を感じていたことは間違いない。

　ようやく食事を口にした大平は、橋本に目で合図を送り、宿泊している自分の部屋に向かった。後を追った橋本が部屋に入ると大平は疲れ果てた表情で「さて明日からどうする」と橋本に問い、続けて「何しろ妥協案といっても、向こうは全面否定だからなあ」と溜め息交じりに洩らした(82)。

　そこで橋本は難航していた戦争状態の終了について妙案を提示する。「『戦争状態』があったか無かったか、白か黒か決着をつけることはやめましょう。この問題は文学的表現で当たりましょう」と、「不自然な状態」を終了すると表記してはどうかと提案したのである(83)。一筋の光が差し込んだ瞬間だった。

　この「不自然な状態」という言葉は、訪中前の21日に二階堂が出したステートメントの中にも登場し、逆に「一衣帯水の間にあり、かつ歴史的にも深い関係にあるわが国と中華人民共和国との関係を通常の国と国との間」にすることを「自然な関係」と表現している(84)。耳慣れた言葉だったと推察されるが、この時の大平には新鮮に聞こえたのであろう。「不自然な状態」という表現は、橋本が前々から想定していたものではなく、「苦し紛れ」に出てきたものだった(85)。ようやく大平は気を取り直し、この日は深夜まで、検討作業を続けた。

第4節　交渉3日目

▶1　車中会談

　訪中3日目の9月27日午前8時から田中角栄、大平正芳、二階堂進の3人は万里の長城と明の十三陵に赴いた。息抜きのための観光ツアーである。万里の長城の中でも最も有名な八達嶺に到着すると、灰色の雲が覆い、内モンゴルからの寒風が吹いていた。田中はゴルフで鍛えた健脚ぶりを披露するかのように、急角度の石畳を苦もなく一気に駆け上がった。

　田中は一級建築士でもある。「人類が残した2つの大きな遺跡は、これとピラミッドだな。テコを利用したり、石を積むために当時としてはずいぶん高度の技術を用いている。そうでないと1000年も2000年ももたないよ」と前置きした上で「こういうものをつくるのに、昔の人々は大変な犠牲を払われたわけだが、あの時代でも人力でこれだけのものをつくったんだ。いまならこの何十倍ものものができる。つくる意思さえあればね」と感想を述べた[86]。

　明の十三陵の中で唯一、発掘された陵墓である定陵を見学した。八達嶺を足早に登ったためか、額から噴き出る汗を拭いながら、田中は案内役の解説に聞き入っていた。だが、一方の大平は終始、厳しい表情を崩さなかった。彼らに同行した阿部穆は、この時、大平は予想もしない伏兵が次々と出てきて厄介な状況にあると語っていたと述懐する[87]。

　実は、大平は万里の長城への往復4時間の道程で、姫鵬飛と、番外の車中会談を行っていたのである。「万里の長城はいつでも見られる。姫外相と2人だけで話がしたい」という大平の要望で実現したものであった[88]。大平は、前夜に外務省の随員と練った日本案を記したメモをポケットに入れていた[89]。

　後部座席に大平と姫鵬飛、その真ん中に日本語通訳として外交部に勤務する周斌が座る。周斌によると大平は涙ぐみながら、次のように語ったという[90]。

> 　姫さん、私たちは同い年で、お互い政府のために頑張っている。それぞれがまず守らなければならないのは自国の国民であり、利益だ。私は一番肝心なのは例の戦争の問題だと思う。率直に言いますと、私は個人的にはほぼあなた方の考えていることに同意します。私も大蔵省入省後、約1年10ヵ月に

わたって張家口を中心に様々な調査に携わった。戦争のもっとも激しい時期だったが、私が見た戦争は明らかに中国に対する侵略戦争である。弁解の余地はない。

　大平は大蔵省在勤中、興亜院蒙疆連絡部に出向し、河北省北西部に位置する張家口に滞在していた。「張家口の勤務は、あまり快適ではなかった」という大平は「軍部が実権をほしいままにしており、新設の興亜院など白眼視」し「しかも、現地の経済政策も、東京本部が一方的に策定し、押しつけるというもの」だったため、「軍部」や本省に強い反発心を抱いていた(91)。
　当時、農林省から興亜院華中連絡部に出向し、後に第2次大平内閣で官房長官として大平を支えることになる伊東正義は「この興亜院時代に私たちは当時の日本の植民地行政の片棒を担いだことになるわけだが、若いにもかかわらず大きな任務を任されたこの時期の経験が、のちの政治家としての仕事に大きく役立ったことはまちがいない。大平さんが現地の軍部の独善的なやり方や、実情を知らない東京の役人の統制的な考え方を、大胆に批判していた口調が、いまでもハッキリと私の脳裏に残っている」と回想している(92)。2人は刎頸の交わりを誓うほどの間柄にあった。大平は続けた(93)。

　　　ただ外務大臣の立場、日本が置かれている状況や世界の情勢、それにアメリカとの間には同盟関係がある。中国側の要求をすべて共同声明に書き入れるのは無理である。これはぜひ理解していただかないと、荷物をまとめて日本に帰るしかない。田中も徴兵され牡丹江に行ったが、病のため陸軍病院に入院して、1度も銃を撃つこともなく終戦を迎えている。だから彼もあの戦争のことはよくわかっているし、私と同じ考えだ。中国側の要求をすべて受け容れるのは無理だが、最大限の譲歩はする。そうでなければ私たちは中国には来ません。来た以上は政治生命を賭け、命を賭けてやっているのです。

　この大平の発言に胸を打たれた姫鵬飛は、周恩来に「大平は信頼できる」と報告した(94)。2人の車中会談によって妥結の目途が立った。
　見学から戻った田中と周恩来との3回目の会談が午後4時15分から人民大会堂「福建庁」で開かれた。周恩来は、前日とは打って変わって穏やかな表情を見せた。周恩来の手元には、姫鵬飛を通じて大平が書き綴った日本案のメモが届い

ていたのであろう。

　日中共同声明の内容は議題に上がらなかった。周恩来は冒頭、「今日は国際問題について議論したい」と述べ、ソ連の脅威について語り始めた(95)。

　途中、「中国側では日本軍国主義を心配している」との危惧を表明する場面があったものの、田中が即座に「軍国主義復活は絶対にない」と完全否定したためか、「ソ連は核戦争禁止、核兵力使用禁止を提唱しているが、これは人をだますペテンであるから、あばく必要がある」と、批判の矛先を再びソ連に向け、「ソ連に対する警戒心を失えば、ソ連にやられてしまう」とまで言い切った(96)。中ソ対立の深刻化は、中国が日中国交正常化を急いだ主因である。対ソ封じ込めの一環としての日中国交正常化は、中国にとって欠かせないものであったことを物語っている。

▶2　尖閣諸島への言及

　この会談では田中角栄の口から「尖閣諸島問題についてどう思うか？　私のところに、いろいろ言ってくる人がいる」との爆弾発言が飛び出した(97)。中国が領有権を主張する尖閣諸島に言及したのである。

　余りに唐突だった。外務省にとっても「寝耳に水」であった。これに対し、周恩来は「尖閣諸島問題については、今回は話したくない。今、これを話すのはよくない。石油が出るから、これが問題になった。石油が出なければ、台湾も米国も問題にしない」と返し、別の話題に切り替える(98)。当時の日本の尖閣諸島に対するスタンスは以下のようなものだった(99)。

> 　中共は1971年12月30日以来、尖閣諸島に対する領有権を公式に主張しはじめたが、わが政府としては、同諸島がわが国の領土であることは議論の余地なき事実であるので如何なる国の政府とも同諸島の領有権問題につき話し合う考えはないとの立場を堅持している。

　外務省の外交記録公開文書では、田中と周恩来との会談における尖閣諸島に関する遣り取りは以上で終わっている。その後、外務省アジア局中国課長の橋本恕が次のような証言を行った(100)。

周首相が「いよいよこれですべて終わりましたね」と言った。ところが「イヤ、まだ残っている」と田中首相が持ち出したのが尖閣列島問題だった。周首相は「これを言い出したら、双方とも言うことがいっぱいあって、首脳会談はとてもじゃないが終わりませんよ。だから今回はこれは触れないでおきましょう」と言ったので、田中首相の方も「それはそうだ、じゃ、これは別の機会に」、ということで交渉はすべて終わったのです。

周恩来の発言は問題解決の先送りをするという意味での棚上げ合意の提案に他ならない。これについて、さらに詳細に証言しているのが、同席していた外交部顧問の張香山である。張香山は「この問題に関しては第3回首脳会談の終了間際に取り上げられ、双方が、それぞれの態度を表明しただけで、話し合いはされなかった」とした上で、次のような遣り取りがあったと述べている[101]。

田中 私が一言申し上げたいのは、あなたの寛大な態度に感謝しているということです。その上で、この場を借りて伺いたいのは、『尖閣諸島』(即ち釣魚島) に対する態度はいかがかということです。

周 この問題について今回は話したくありません。今、話しても何の利益にもなりません。

田中 私が北京に来たからには、提起もしないで帰るとなると困難に直面してしまうのです。今、私が提起しておけば、彼らに申し継ぎができるのです。

周 そうですね！ あそこの海底で石油が発見されたので、台湾は、それを取り上げて問題視し、現在、アメリカも囃し立てようと試みており、大問題にしようとしています。

田中 分かりました！ これ以上は話す必要はありません。今度にしましょう。

周 そうしましょう。今回、私たちで基本的問題は解決できます。例えば、両国間の関係正常化問題を先に解決しましょう。これは最も差し迫った課題です、いくつかの問題は時の経過を待ってから話しましょう。

田中 一度、国交正常化となれば、私は他の問題も解決できるものと確信しています。

日本と中国との間には双方で確認された会談記録はない。田中が仮に「今度にしましょう」と答えていたとしても、それを明確な棚上げ合意とするのは無理が

あるだろう(102)。

　では、なぜ田中は、この場で突如として尖閣諸島を持ち出したのであろうか。栗山尚一は、仮に田中が尖閣諸島を取り上げずに、そのまま日本に帰った場合、日中国交正常化に難色を示す慎重派から批判される可能性があったからではないかと語っている(103)。

　自民党では半年前の３月28日、外交調査会で「尖閣諸島問題に対する『自由民主党』の公式見解」を発表していた。そこには「尖閣諸島の領有権について、わが党は歴史的にも国際法的にもその領有権がわが国にあることはきわめて明瞭であることを確認する」とし、その根拠として「明治18年いらい、沖縄県当局などを通じて現地調査を行ない、この諸島が無人島であることを慎重に確認したうえ、明治28年１月14日、現地に標杭を建設するむねの閣議決定を行ない、いわゆる国際法上の先占の法理にもとづき、わが国の領土に編入」し、「この事実は、尖閣諸島が明治28年５月発効した下関条約第２条にもとづいてわが国が清国より割譲された台湾および澎湖諸島に含まれていないこと、さらに対日平和条約（サンフランシスコ平和条約）第２条にいうわが国が放棄した領土のうちに含まれず、その第３条にもとづき南西諸島の一部としてアメリカ合衆国の施政下に置かれてきたことによって明確に立証されている」と記されている。さらに中国は「対日平和条約第３条によりこの諸島がアメリカ合衆国の施政権下におかれている事実につき、これまでなんらの異議をとなえなかったことからも明らかである」と強調している(104)。

　外交調査会は1955年11月の保守合同直後に発足した「自民党の外交政策立案に直接たずさわる正規の機関」で、設置以来、「ほとんど一貫していわゆるタカ派議員によって支配」されていた(105)。田中が尖閣諸島に言及したのは対中向けではなく、国内向けだったと言える。

▶3　突然の呼び出し

　田中角栄、大平正芳、二階堂進が宿泊先である迎賓館で夕食を口にしていた９月27日夜のことである。突然、別室にいた外務省アジア局中国課長の橋本恕のところに「周総理から田中総理、大平外相へのメッセージを申し上げます。今夜、食事のあと毛沢東主席がぜひみなさんとお会いしたいと申しております」とのメッセージが飛び込んできた(106)。田中訪中のハイライトである。時間は午後８

時を回った頃であった。

　招かれたのは、田中と大平の2人で二階堂の名前はなかった。橋本は田中のところに飛んでいった。

　すると田中は「ダメです。二階堂さんも一緒に来たのだから、行くのなら3人で行きます。そう返事しろ」と指示を出した(107)。「田中さんのひと言が、たまらなくうれしかった」と二階堂は語っている(108)。そこへ、予告なしに周恩来が現れた。周恩来は田中と二階堂に詫びを入れると、急かすように、用意された車へと3人を誘導した。

　迎賓館を出発する時、トラブルが発生した。田中のボディーガードが跪いて田中のズボンを掴み、必死の形相で「総理、お願いです。私は、お伴して行かなければなりません。どうしてもいっしょに連れて行ってください」と同行を依頼したのである(109)。田中は「いいんだ。わかっている。ここまで来れば、煮て食われようと、焼いて食われようと、いいじゃないか。オレにまかせてくれ」と引き離し、笑みを浮かべながら車に乗り込んだ(110)。

　周恩来は、そこから30分ほど走った中南海にある毛沢東の書斎へと3人を案内した。中南海は中枢機能が集中する西城区にあり、その名前は、かつての紫禁城の西に南北に延びる人造湖の中海と南海を合わせたところから来ている。

　要人警護に当たる8341部隊によって24時間体制で厳重警備された赤色の列柱のある新華門を潜り、外側の一般区域と隔てる朱塗りの長く高い城壁に沿って広い通りを抜けると、紅旗は一軒の屋敷の前で止まった。青色のタイルに灰色の瓦葺き、中国北方の伝統的建築様式である「四合院」である(111)。時計の針は午後8時30分を指していた。

　当時、外交部副部長だった韓念龍は、このタイミングでの毛沢東との面会について「毛主席と会見するということは、基本的におたがいが合意に至り、交渉が事実上終わったという意味です。毛主席と会見した時には、すでに重大な問題を議論する必要がなくなっているということなのです」と述べている(112)。交渉の妥結を意味していた。

　到着すると、灰色の中山服に身を包んだ毛沢東が満面の笑みを浮かべながら、玄関先で3人を出迎えた。田中は顔から噴き出す汗をハンカチで拭きながら中に入った。

　毛沢東と軽く握手を交わした田中は開口一番、「えー、ちょっと手洗いに行かせて下さい」と言い、トイレに駆け込んだ(113)。いかに慌しく向かったかが窺える。

しかし、実は周恩来との会談でも似たような一幕があった。田中が熱弁を振るい始めた途端、周恩来が中座したことがあった。そこで今度は田中が周恩来の発言中、「ちょっと手洗いにー」と遣り返したのである(114)。

果たして本当に尿意を催したのか。相手のペースに飲み込まれないよう機先を制し、わざと余裕のある態度を見せようとしたのであろう。あるいは「日本の他の２人を落ち着かせるための『はったり』をきかした」のかもしれない(115)。

トイレから戻った田中が周恩来に付き添われて毛沢東の広々とした書斎に入ると、そこには姫鵬飛、中日友好協会の会長である廖承志が待っていた。部屋の４周には巨大な書架が設けられ、白く小さな付箋紙が、いくつも貼られた糸綴じの書物が山積みにされていた。「哲人王」になることを目標としていた毛沢東は(116)、読書狂で知られている。

中央には薄いピンク色のカバーに覆われたソファが半円形に並べられ、床には赤色の絨毯が敷かれていた。大きな電気スタンドが置かれ室内は明るく、テーブルの上には杭州の龍井茶が運ばれた。

会談に出席したのは、日本側が田中、大平、二階堂、中国側が毛沢東、周恩来、姫鵬飛、廖承志で、日本語通訳として林麗韞と王效賢、さらに英語通訳の唐聞生が加わった。「田中らは身を硬くして、毛の出方を見守った。しかし、毛は、それとはまったく対照的に、拍子抜けするほど穏やか」だった(117)。

▶4 毛沢東との会談模様

会談後の午後10時過ぎ、二階堂進は「重大発表あり」として突然、記者会見を行い、その内容について一問一答形式で発表した(118)。会談模様は次の通りである(119)。

> **毛主席** もうケンカは済みましたか。ケンカをしないとダメですよ。
> **田中首相** 周首相と円満に話し合いました。
> **毛主席** ケンカをしてこそ、初めて仲よくなれます。（廖氏を指さしながら）かれは日本で生まれたので、こんど帰るとき、ぜひ連れてかえってください。
> **田中首相** 廖先生は日本でも有名です。もし参議院全国区の選挙に出馬すれば、必ず当選するでしょう。
> （このあと、中国料理、マオタイについてユーモアをまじえたやりとりがあ

り、また毛主席が子どものころ、父親にいじめられ反抗した話などをして）
　毛主席　日本は選挙があって大変ですね。
　田中首相　この25年間に11回も選挙がありました。街頭演説もしなければなりません。
　毛主席　国会もあって大変ですね。
　田中首相　国会もいうことをきかないし、選挙もやらなければなりません。
（などと会話が続き、最後に）
　田中首相　毛主席の末永きご健康をお祈りします。
　主席　リューマチで足が少々弱くなりました。

　二階堂は、会談について「政治の話抜き」だったと発表した[120]。この「政治の話抜き」の会談模様は、その後、日中関係をテーマとする先行研究において、必ずと言っていいほど微笑ましいエピソードの1つとして取り上げられるようになる[121]。

　しかし、実際は相当に突っ込んだ「政治の話」があった。それは中国において発表された先行研究の中で散見される。多少、話題が前後し、言い回しも異なる箇所もあるが、以下、これらを引用しながら、上記の会談模様をベースに再現してみたい。

　トイレから戻った田中と再び握手をした毛沢東は、微笑みながら日本語で挨拶した[122]。

　毛　こんばんは。
　田中　こんばんは、毛沢東主席。

田中は毛沢東に大平を紹介する。すると毛沢東は冗談交じりに、こう述べた[123]。

　毛　大平さんというお名前ですか、天下太平ですね。

毛沢東は中国語の「大平（da-ping）」と「太平（tai-ping）」を捩るという。当意即妙のユーモアに笑いが起り、堅苦しい表情を浮かべていた田中も、この一言で頬が緩んだという。毛沢東は田中に尋ねた[124]。

> 毛　ようこそいらっしゃいました。私は大変な官僚主義者のため、皆様との面会が遅くなってしまいました。いかがですか。もう喧嘩は済みましたか。喧嘩は避けられないものです。世の中には喧嘩をしないことなどありません。
> 田中　確かに少しはしました。ですが、殆ど問題解決に至りました。
> 毛　喧嘩して結果が出れば、もう喧嘩はしませんよね。

「喧嘩」とは、罵り合いや殴り合いを意味するものではない。双方が率直に本音で意見を主張し合うことを指す。つまり、これまでの田中と周恩来による激しい舌戦を「喧嘩」と表現したのである。すると今度は周恩来が口を挟んだ[125]。

> 周　2人の外務大臣は大いに努力をしました。
> 田中　はい。2人は大変な努力をしました。
> 毛　あなたは相手を言い負かせたのですね。
> 大平　いいえ、私たちは平等です
> 田中　私たちは非常に円満に会談を進めてきました。

毛沢東は周恩来の隣に座っていた姫鵬飛を指差しながら、大平を労った。大平は遠慮がちに釈明した。当時、78歳の毛沢東は健康不安を抱えていたが、この日はジョークを飛ばすほど饒舌だった。続いて毛沢東は姫鵬飛を次のように紹介する[126]。

> 毛　彼は周の文王の末裔だ。
> 周　周の文王の姓は姫で、私のような周姓ではありません。

「周の文王」は、中国の周王朝の始祖である。姓は姫、諱は昌で、多くの儒家から聖人として敬愛された人物である。周恩来は、同じ「周」ではあるが、自分は「周の文王」のような大物ではないと謙遜した。毛沢東は廖承志を指さして言う[127]。

> 毛　田中さん、彼は日本で生まれたので、今度、帰る時は、ぜひ連れて行って下さい。
> 田中　廖先生は日本でも非常に有名です。参議院議員選挙に全国区から出馬

すれば、必ず当選するでしょう。

当時、参議院の選挙制度は全国区と地方区に分かれており、全議席のうち100人（半数改選）は、選挙区を区分せずに日本全国を1選挙区とする全国区から選出され、業界団体、宗教団体、労働組合といった巨大な支援団体をバックに持つ候補者や知名度の高い人物が当選し易かった。「選挙の神様」と評された田中の言葉に、廖承志は面映い表情を見せる。今度は中華料理と茅台酒の話題に移った[128]。

> 毛　聞いたところによると、田中先生は、洋食は余り好まないそうですね。ハワイの日米首脳会談の時も日本料理を食べていたようですが、北京料理はどうですか。
> 田中　ああ、北京料理はたくさん食べましたよ。それに、たくさんの茅台酒を飲みました。
> 毛　飲み過ぎはよくありませんよ。
> 田中　茅台酒は65度もあるようですね。しかし、私は好きです。
> 毛　65度ではなく、70度ですよ。誰があなたに間違った情報を伝えたのですか。

さらに雑談は続いた[129]。

> 毛　中国には古いものが多すぎてたいへんですよ。あまり古いものに締めつけられているということは、良くないこともありますね。

続いて、幼少時代に「父親に反抗した思い出」について話し出した[130]。

> 毛　四書五経の中には、親が慈悲深くないと子は孝行しない、と書いてあるのに、なぜ私をいじめるのか。

2人の会談は、まるで「旧知の先輩、後輩が話し合っているような雰囲気」[131]だった[132]。

> 毛　日本と中国は2,000年余りの付き合いがあります。中国の歴史上、初め

て日本に関する記述が出てくるのは後漢の頃でしょう。

田中　そうですね。私たちも日中交流の歴史は2,000年あると聞いてきます。

毛沢東は歴史通である。「歴史の話になると非常に生き生き」する[133]。「日本の天皇から唐朝第3代皇帝、武則天の夫である高宗の話」や「仏教と思想文化の広まり」についても語り出した[134]。毛沢東は日本の選挙運動について田中に振った[135]。

毛　日本で選挙を行うと、熾烈(しれつ)な戦いになりますね。

田中　25年間に11回も選挙がありました。毎回の選挙で街頭演説もしなければなりません。有権者とも握手を交わさなければ、勝利を得るのはとても難しいのです。

毛　街頭演説は簡単なことではありません。街頭演説というのは実入りが悪い仕事ですよ。私も半世紀前、長沙において、しばしばこのようなことをやりました。国会はどうですか。

田中　とても苦労しています。何か問題が発生すると衆議院を解散して、新たに選挙をやらなければなりません。

毛　日本は楽ではないですね。

ここで、毛沢東は訪中初日の夜に開催された周恩来主催の歓迎夕食会で、田中から出た「ご迷惑」発言について切り出す[136]。

毛　ところでお2人。「添了麻煩（ご迷惑をかけた）」の問題はどう解決したのですか。（そして書斎の隅にいた英文通訳の唐聞生を指し、穏やかな口調ながら）うちの女性の同志が、意見があると言っているんです。

微かな緊張が走った。田中は次のように答えた[137]。

田中　日本ではことばは中国からはいったとはいえ、これは万感の思いをこめておわびするときにも使うのです。

毛　わかりました。迷惑のことばの使い方は、あなたの方が上手なようです。

田中は毛沢東の言葉に余程、気分が高揚したのか、帰国直後に自民党本部で開催された両院議員総会におけるスピーチで、このことを披露している。毛沢東は、それ以上は追及しなかった。二階堂は「政治の話抜き」と語ったが、これは明らかに「政治の話」であった。「政治の話」は続く[138]。

> 毛　皆様が北京に来たことで世界中が戦々恐々としています。主にソ連とアメリカの２つの大国です。彼らは非常に不安になっているでしょう。そこで何をやっているのだと思っているのではないでしょうか。アメリカは、まだいいでしょう。しかし、いい気分ではないと思います。それは、彼らは今年２月に来た時に私たちと外交関係を結ぶことができなかったからです。皆様に先を越されて、心の中では不愉快に思っているのではないでしょうか。何十年、年百年経っても合意に達しないこともあれば、数日以内で問題を解決することもあります。今、お互いにその必要があります。これもニクソン大統領が私に話したことです。彼は「お互いにその必要があるかどうか」と聞いてきました。私は「必要です」と答えました。私は右派と結託したことになってしまい、余りよく思われていません。私はニクソンに大統領に「あなたの国には２つの政党があります。聞いたところによると、民主党は比較的考え方がオープンで、共和党は比較的右寄りだそうですね。私は民主党のことは大して知りませんし、興味も持っていません。でも私はニクソン大統領、あなた選挙に出馬した時、私はあなたに１票を投じましたよ。投票しました。ご存じでしたか」と言いました。今回、私はあなたに投票しました。まさに、あなたが言った通り、自民党の主力が来なければ、どうして中日復交問題が解決できましょう。私たちに対して「右派と結託している」と罵る人がいます。しかし、私は言います。日本の野党では問題を解決することができません。中日復交問題を解決するには、やはり自民党政権に頼らなければならないのです。

ニクソンを皮肉り、暗に米中国交正常化を促したのである。「やはり自民党政権に頼らなければならないのです」との一言は田中を大いに喜ばせた。田中は自らの訪中に対するアメリカの見解を説明した[139]。

> 田中　アメリカは私たちの訪中を支持すると言っています。

> **毛** キッシンジャーも私たちに知らせてくれました。そんなに隔たりはありません。
>
> **田中** そうですよ。私も大平外務大臣とハワイに行って、ニクソン大統領と会談しました。アメリカも、あなたの訪中は世界の潮流に符合しており、必然的な趨勢であると認めています。したがって、アメリカは日中間の関係改善を望んでいるのです。

ここで一旦、小休止に入る。田中はテーブルに置いてあった「熊猫」という銘柄のたばこを手にし、毛沢東に尋ねる(140)。

> **田中** たばこを吸ってもいいですか。
> **毛** 私のたばこを吸いませんか。

「熊猫」とは日本語で「パンダ」を意味し、パッケージにも愛らしいパンダのイラストが描かれている。毛沢東は愛煙家で知られた。1日に50本は吸うヘビースモーカーで、長征の時は、たばこを切らすと、小さく束ねた雑草に火を灯して吸っていたほどで、喫煙が原因で歯は黒く、指は脂で黄色くなっていた。

田中も、毛沢東ほどではないが愛煙家であった。普段は「セブンスター」を吸っていた。毛沢東は黙って手元にあった小さな葉巻を咥え、田中に差し出した。中国には「敬煙」と呼ばれる習慣がある。たばこを吸う時、その場に居合わせた人にも勧め合うというマナーである(141)。

> **田中** 私はこれで結構です。禁煙していたのですが、周恩来首相との話し合いが余りにも長かったため、再びたばこを手にしてしまいました。

こう言ってマッチを持って立ち上がり、毛沢東の葉巻に火を点けた後、自分のたばこにも火を点けた。毛沢東は「Thank you」と英語で答えた。葉巻を一気に吸い込み、ゆっくりと青色の煙を吐き出しながら周恩来の方を向く(142)。

> **毛** いつ頃、ステートメントを発表するのか。
> **周** 恐らく明日になる。今夜、共同で草稿を考えなければなりません。中国語版と日本語版、さらに英語版も用意します。

毛沢東は驚いた様子で再び葉巻を口にし、田中を絶賛する[143]。

> 毛　皆様は本当にスピーディーですね。
> 田中　はい、機が熟せば必ず解決できる話です。双方が悪戯な外交手段を駆使せず、誠心誠意を尽くせば、きっと円満な結果が得られるはずです。

田中は今後の流れについて話し始めた[144]。

> 田中　日本国憲法の規定に基づいて、内閣は外交関係を処理する権限を有しています。今回、その決定権を持つ３名で中国に来ました。日中共同声明調印後、内閣に報告し、承認を得ることになります。

満足したのか毛沢東の口から意外な言葉が飛び出した[145]。

> 毛　北方領土は日本のものです。取り返しなさいよ。

凡そ１時間に及ぶ会談は、いよいよクライマックスへと入っていく。

▶5　『楚辞集注』贈呈の意味合い

会談は「友好的に、リラックスした雰囲気の中で」続けられ、「あっという間に時計の針は９時半」を指していた[146]。周恩来が感心した様子で語り始めた[147]。

> 周　毎日、多くの書物に目を通しています。見なさい。ここに積み上がっているのは全てそうです。
> 田中　忙しいことを理由にして読書をしないという口実は通用しませんね。しっかり読まないといけません。

周恩来が部屋中に堆く積まれた書物を指差す。田中角栄は、周恩来の指先を目で追いながら反省の弁を口にした。読書のことが話題となって気持ちが高ぶったのか毛沢東は、こう応じた[148]。

第5章　田中訪中と日中国交正常化　219

　毛　私は本の中毒に罹っています。ここには読み切れないほどの本があります。これが『稼軒（かけん）』、あれが『楚辞（そじ）』です。大した贈り物はできませんが、これを差し上げます。

　田中　心から感謝します。毛主席、有難うございます。私たち3人は、しっかりと勉強します。

　毛沢東は『楚辞集注』全6巻を田中に手渡した。楚国の詩人で宰相でもある屈原の作品を主とする詩集『楚辞』に南宋の儒家である朱熹（しゅき）が注釈を加えたものである。朱熹と言えば、朱子学を大成したことで知られている。田中は毛沢東の手を握り、何度も頭を下げた。『楚辞集注』全6巻は毛沢東の愛読書の1つであった。
　それにしても、数ある書物の中で、なぜ毛沢東は『楚辞集注』全6巻を贈呈したのであろうか。その理由について当時、様々な憶測が流れた。外務省の理解は次の通りである(149)。

　　楚辞集注は楚国の忠臣、屈原が作った詩を後世の学者が註釈したものを集めた本である。この詩は「離騒」といい、措字用語が奇麗であるが、仲々（なかなか）難解である。この本は中国の文学史、あるいは詩に志す人が、最初に読まねばならない本とされている。屈原は楚国（揚子江以南、紀元前300年）の官吏で愛国者であった。
　　楚の襄王（じょうおう）は佞臣（ねいしん）、靳尚（きんしょう）の詭言を聞いて、屈原の諫言を取り上げず、屈原は遂に辞職に追いこまれた。屈原は楚が近く亡びるであろうことを予想し、国を憂うる愛国の詩を書いた。これを「離騒」という。これを書いてから、彼は5月5日、汨羅江（べきらこう）に身を投じて死んだ。後世の人は屈原を憐み、端午の節句になると「ちまき」を作り川に投げて彼の霊を慰めている。
　　「離騒」に次のような句がある。
　　「望美人兮天一方」（美人を望む天一方）美人は国家、人民の意、兮は置字で意味はない。天一方は遥かに思いを馳せる意。また、「餐秋菊之落英」（秋菊の落英をくらう）秋菊の一片を食うの意。秋は晩節を意味し、人格の高潔をたたえている。
　　毛主席は郭沫若（かくまつじゃく）と共に中国の大詩人であり、また、平素屈原を研究し尊敬しているので、田中総理に「楚辞集注」を贈られたものであろう。

これに対し、「田中角栄＝屈原」説なる見方がある。「中国衰亡の危機を救った英傑毛沢東は、角栄の切れすぎる能力と同時に政治的な立脚基盤の危うさを見て取っていたのではないのか。まさに角栄は『楚辞』文中の屈原であることを見抜いていた」という指摘である(150)。
　頭脳明晰で飛ぶ鳥を落とす勢いで頭角を現していった屈原は、やがて周辺からの嫉妬、讒言によって徐々に力を失っていった。最後は自らの将来に絶望して憂愁と憤懣のうちに石を抱いて汨羅江に入水自殺する。毛沢東の目には田中の姿が屈原と重なっているように見えたのではないかという捉え方である。
　田中は、やがて金脈問題が表面化し総辞職、ロッキード事件で逮捕、挙句の果てに懐刀だった竹下登が反旗を翻し田中派の分裂へと追い込まれる。仮に「田中角栄＝屈原」説が事実だとすれば、毛沢東の予感は奇しくも当っていたということになる(151)。
　一方、中嶋嶺雄は「汨羅に身を投げた屈原の故事に関わる『楚辞集注』の贈呈は、まさに亡国のドラマを相手方に強制したに等しい」と田中を厳しく批判している(152)。これは、陽明学の碩学である安岡正篤の見方と同じであるが、些か感情的な印象を受ける(153)。
　数ある憶測の中で、『楚辞集注』全6巻そのものを捲り、この真相を検証したのが矢吹晋である。矢吹は張玉鳳の編集による『毛沢東蔵書』全24巻（山西人民出版社、1998年）第9巻『楚辞・九辯』の6,282頁左段下から3行目にある2句「忼慨絶兮不得　中瞀乱兮迷惑」を引き合いに(154)、このような解釈を編み出している(155)。

> 　中国語では、迷惑とは自動詞なら自ら迷い、惑うこと、他動詞なら他人を迷わせ、惑わせること、双方を指す。自動詞と他動詞いずれにも使う。ちなみに『魏志倭人伝』に卑弥呼が「鬼道に事え、衆を惑わす」と評されていることを想起したい。中国語の「迷惑mihuo」は、『楚辞』や『魏志倭人伝』の時代から意味が変化していない。現代中国語においても、『楚辞』と同じ意味で用いられている。これが田中のいう「メイワク」とどれだけかけ離れたものであるかは容易に理解できよう。毛沢東は、田中の用いた「迷惑」を中国語の文脈ではこのように使う、その証拠を示すために『楚辞集註』を差し出したのではないか。

言うまでもなく田中の「迷惑」発言のことである。「自ら迷い、惑う」こと、あるいは「他人を迷わせ、惑わせる」ことという日本語の「迷惑」とは意味が異なる。それを指摘することによって毛沢東は田中に言語の多様性に対する注意喚起を促したというものである。
　これに対し、廖承志は「毛主席が答えるべきものであって、私に答える権利はありません。しかし、その場にいた人間として感想を言わせてもらえば、屈原は最も偉大な詩人であり、歴史上、その最も偉大な詩人の作品を漢詩が好きな政治家に送ったということなのです。毛主席は詩情がある方なのです」と述べており[156]、栗山尚一も同じように、田中が漢詩を作ったことを知った毛沢東が、単に今後の漢詩を創作する際の参考になればとの心遣いからプレゼントしたのではないかと語っている[157]。
　日本語通訳の王效賢は「主席はこの本が大好きだったからに違いありません」と見ており[158]、同時に周斌も「毛主席は大変な読書家で、単に愛読書を贈ったというだけのことです」と述べており[159]、他意はないとしている。『楚辞集注』全6巻は今、「田中角栄記念館」に保管されている。田中は喜びを爆発させながら、こう述べた[160]。

　　田中　毛主席の博識は知っていましたが、このような努力をしていたことは
　　　　　知りませんでした。毛主席の健康長寿をお祈りします。

当時、毛沢東は神経痛に悩まされていた。膝を擦(さす)りながら、こう答える[161]。

　　毛　もう駄目です。私は神様に会わなければなりません。

　毛沢東が死去するのは、それから僅か4年後の1976年9月9日のことである。二階堂進は、記者会見時、この毛沢東の発言を伏せることにした。
　毛沢東は玄関へと向かった。田中は固辞したが、自ら見送りに出たのである。双方、名残惜しそうな様子だった。こうして、田中と毛沢東による最初で最後の会談が終わった[162]。
　迎賓館に戻り、18号楼2階の部屋に引き揚げようとした時のことである。突然、田中が鼻血を流した。「ピュー、ピューといった感じ」で、傍にいた随員が慌て

て冷やしたタオルを当てると、田中は「鼻血ブーだなんて書かれるから、新聞記者には言うな」と恥ずかしそうに言った(163)。毛沢東の謦咳に接した田中の興奮はピークに達していたのかもしれない。その晩、田中は枕元で贈られた『楚辞集注』全6巻を時間の経つのを忘れて、夜が明けるまで眺めていた。

▶6 最後の詰め

　毛沢東との面会が終わった後、午後10時10分から迎賓館で、日中共同声明の案文を詰めるための大平正芳と姫鵬飛との会談が行われた。この会談は「最終会談であり、最も重要なもの」となった(164)。

　最初に姫鵬飛が中国案を示した。まず「戦争状態終結の問題」は、「周恩来総理とともに長い時間をかけてあれこれ考えたが、その挙句考えついた」ものとして、日中共同声明の前文の中に「戦争状態終結」の字句を入れ、本文において日中間の「不正常な状態は終了する」との文言を挿入することを提案した(165)。「不正常な状態」とは橋本恕が示した「不自然な状態」を言い換えたものである。「戦争状態終結」と「不正常な状態は終了する」の2つの言葉を併記することによって、「中日双方がそれぞれ異なった解釈を行ないうる余地が生じる」というのが中国側の考えだった(166)。

　賠償請求権の放棄に関しては、「中華人民共和国政府は、中日両国人民の友好のために、日本国に対し、戦争賠償の請求を放棄することを宣言する」という表現を提示した(167)。日華平和条約との整合性を考えて日本側が主張していた通り、「賠償請求権」ではなく「賠償の請求」という形となり、大平も同意した。

　一方、台湾の法的地位については、この会談の中では議題に上がっていない。ただ、最終的に日本側が求めていた表現、即ち「中華人民共和国政府は、台湾が中華人民共和国の領土の不可分の一部である」ことに対し日本は「中華人民共和国政府の立場を十分理解し、尊重」することも、栗山尚一の考案による「ポツダム宣言第八項に基づく立場を堅持する」という一文を加えることも、中国側は認めた。橋本は「中国側に『これでもうわかってくれ、これ以上はとても無理だ』という考えを伝えた。中国側も『わかった』ということで決着にいたったわけです」と述べている(168)。事務レベルでの検討で合意に至ったものと思われる。

　さらに、中国案の前文にあった「日本国政府は、過去において日本軍国主義が中国人民に戦争の損害をもたらしたことを深く反省する」という箇所も、「日本

軍国主義」という表現が日本側の要求通り削除された。当時、大平の秘書官だった森田一は「厳密な言葉の定義よりも、タカ派がカチンとくるような言葉をできるだけ避けることの方が重要だったのです。大平は、『軍国主義』の話ではいろいろ悩んでいましたよね」と語っている(169)。「日本軍国主義」なる言葉は、自民党内における慎重派を悪戯に刺激する可能性があると判断したのである。

この間、「大平が日本側の案文を１つ１つ読み上げる。それを姫鵬飛と張香山がメモにとる。外交部の職員が２人、代わるがわるにそのメモを持って部屋を出て」、やがて「職員が席に戻って姫鵬飛にメモを渡した。姫鵬飛はそれを見て、『それでは』と今度は中国側の回答を読み上げ」るという異様な光景が見られた(170)。推測でしかないが、恐らく別の部屋に周恩来が控え、指示を与えていたのであろう。

こうして、雪崩を打つかのように妥協に漕ぎ着ける。後は細部の字句を詰めるだけである。日中共同声明の全文を仕上げる修文作業が、外務省と外交部の事務レベルで、翌朝まで行われた。

一方、この日、台湾では蔣経国が行政院第1292回院会において日中国交正常化に伴う日本との断交に関する具体的指示を出していた。蔣経国は「日華平和条約を破棄することは違法的、無効的」であり、「厳正な態度を持って、これに応ずる」とし、日中共同声明が出た場合は同時に「断絶の声明」を発し、その中で「これは日本全国民が望んでいるものではなく、田中角栄の愚策であり、大勢の日本の有識者は依然として私たちに同情を寄せ、私たちを支持」しており、したがって「断絶の声明」では「私たちと日本の反共民主の人々との友誼は将来に亘って継続維持していく」ことにも言及するとした(171)。

▶7 交渉妥結へ

交渉が大詰めを迎えた９月28日午後３時から最終ラウンドとなる４回目の田中角栄と周恩来との会談が迎賓館で開かれた。そこで話し合われたのは、日華平和条約の無効宣言と台湾との外交関係の断絶に関する手続きについてである。

この席で大平正芳は「いよいよ明日から、日台間の外交関係は解消される」と明言した上で(172)、「日中国交正常化後の日台関係」と題する文章を読み上げた。原文は以下の通りである(173)。

（別紙）

日中国交正常化後の日台関係

1．日中国交正常化の結果、現に台湾を支配している政府と我が国との外交関係は解消される。このことは当然のことではあるが明確にしておきたい。しかしながら、昨年、日台貿易が往復12億ドルを越えたこと、我が国から台湾へ約18万人、台湾から我が国へ約5万人の人々が往来したことなどにみられるとおり、日本政府としては、日台間に多方面にわたる交流が現に行われているという事実、また日本国民の間には台湾に対する同情があるという事実を無視することはできない。

2．日本政府としては、今後とも「2つの中国」の立場はとらず、「台湾独立運動」を支援する考えは全くないことはもとより、台湾に対し何等の野心ももっていない。この点については、日本政府を信頼してほしい。しかしながら、日中国交正常化後といえども、我が国と台湾との関係においては、次の諸問題が当分の間残ることが予想される。

（1）政府は在台湾邦人（現在在留邦人3,900及び多数の日本人旅行者）の生命・財産の保護に努力しなければならない。

（2）我が国は自由民主体制をとっており、台湾と我が国との人の往来や貿易はじめ各種の民間交流については、政府としては、これが正常な日中関係をそこねない範囲内において行われるかぎり、これを抑圧できない。

（3）政府は民間レベルでの日台間の経済交流も（2）と同様容認せざるをえない。

（4）日台間の人の往来や貿易が続く限り、航空機や船舶の往来も（2）（3）と同様、これを認めざるをえない。

3．日中国交正常化後、台湾に在る我が方の大使館・総領事館はもちろん公的資格を失うが、前記の諸問題を処理するため、しばらくの間、その残務処理に必要な範囲内で継続せざるを得ない。またある一定期間の後、大使館・総領事館がすべて撤去された後に、何等かの形で民間レベルの事務所、コンタクト・ポイントを相互に設置する必要が生ずると考える。このことについて中国側の御理解を得たい。

4．なお、政府としては、日中国交正常化が実現した後の日台関係については、国会や新聞記者などに対し、上記の趣旨で、説明せざるをえないので、あらかじめ御了承願いたい。

この大平の主張を周恩来は間髪を入れず受け入れ、それどころか「日本側から、主導的に先に台湾に『事務所』を出した方が良いのではないか？」と促した[174]。周恩来は日台間の実務関係の継続を容認したのである。ここで異論を挟めば、さらに交渉は長引くと察したのであろう。

　橋本恕は「聞いていた周恩来は一言も反論せずに、『結構です。どうぞそのようにおやり下さい。中国としてはなんの異存もありません』と、きっぱり言ったのです」と回想している[175]。最後に周恩来は日華平和条約の取り扱いについて言及したが、大平の「私に任せて欲しい」という言葉に黙って頷き、全ては大平に託されることとなった[176]。

　会談終了後の午後6時30分からは田中主催の答礼夕食会が人民大会堂の大広間で開かれた。田中はスピーチで「これまで周恩来総理閣下をはじめ、貴国関係各位と親しくお目にかかり、終始友好的な雰囲気のなかで、極めて率直に意見の交換を重ねて参りました。その結果、いまや、国交正常化という大事業を成就できるものと確信しております」とし、「日中両国の首脳が、今回のように、膝を交えて友好的な話合いをするまでには、長い歳月と茨の道がありました。私は、日中間の対話の途を拓くため貢献された両国各方面の方々に対し感謝の意を表明するものであります」と感慨深げに語った[177]。続いて登壇した周恩来も「相互理解と小異をのこして大同を求める精神にのっとって、われわれは中日国交正常化に関する一連の重要な問題で合意に達しました」と述べ、「わたしはわれわれの会談の円満な成功を熱烈に祝うとともに、田中首相ならびに大平外相が中日国交樹立のためになされた重要な貢献を高く評価するものです」と田中と大平を讃えた[178]。

　妥協が図れた後だけあって、参加者は一様に安堵の表情を浮かべていた。中でも若かりし頃に日本に渡り、九州帝国大学で学んだ作家の郭沫若（かくまつじゃく）は、感激の余り溢（あふ）れる涙を堪（こら）えることができずにいた[179]。

第5節　交渉4〜6日目

▶1　台湾への事前通告

　日中共同声明の調印式に翌日に控えた9月28日夜、駐日台湾大使館政務参事の林金莖(りんきんけい)のところに1本の電話が入った。相手は外務事務次官の法眼(ほうげん)晋作である。
　明日29日午前9時に、駐日台湾大使の彭孟緝と一緒に外務省に来て欲しいとのことだった。当然、林金莖も何の用件かは分かっていた。
　秋風が吹き、小雨が降る中、「青天白日満地紅旗」を靡かせながら公用車を走らせ、2人は外務省に向かった(180)。定刻通り到着すると法眼は彭孟緝に、本日昼頃に日中共同声明が発せられると伝えた。
　これに対し、彭孟緝が「日本と中共が国交を結ぶということは中華民国とは断交するということか？」と問うと、法眼は「日中国交正常化によって中華民国との外交関係の継続維持はできなくなるということである」とだけ答えた(181)。「断交」という言葉は使わなかった。続いて彭孟緝が今後について聞くと法眼は「貴国の同意が得られれば政治以外の関係、例えば経済、文化、教育交流といった民間交流は続けてきたい」と述べた(182)。
　最後に彭孟緝は「3年余りの滞日中、日本政府、外務省、並びに日本の友人が示された御親切に深く感謝する。特に次官には大変御世話になった」と語った(183)。法眼は「国家関係如何にかかわらず個人的友情には変りない」と応じ、2人は穏やかな笑顔で別れた(184)。
　外務省を後にし、10時前に駐日台湾大使館に戻った彭孟緝は早速、公電を打ち、法眼からの伝達事項を本国へ伝えた(185)。
　同じ頃、台湾では駐台日本大使の宇山厚(あつし)が外交部長の沈昌煥に同様の通告をし、田中角栄から蔣介石に宛てた親電を読み上げた。その内容は以下の通りである(186)。

> 本日、日本政府と中華人民共和国政府との共同声明によって両国間に外交関係が樹立される運びとなりました。私はここに過去20余年間、蔣総統がわが国民になされた深いご理解と温かいご配慮に衷心(ちゅうしん)より感謝の意を表するとともに、貴国民と日本国民の間に長年にわたって培われた友情の精神は、わ

が国国民が閣下によせる深い尊敬の情と相まって、今後とも両国国民を結ぶ絆として変わらないものであることを切に祈念する次第であります。

これが日本からの最後のメッセージである。紙切れ1枚、僅か7行（中国語）の実に簡単で淡白な内容だった。ここでも「断交」とは言わなかった。

▶2　調印式

予定よりも20分近く遅れて午前10時18分から、人民大会堂「西大庁」で日中共同声明の調印式が行われた。大きな屏風を背にして、深緑のテーブルクロスに覆われた長机の上には、Y字型の台に飾られた「日の丸」と「五星紅旗」が置かれ、赤紫の椅子が4つ並べられた。

向かって左に田中角栄と大平正芳、右に周恩来と姫鵬飛が座った。それぞれテーブルの上の硯箱から毛筆を取り出すと、日本語と中国語で書かれた日中共同声明の正文、英語の副文に署名し、そして、田中、周恩来が立ち上がって署名を終えた正文を交換して、固く握手を交わした。日中共同声明は、前文と9項目から成り、以下の通りとなった。

日本国政府と中華人民共和国政府の共同声明

　日本国内閣総理大臣田中角栄は、中華人民共和国国務院総理周恩来の招きにより、千九百七十二年九月二十五日から九月三十日まで、中華人民共和国を訪問した。田中総理大臣には大平正芳外務大臣、二階堂進内閣官房長官その他の政府職員が随行した。

　毛沢東主席は、九月二十七日に田中角栄総理大臣と会見した。双方は、真剣かつ友好的な話合いを行った。

　田中総理大臣及び大平外務大臣と周恩来総理及び姫鵬飛外交部長は、日中両国間の国交正常化問題をはじめとする両国間の諸問題及び双方が関心を有するその他の諸問題について、終始、友好的な雰囲気のなかで真剣かつ率直に意見を交換し、次の両政府の共同声明を発出することに合意した。

　日中両国は、一衣帯水の間にある隣国であり、長い伝統的友好の歴史を有する。両国国民は、両国間にこれまで存在していた不正常な状態に終止符を

打つことを切望している。戦争状態の終結と日中国交の正常化という両国国民の願望の実現は、両国関係の歴史に新たな一頁を開くこととなろう。

　日本側は、過去において日本国が戦争を通じて中国国民に重大な損害を与えたことについての責任を痛感し、深く反省する。また、日本側は、中華人民共和国政府が提起した「復交三原則」を十分理解する立場に立って国交正常化の実現をはかるという見解を再確認する。中国側は、これを歓迎するものである。

　日中両国間には社会制度の相違があるにもかかわらず、両国は、平和友好関係を樹立すべきであり、また、樹立することが可能である。両国間の国交を正常化し、相互に善隣友好関係を発展させることは、両国国民の利益に合致するところであり、また、アジアにおける緊張緩和と世界の平和に貢献するものである。

一　日本国と中華人民共和国との間のこれまでの不正常な状態は、この共同声明が発出される日に終了する。

二　日本国政府は、中華人民共和国政府が中国の唯一の合法政府であることを承認する。

三　中華人民共和国政府は、台湾が中華人民共和国の領土の不可分の一部であることを重ねて表明する。日本国政府は、この中華人民共和国政府の立場を十分理解し、尊重し、ポツダム宣言第八項に基づく立場を堅持する。

四　日本国政府及び中華人民共和国政府は、千九百七十二年九月二十九日から外交関係を樹立することを決定した。両政府は、国際法及び国際慣行に従い、それぞれの首都における他方の大使館の設置及びその任務遂行のために必要なすべての措置をとり、また、できるだけすみやかに大使を交換することを決定した。

五　中華人民共和国政府は、中日両国国民の友好のために、日本国に対する戦争賠償の請求を放棄することを宣言する。

六　日本国政府及び中華人民共和国政府は、主権及び領土保全の相互尊重、相互不可侵、内政に対する相互不干渉、平等及び互恵並びに平和共存の諸原則の基礎の上に両国間の恒久的な平和友好関係を確立することに合意する。

　両政府は、右の諸原則及び国際連合憲章の原則に基づき、日本国及び中国が、相互の関係において、すべての紛争を平和的手段により解決し、武力又は武力による威嚇に訴えないことを確認する。

七　日中両国間の国交正常化は、第三国に対するものではない。両国のいずれも、アジア・太平洋地域において覇権を求めるべきではなく、このような覇権を確立しようとする他のいかなる国あるいは国の集団による試みにも反対する。

八　日本国政府及び中華人民共和国政府は、両国間の平和友好関係を強固にし、発展させるため、平和友好条約の締結を目的として、交渉を行うことに合意した。

九　日本国政府及び中華人民共和国政府は、両国間の関係を一層発展させ、人的往来を拡大するため、必要に応じ、また、既存の民間取決めをも考慮しつつ、貿易、海運、航空、漁業等の事項に関する協定の締結を目的として、交渉を行うことに合意した。

　　千九百七十二年九月二十九日に北京で

　　　　　日本国内閣総理大臣　　　　　田中角栄（署名）
　　　　　日本国外務大臣　　　　　　　大平正芳（署名）
　　　　　中華人民共和国国務院総理　　周　恩来（署名）
　　　　　中華人民共和国外交部長　　　姫　鵬飛（署名）

　一通りのセレモニーが終わると田中、周恩来は運び込まれたグラスを手に、シャンパンを一気に飲み干して、グラスの底を見せ合う中国式の乾杯で互いの前途を祝福した[187]。全ての役目を果たした田中だったが、大平には気の重くなるような仕事が残されていた。台湾との断交声明である。調印式後の午前11時、大平は北京民族文化宮内のプレスセンターにて日中共同声明の内容を説明する記者会見を行い、その際、「断交」という言葉は口にせず、日華平和条約の失効を明らかにした[188]。

　一　四日間にわたる日中両国首脳間の実りある会談の成果として本日ここに発表されました日本国政府と中華人民共和国政府の共同声明により、ついに懸案の日中国交正常化が実現することとなりました。
　二　国交正常化にあたっての日中双方の基本的認識と姿勢は、共同声明の前文に明らかにされているとおりであります。不幸にして日中間に長らく存在し

ていた不正常な状態に終止符が打たれ、両国間に平和友好関係が生まれることは、アジアの緊張緩和、ひいては、世界の平和に対する重要な貢献となるものと信ずる次第であります。

　三　次に共同声明本文の特に重要な部分につき、簡単にその趣旨を御説明いたします。

　第一項に明らかにされているとおり、日中両国間の不正常な状態は、本日をもって終わりを告げることになりました。その具体的表われとして、今日から両国間に外交関係が樹立されることになりますが、この点については、第四項を御参照いただきたいと思います。

　次に、日中国交正常化の当然の前提である中華人民共和国政府の承認については、第二項において日本政府の意思が明確に述べられております。

　また、台湾問題に関する日本政府の立場は、第三項に明らかにされているとおりであります。カイロ宣言において、台湾は中国に返還されることがうたわれ、これを受けたポツダム宣言（具体的には、「カイロ宣言の条項は履行せらるべく」とした第八項）をわが国が承諾した経緯に照らせば、政府がポツダム宣言に基づく立場を堅持するというのは当然のことであります。

　第五項に明らかにされている中華人民共和国政府の賠償放棄については、過去の日中間の不幸な戦争の結果、中国国民が被った損害がきわめて大きなものであったことに思いを至すならば、われわれとして、これを率直かつ正当に評価すべきものと考えます。

　国交正常化の意義もさることながら、より重要なことは、社会制度を異にする日中両国が、それぞれの立場を相互に尊重しながら、恒久的な平和友好関係を築き上げていくことであります。このような日中関係の指針となるべき原則は、第六項にあげられておりますが、第八項の平和友好条約の締結も同様な両政府の前向きの姿勢を反映したものであります。

　四　なお、最後に、共同声明の中には触れられておりませんが、日中国交正常化の結果として、日華平和条約は、存続の意義を失い、終了したものと認められるというのが日本政府の見解であります。

　1952年8月以来、続いてきた日台間の外交関係は20年で断絶された。大平は後日、「あの当時としては、ああいう選択しかなかった」と語っている[189]。苦渋の決断だった。

それでも諦め切れなかった台湾の外交部は、駐日台湾大使館に連絡し、外務省へ「私たちとの断交は『真実』なのか」探りを入れるよう指示を出した(190)。そこで駐日台湾大使館は賀屋興宣を通じて、法眼晋作に再度の確認を行う。

法眼の答えは同じであった。相手が賀屋という親台派議員の重鎮でありながら、臆することなく「日華平和条約は自然に存続意義を喪失し、併せて双方の外交関係に終止符が打たれた」と言明した(191)。

▶3　上海へ

調印式を終えた田中角栄一行は、午後1時30分、日本航空特別機で北京から上海へと向かった。北京空港には、見送りに来た3,000人もの人々が色鮮やかな花や布を打ち振り、太鼓を鳴らし、笛を奏でている。田中は顔を綻ばせながら大きく手を振り、それに応えた(192)。

田中は当初、上海への立ち寄りを拒んだ。日中国交正常化に否定的な自民党の慎重派から反発の声が上がり、「『上海見物どころじゃない』心境」だったためである(193)。ところが、外交部から「周総理の心からのお願いです」との要請があり(194)、しかも、周恩来も直々に同行することになったため、仕方なく受け入れたのであった。

機内での田中は大任を果たした疲れからか、周恩来を前にして鼾を掻きながら寝入ってしまう。二階堂進が慌てて起こそうとすると、周恩来は「いいですよ、いいですよ」と言いながら笑みを浮かべた(195)。

午後3時30分、上海虹橋空港には北京空港を出発した時を上回る数の民衆が待ち構えていた。色鮮やかな旗が林立し、小中学生が口々に「熱烈歓迎、日本賓客」と唄いながらマスゲームを展開するという歓迎ぶりで(196)、後に周恩来と火花を散らすことになる上海市革命委員会主任の張春橋が田中一行を出迎えた。

当時、中国では上海を根城に文化大革命を推し進めていた江青、張春橋、姚文元、王洪文の「4人組」が勢威を放っていた。4人組の対応に苦慮していた周恩来は、張春橋に田中を会わせることで、彼らを宥めようとした。「張らの機嫌を取り結ぶため、どうあっても田中らをその根拠地の上海まで引っ張り出さなければならなかった」のである(197)。

田中は、空港から直接、郊外にある馬橋人民公社を訪れ、綿摘み作業を見学した。この時も周恩来は、「わざわざ1歩も2歩も退って、かわりに上海のボス・

張春橋に『田中と並んで歩け』とばかり、前に出るようにしきりにすすめていた。周は、張ら上海グループの顔を立てた」のであった⁽¹⁹⁸⁾。

午後7時、上海市工業展覧会場の大広間で開かれた上海市革命委員会主催の歓迎夕食会は、終始、華やかな雰囲気で、浴びるほどに茅台酒を口に運んだ田中は珍しく酔った様子で、閉宴の際は拍手の中を周恩来に抱きかかえられるように退場していった⁽¹⁹⁹⁾。下戸の大平も、この日ばかりは喜びを爆発させ、何杯も茅台酒を飲み、「ホテルに帰ったら倒れるようにワイシャツ姿のまま寝てしまった」という⁽²⁰⁰⁾。

▶4 対日断交宣言

同じ頃、台湾では外交部長の沈昌煥が午後10時30分、日本との断交を宣言した⁽²⁰¹⁾。大平が日華平和条約の終了を発表してから半日近くが経っていた。

宣言では冒頭、「中華民国政府は、日本政府のこれら条約義務を無視した背信行為にかんがみ、ここに日本政府の外交関係の断絶を宣布するとともに、この事態に対しては日本政府が完全に責任を負うべきものであることを指摘する」とある⁽²⁰²⁾。大平が「断交」に言及しなかった代わりに、台湾側は明確に「外交関係の断絶」、即ち「断交」と言い切ったのである。結果として日本側の狙い通りとなったのである。

直ちに断交を宣言しなかったのには何か理由があるのだろうか。これについて駐日台湾大使館の公使である鈕乃聖は「最後の段階になって語気を強硬な表現に改めたために発表時間が遅くなったのではないか」と述べている⁽²⁰³⁾。

「断交」に触れず、しかも、その後も実務関係を維持しようとする日本側の対応は、台湾側からすれば実に身勝手なものだったに違いない。しかしながら、台湾側が日本側と同じように曖昧な態度を示せば、日台関係そのものが中途半端な形となり、「断交」ではなく「停止」のような柔軟な表現に止めれば、民衆からの反発を受ける恐れもある。外交部内では、宣言の文言を、どう表現するかについて相当に苦慮したものと思われる。

一方、台湾側は「その無念さを胸にしまって台湾当局は全土の警察に対し日本の公館、企業と日本人を保護するよう指令を発した」のであった⁽²⁰⁴⁾。在留日本人の保護を徹底したのである。

宣言の最後にも「わが政府はすべての日本の反共民主の人士に対し、依然、引

き続いて友誼を保持する」とあった⁽²⁰⁵⁾。これは報復措置の否定を意味する。「最高幹部数名が、蔣総統の病室に伺候したところ、蔣総統は対日報復論をおさえて、日本国民との友好親善を続けるよう命じた」と伝えられている⁽²⁰⁶⁾。

この日の台湾の様子について「民族晩報」は「断交の夜、台北市内の日本人の溜まり場は、いつもの賑やかさがない。日本人の多くは自宅かホテルに引っ込んでいるのではないか」と報じているが、外交部の「1人の官員」は「今度の一件は、田中角栄1人の『冒険英雄主義』によるものであって、日本の大多数の人民は中華民国擁護を求める私たちの友好親善の士である」と語っていたという⁽²⁰⁷⁾。こうして日本と台湾との20年間の外交関係は終了した。

▶5　帰国

いよいよ帰国の日を迎えた。30日午前9時30分、日中国交正常化を果たした田中角栄は日本航空特別機で上海を飛び立った。

帰国に際し、上海虹橋空港は大勢の群衆が見送りに集まっていた。田中の車列が現れると、太鼓、笛、シンバル、アコーディオンといった楽器の演奏が鳴り響いていた。提灯を手にする人々は「歓送、歓送、日本貴賓」と叫び、別れ際、周恩来が「お帰りになったら、天皇陛下によろしくお伝え下さい」と述べると、田中は「必ず伝えます。本当にありがとう」と約束した⁽²⁰⁸⁾。

午後1時前、羽田空港に到着すると、田中は右手を高々と振りながらタラップを降りた。副総理の三木武夫、自民党副総裁の椎名悦三郎だけでなく、社会党委員長の成田知巳、公明党委員長の竹入義勝、民社党委員長の春日一幸も出迎えに来ていた。彼らと握手を交わした田中は、用意されたマイクの前に立って、「ただいま中国訪問から帰ってまいりました。私は大平外相、二階堂官房長官とともに、日中国交正常化のために、国益を踏まえ微力をいたしてまいりました。ひとえに国民各層のご支援のたまものであります」と国民に向けたメッセージを発し、800を超える人々から「万歳」の歓呼を浴びた⁽²⁰⁹⁾。

しかし、喜びも束の間、田中には台湾との外交関係が断絶したことに反発する自民党内の慎重派への説得という大きな仕事が待ち受けていた。田中は中国滞在中、田中派の「青年将校」こと羽田孜に連絡を入れ「帰ったら直ちに党本部に入るから、議員を集めておけ」と指示していた⁽²¹⁰⁾。

皇居での帰国記帳を経て、首相官邸でのテレビ中継の合同記者会見を済ませた

田中は、午後4時20分、自民党本部に入り、両院議員総会に臨んだ。9階の講堂は推進派と慎重派が入り乱れていた。

そこへ田中が颯爽として現れた。演壇に立った田中は全員の顔を睨むように見渡しながら、「国交は昨日をもって開かれ、これから党、政府一体となり、事後措置などをやらなければならない。これから悠久の平和のためになさねばならぬことが多くある。これを党、政府一緒に、国民の皆さんと一緒になってやりたい。了承をえられたく思う」と訴えた(211)。

続いて大平正芳が日中共同声明の内容について説明した。特に強調したのが台湾の扱いであった。「外交関係が断たれても、その実務関係は尊重していかねばならないと思う。あらたにできた日中関係の根幹に触れない限り、日台間の実務関係の維持にベストを尽くしたい」と理解を求めた(212)。

だが、慎重派は納得しなかった。口火を切ったのは藤尾正行である。藤尾は「中華人民共和国との国交を樹立されたことに感謝を申し上げる」と言いながらも「国交をえた代わりに、台湾との断絶をもたらし、これまでの不正常に匹敵する緊張を生み出した」と批判した(213)。

大野市郎は「田中首相らの苦心のほどは判った」としながらも「賛成するわけにはいかない」と述べ、渡辺美智雄も「政府不信、党執行部不信だ」と声を荒げた(214)。これに対し、大平は「日華平和条約については、日中国交正常化の結果、働く余地がなくなった。どう考えてもその基盤が失われたと言わざるをえないわけで、正直に言ったまでだ」と反論した(215)。

続いて、玉置和郎が台湾問題について論じ、浜田幸一、中山正暉が「日華平和条約の廃棄」は「憲法違反」と反発し、中野四郎に至っては日ソ中立条約を一方的に破棄したソ連と同じだと突き上げた(216)。大平は次のように断じて閉会を促した(217)。

> 私の一言で条約が生きるか死ぬかと言える権限はない。私は「日中国交正常化の結果、日華条約が働く余地がなくなった」と言っているのだ。憲法98条は働く条約について忠実に守るべきだということだ。これについて国会に判断を求めなければならないとは考えない。

最終的に「今後ぜひ党執行部においては党内の意見調整をはかってもらい、党の結束をはかるよう善処方を要望する」ことが了承された(218)。羽田は「あの

場面は、政治家・田中角栄の真骨頂だった」とし、「政治家は逃げてはいけない。真っ正面から飛び込んでいくことが大事なんだということを田中角栄という人に教わった」と述懐している[219]。結局は、慎重派も日中国交正常化を「歓迎する大勢に従わざるを得なかった」のであった[220]。

注

(1) 「田中総理大臣中国訪問一行名簿」、「田中総理大臣の中国訪問」、「田中総理中国訪問」、外務省外交史料館、管理番号 2011-0721、分類番号 SA.1.3.1。全メンバーの顔触れは、時事通信社政治部編、『ドキュメント：日中復交』、時事通信社、1972 年、176 頁を参照。
(2) 佐藤昭子、『私の田中角栄日記』、新潮社、1994 年、104 頁。
(3) 同上。
(4) 田中角栄記念館編、『私の中の田中角栄』、田中角栄記念館、1998 年、95-96 頁。
(5) 阿部穆へのインタビューによる〈2011 年 7 月 29 日、日本記者クラブにおいて〉。
(6) 大平正芳回想録刊行会編、『大平正芳回想録：伝記編』、大平正芳回想録刊行会、1983 年、333 頁。
(7) 二階堂も「実は、このころ私の自宅にも頻繁に嫌がらせの電話がかかり、『日本の魂を売る政治家には天誅を加える』といった脅し」が続いていた（馬場周一郎、『蘭は幽山にあり：元自民党副総裁二階堂進聞書』、西日本新聞社、1998 年、115-116 頁）。
(8) 渡邊満子、『祖父大平正芳』、中央公論新社、2016 年、58-59 頁。
(9) 「朝日新聞」、1972 年 9 月 25 日朝刊。
(10) 阿部へのインタビューによる。
(11) 柳田邦男、『日本は燃えているか』、講談社、1983 年、304 頁。
(12) 中共中央文献研究室編、『周恩来年譜 1949-1976』下巻、北京：中央文献出版社、1997 年、548 頁。
(13) 「読売新聞」、2012 年 10 月 6 日朝刊。
(14) 「朝日新聞」、1997 年 8 月 27 日朝刊。
(15) 佐々木は見送り一番乗りだった。「アマエ（甘い）考えを持たずに、話し合って来い」と言うと、田中は「随分、すなお」に「ありがとう」と頭を下げた（「読売新聞」、1972 年 9 月 25 日夕刊）。
(16) 同上。
(17) 「朝日新聞」、1972 年 9 月 25 日夕刊。
(18) 馬場周一郎、前掲書、116 頁。
(19) 栗山尚一、『外交証言録：沖縄返還・日中国交正常化・日米「密約」』、岩波書店、2010 年、128 頁。
(20) 栗山尚一へのインタビューによる〈2011 年 8 月 9 日、自宅において〉。
(21) 「朝日新聞」、1972 年 9 月 25 日夕刊。
(22) 「縦横：精品双書」編委会編、『共和国外交実録』、北京：中国文史出版社、2002 年、327 頁。
(23) 同上。
(24) 時事通信社政治部編、前掲書、47 頁。
(25) 同上。
(26) NHK 取材班編、『NHK スペシャル周恩来の決断：日中国交正常化はこうして実現した』、日本放送出版協会、1993 年、142 頁。
(27) 同上。当時、周恩来は、就寝時間は午前、夕方から翌日の夜明けまで机に向かって事務処理に当たっていた。

しかし、田中が早寝早起き型であることを知ると、「夜の仕事は夜中の 12 時までとし、翌日の午前中は最良の状態で会談に臨めるように」と「長年に習慣をきっぱりと改め」た（孫平化、『私の履歴書：中国と日本に橋を架けた男』、日本経済新聞社、1998 年、152 頁）。周恩来の力の入れようは相当なものだったことが分かる。

(28) 時事通信社政治部編、前掲書、47 頁。
(29) 同上。
(30) 「第1回首脳会談」（1972 年9月 25 日）、「アジア局中国課『田中総理・周恩来総理会談記録（1972 年9月 25 日〜28 日）：日中国交正常化時交渉記録』」、「田中総理大臣の中国訪問」、『田中総理中国訪問』、外務省外交史料館、管理番号 2011-0721、分類番号 SA .1.3.1。
(31) 「産経新聞」、1992 年9月 27 日朝刊。
(32) 「第1回首脳会談」（1972 年9月 25 日）、「アジア局中国課『田中総理・周恩来総理会談記録（1972 年9月 25 日〜28 日）：日中国交正常化時交渉記録』」、「田中総理大臣の中国訪問」、『田中総理中国訪問』、外務省外交史料館、管理番号 2011-0721、分類番号 SA .1.3.1。
(33) 同上。
(34) 同上。
(35) 同上。
(36) 時事通信社政治部編、前掲書、48 頁。
(37) 「読売新聞」、1972 年9月 26 日朝刊。
(38) 馬場周一郎、前掲書、199 頁。
(39) 「田中首相歓迎の宴会における周総理のあいさつ」（1972 年9月 25 日）、「田中総理訪中スピーチ一覧」、『田中総理中国訪問』、外務省外交史料館、管理番号 2011-0721、分類番号 SA .1.3.1。
(40) 「周恩来総理主催招宴における田中総理演説」（1972 年9月 25 日）、「田中総理訪中スピーチ一覧」、『田中総理中国訪問』、外務省外交史料館、管理番号 2011-0721、分類番号 SA .1.3.1。
(41) 美根慶樹へのインタビューによる〈2011 年7月8日、キヤノングローバル戦略研究所において〉。
(42) 「朝日新聞」、1972 年9月 26 日夕刊。
(43) 同上。
(44) 中野士朗、『田中政権・886 日』、行政問題研究所、1982 年、136 頁。
(45) 「第1回外相会談」（1972 年9月 26 日）、「アジア局中国課『大平外務大臣・姫鵬飛外交部長会談（要録）（1972 年9月 26 日〜27 日）：日中国交正常化時交渉記録』」、「田中総理大臣の中国訪問」、『田中総理中国訪問』、外務省外交史料館、管理番号 2011-0721、分類番号 SA .1.3.1。
(46) 「別紙：日中共同声明日本側案の対中説明」（1972 年9月 26 日）、「アジア局中国課『大平外務大臣・姫鵬飛外交部長会談（要録）（1972 年9月 26 日〜27 日）：日中国交正常化時交渉記録』」、「田中総理大臣の中国訪問」、『田中総理中国訪問』、外務省外交史料館、管理番号 2011-0721、分類番号 SA .1.3.1。
(47) 同上。
(48) 同上。
(49) 同上。
(50) 美根へのインタビューによる。
(51) 「第2回首脳会談」（1972 年9月 26 日）、「アジア局中国課『田中総理・周恩来総理会談記録（1972 年9月 25 日〜28 日）：日中国交正常化時交渉記録』」、「田中総理大臣の中国訪問」、『田中総理中国訪問』、外務省外交史料館、管理番号 2011-0721、分類番号 SA .1.3.1。
(52) 同上。
(53) 大平正芳記念財団編、『去華就實：聞き書き大平正芳』、大平正芳記念財団、2000 年、158 頁。
(54) 「朝日新聞」、1988 年5月3日朝刊。
(55) 張香山、鈴木英司訳、『日中関係の管見と見証：国交正常化 30 年の歩み』、三和書籍、2002 年、30 頁。

第5章　田中訪中と日中国交正常化　237

(56) 中江要介、『らしくない大使のお話』、読売新聞社、1993年、28頁。
(57) 外務省編、『わが外交の近況』1973年版（第17号）、外務省、1973年、546頁。
(58) 周恩来は夫人の鄧穎超に「中国にも、高島のような人物が欲しい」と、しみじみ告白したという（中野士朗、前掲書、171頁）。
(59) 「第2回首脳会談」（1972年9月26日）、「アジア局中国課『田中総理・周恩来総理会談記録（1972年9月25日～28日）：日中国交正常化時交渉記録』」、「田中総理大臣の中国訪問」、『田中総理中国訪問』、外務省外交史料館、管理番号2011-0721、分類番号 SA .1.3.1.
(60) 本田善彦、『日・中・台視えざる絆：中国首脳通訳のみた外交秘録』、日本経済新聞社、2006年、10頁。
(61) 同上書、9頁。
(62) 同上書、11頁。
(63) 栗山へのインタビューによる。
(64) NHK取材班編、前掲書、152頁。
(65) 栗山へのインタビューによる。栗山は「橋本課長は、非常に苦心して書いたと思っておられたはずです。橋本課長の本心で書きたかったことは別として、国内の親台湾派、後の青嵐会とか自民党の中での親台湾派の人がいて、あるいは親台湾派でなくても歴史認識について国内でいろんな意見がある。そのことを前提として、田中総理が日本の総理としてあの場でどこまで言えるか、どこまで言っても国内で批判にさらされないで済むかということは、当然、橋本課長としては考えざるをえなかったわけです」とも述べている（栗山尚一、前掲書、130頁）。
(66) 本田善彦、前掲書、11頁。
(67) 早坂茂三、『早坂茂三の「田中角栄」回想録』、小学館、1987年、231-232頁。
(68) 「縦横：精品双書」編委会編、前掲書、328頁。
(69) 『読売新聞』、1997年9月22日夕刊。
(70) 早坂茂三、『政治家田中角栄』、中央公論社、1987年、387頁。
(71) 「第2回外相会談」（1972年9月26日）、「アジア局中国課『大平外務大臣・姫鵬飛外交部長会談（要録）（1972年9月26日～27日）：日中国交正常化時交渉記録』」、「田中総理大臣の中国訪問」、『田中総理中国訪問』、外務省外交史料館、管理番号2011-0721、分類番号 SA .1.3.1.
(72) 同上。
(73) 同上。
(74) 同上。
(75) 栗山へのインタビューによる。
(76) 同上。
(77) 同上。
(78) 「第2回外相会談」（1972年9月26日）、「アジア局中国課『大平外務大臣・姫鵬飛外交部長会談（要録）（1972年9月26日～27日）：日中国交正常化時交渉記録』」、「田中総理大臣の中国訪問」、『田中総理中国訪問』、外務省外交史料館、管理番号2011-0721、分類番号 SA .1.3.1. 栗山は、恐らく姫鵬飛は「ポツダム宣言に基づく立場を堅持する」との一文を挿入することの意味が、すぐに呑み込めなかったのではないかと語っている（栗山へのインタビューによる）。
(79) 田中角栄記念館編、前掲書、96-97頁。
(80) 中野士朗、前掲書、173頁。
(81) 同上。
(82) 橋本恕、「私の出会い第30回：官僚生命をかけた日中国交正常化」、『時評』2000年8月号、時評社、2000年、91頁。
(83) 同上書、92頁。
(84) 外務省編、前掲書、537頁。

(85) 橋本恕、前掲書、92 頁。
(86) 「朝日新聞」、1972 年 9 月 28 日朝刊。
(87) 阿部へのインタビューによる。
(88) 久能靖、「角栄・周恩来会談最後の証言」、『文藝春秋』2007 年 12 月号、文藝春秋、2007 年、364 頁。
(89) NHK 取材班編、前掲書、162 頁。
(90) 久能靖、前掲書、364 頁。外務省の公式の会議記録には、このような発言は見当たらない。「非公式外相会談」（1972 年 9 月 27 日）、「アジア局中国課『大平外務大臣・姫鵬飛外交部長会談（要録）（1972 年 9 月 26 日〜27 日）:日中国交正常化時交渉記録』」、「田中総理大臣の中国訪問」、『田中総理中国訪問』、外務省外交史料館、管理番号 2011-0721、分類番号 SA .1.3.1 参照。
(91) 山口朝雄、『大平正芳：政治姿勢と人間像』、創芸社、1978 年、63 頁。
(92) 公文俊平、香山健一、佐藤誠三郎監修、『大平正芳政治的遺産』、大平正芳記念財団、1994 年、260-261 頁。同じく大平の孫娘である渡邊満子も「大平は戦前、まだ 20 代の大蔵官僚だった頃に、中国の張家口に 1 年半ほど単身赴任をした経験があった。結婚して長男・正樹が生まれ、妻・志げ子が第 2 子を懐妊中の、日中戦争最中のことであった。内蒙古近くのその街は、樹木がほとんどない土色の田舎街だった。この時に垣間見た日本軍部の横暴な振る舞いによって、中国の人々への贖罪意識が大平の中には芽生えたのだと思う」と述べている（渡邊満子、前掲書、61 頁）。
(93) 久能靖、前掲書、364 頁。
(94) 「朝日新聞」、1997 年 8 月 28 日朝刊。
(95) 「第 3 回首脳会談」（1972 年 9 月 27 日）、「アジア局中国課『田中総理・周恩来総理会談記録（1972 年 9 月 25 日〜28 日）:日中国交正常化時交渉記録』」、「田中総理大臣の中国訪問」、『田中総理中国訪問』、外務省外交史料館、管理番号 2011-0721、分類番号 SA .1.3.1。
(96) 同上。
(97) 同上。
(98) 同上。
(99) 「中国課『日中間の懸案事項』」（1972 年 7 月 10 日）、「日中共同声明に関する決議に対するステートメント」、『田中総理中国訪問』、外務省外交史料館、管理番号 2011-0721、分類番号 SA .1.3.1。
(100) 大平正芳記念財団、前掲書、160 頁。橋本の回想では、尖閣諸島が話題に上がったのは「共同声明が調印された 4 日目の首脳会談」となっているが、これは記憶違いであろう。正しくは 3 日目の 9 月 27 日で、併せて日中共同声明が調印されたのは 5 日目の 29 日である。
(101) 張香山、「中日復交談判回顧」、中華日本学会、中国社会科学院日本研究所主編、『日本学刊』1998 年 1 期、北京：「日本学刊」雑誌社編輯部、1998 年、47 頁。
(102) それから 40 年以上が経った 2013 年 6 月 3 日、元官房長官の野中広務が、この交渉直後に田中から聞いたエピソードとして、尖閣諸島について日中間で棚上げに合意したとし、「当時の現状を明確に聞いた生き証人として、明らかにしておきたいという気持ちがあった。なすべきことをなした」と語った（「読売新聞」、2013 年 6 月 4 日朝刊）。
(103) 栗山へのインタビューによる。
(104) 浦野起央、『分析・資料・文献：尖閣諸島・琉球・中国　日中国際関係史』増補版、三和書籍、2010 年、242-243 頁。
(105) 福井治弘、「自民党の外交政策とその決定過程：中国問題を中心として」、『国際問題』1972 年 4 月号、日本国際問題研究所、1972 年、17 頁。
(106) 毎日新聞社政治部編、『転換期の「安保」』、毎日新聞社、1979 年、259 頁。
(107) 馬場周一郎、前掲書、126 頁。
(108) 同上。
(109) 中野士朗、前掲書、175 頁。

(110) 同上書、176 頁。
(111) 鬼頭春樹、『国交正常化交渉北京の5日間:こうして中国は日本と握手した』、NHK出版、2012 年、209 頁。
(112) NHK取材班編、前掲書、169 頁。
(113) 毎日新聞社政治部編、前掲書、260 頁。
(114) 同上書、261 頁。
(115) 山岸一平、『昭和後期10人の首相:日経の政治記者が目撃した「派閥の時代」』、日本経済新聞出版社、2008 年、101 頁。
(116) Henry Kissinger, On China, New York: Penguin Audio, 2011, p.257.
(117) 毎日新聞社政治部編、前掲書、261 頁。田中は毛沢東の印象について、秘書の佐藤昭に「独特の風格があって、ちょっと普通とは違う種類の人間だな、と思った。大平君に言ったんだ。『君は20年もたてばああいうふうになるかもしれんが、俺は30年たっても無理だよ』と」と語っている(佐藤昭子、前掲書、106-107 頁)。
(118) 時事通信社政治部編、前掲書、50 頁。
(119) 同上書、51 頁。
(120) 「朝日新聞」、1972 年 9 月 28 日朝刊。
(121) 例えば次のようなものが挙げられる。田中明彦、『日中関係 1945-1990』、東京大学出版会、1991 年、81 頁。毛里和子、『日中関係:戦後から新時代へ』、岩波書店、2006 年、75 頁。田村重信、豊島典雄、小枝義人、『日華断交と日中国交正常化』、南窓社、2000 年、175 頁。
(122) 柯延主編、『毛沢東生平全記録:1893～1976』下巻、北京:中央文献出版社、2009 年、996 頁。
(123) 本田善彦、前掲書、21 頁。
(124) 江明武主編、『周恩来生平全記録:1898～1976』下巻、北京:中央文献出版社、2004 年、924-925 頁。
(125) 同上書、925 頁。
(126) 横堀克己、「その夜、新たな歴史がひらかれた:毛-田中会談を再現する」、『人民中国』2002 年 9 月号、人民中国雑誌社、2002 年、20 頁。
(127) 呉学文、王俊彦、『廖承志与日本』、中共党史出版社、2007 年、397 頁。
(128) 柯延主編、前掲書、997 頁。
(129) 「朝日新聞」、1972 年 9 月 28 日朝刊。
(130) 「読売新聞」、1972 年 9 月 28 日朝刊。
(131) 時事通信社政治部編、前掲書、51 頁。
(132) 江明武主編、前掲書、925 頁。
(133) 「読売新聞」、1972 年 9 月 28 日朝刊
(134) 呉学文、王俊彦、前掲書、397 頁。
(135) 柯延主編、前掲書、999 頁。
(136) 本田善彦、前掲書、24 頁。
(137) 時事通信社政治部編、前掲書、51 頁。
(138) 中国外交部中共中央文献研究室編、『毛沢東外交文選』、中央文献出版社、世界知識出版社、1994 年、598 頁。
(139) 江明武主編、前掲書、926 頁。
(140) 同上。
(141) 同上。
(142) 同上。
(143) 同上。
(144) 同上。
(145) 二階堂進、『己を尽くして:私の履歴書』、日本経済新聞社、1986 年、154 頁。

(146) 柯延主編、前掲書、999 頁。

(147) 江明武主編、前掲書、926 頁。

(148) 同上。

(149) 「中国課『「楚辞集注」について』」（1972年10月17日）、「雑件」、『日中国交正常化（重要資料）』、外務省外交史料館、管理番号 2011-0720、分類番号 SA .1.2.2。

(150) 日中コミュニケーション研究会編、『日中相互理解とメディアの役割』、日本僑報社、2002年、28-29 頁。

(151) 1975年7月、タイ首相のククリット（Kukrit Pramoj）が訪中した時、毛沢東はククリットに対し、「私に会いに来た人で、しかも私が高く評価した人は、帰国後に災難に直面します」と言い、続けてニクソン、田中を始め、7人の名前を挙げた（柯延主編、前掲書、999 頁）。ニクソンも中国から帰国して間もなく、ワシントンのウォーターゲートビルにある民主党全国委員会本部で盗聴未遂事件が起き、やがて全米を揺るがす一大スキャンダル「ウォーターゲート事件」へと発展して、1974年8月に辞任に追い込まれている。

(152) 中嶋嶺雄、『「日中友好」という幻想』、PHP 研究所、2002年、12 頁。

(153) 的場順三も「屈原の書を贈るということは、極めて政治的な意味を持つ。『お前たちはこんなことばかりやっていると、汨羅の淵に身を投げた屈原のようになってしまうぞ』という意図があるのではないかと、安岡正篤氏の解説である。この場合も『貴国には万巻の書があるでしょうから、毛沢東閣下、別の書をいただけるとありがたい』と言うべきであろう。その点が、中国人との関係において端倪すべからざるところである」と指摘している（的場順三、『座して待つのか、日本人』、ワック、2000年、173-174 頁）。

(154) 日中コミュニケーション研究会編、前掲書、30 頁。星川清孝は、これを「忼慨して絶たんとして得ず、中〇乱して迷惑す」と読み、「いきどおり慨いて君と絶とうと思ってもできず、心の中は暗み乱れて迷い惑うのである」と訳している（星川清孝、『楚辞：新釈漢文大系』、明治書院、1970年、285 頁）。

(155) 矢吹晋、『日中の風穴：未来に向かう日中関係』、勉誠出版、2004年、46-47 頁。

(156) 呉学文、王俊彦、前掲書、397 頁。

(157) 栗山へのインタビューによる。

(158) 横堀克己、前掲書、21 頁。

(159) 久能靖、前掲書、365 頁。周斌は「毛主席はニクソン大統領にも同じ本を贈っている」と証言している（同上）。

(160) 柯延主編、前掲書、999 頁。

(161) 江明武主編、前掲書、926 頁。

(162) 大平は後に会談内容について「毛沢東との会見ができることについては中国側は事前に何らの言質をも与えなかった。毛沢東は田舎の横着な長者と言った風格であり、周恩来もきくきゅう如として小さく見えた。さして大きく豪勢でもない書斎には中国風にとじてある書籍が一杯積んであった。毛沢東はたまたま田中首相が指した本（楚辞）を取り上げ田中首相に謹呈し、四書五経は人民をだます本でありよい本ではないが、役に立つこともあると述べて子供の時親に叱られた時に論語の言葉を引用した話をした。ニクソン大統領に言及して『自分はニクソンに1票を投じた』旨述べ、民主党よりも共和党の方が好きだと述べた。さらにニクソン訪中は、ニクソンが来たいと申し入れて来たので来いと言ったと説明した。また『今度は田中さんに1票投ずる』旨述べた。毛沢東に会ったのは共同声明合意の前の晩で、姫外相との会談の途中で呼ばれた。自分はこれでまとまるなと判断した。帰ってからまた姫鵬飛と交渉した。その他、お茶の話、煙草の話、酒の話が出た。『大平』という名前がよいといった」と証言している（「調査室『日中関係に関する大平大臣の内話（メモ）（於国際問題研究所）』」（1973年2月1日）、「談話・内話」、『日中国交正常化（重要資料）』、外務省外交史料館、管理番号 2011-0720、分類番号 SA .1.2.2)。

(163) 「朝日新聞」、1992年9月14日朝刊。

(164) 「第3回外相会談」（1972年9月27日）、「アジア局中国課『大平外務大臣・姫鵬飛外交部長会談（要録）（1972年9月26日〜27日）：日中国交正常化時交渉記録』」、「田中総理大臣の中国訪問」、「田中総理中国訪問」、外務省外交史料館、管理番号 2011-0721、分類番号 SA .1.3.1。

(165) 同上。

(166) 同上。
(167) 同上。
(168) NHK 取材班編、前掲書、168 頁。
(169) 森田一、『心の一燈：回想の大平正芳・その人と外交』、第一法規、2010 年、119 頁。
(170) 永野信利、『天皇と鄧小平の握手：実録・日中交渉秘史』、行政問題研究所出版局、1983 年、80 頁。
(171) 「我政府對中日外交關係之基本立場：民國六十一年九月二十七日主持行政院第一二九二次院會指示」、蔣經國先生全集編輯委員會、『蔣經國先生全集』第 17 冊、台北：行政院新聞局、1991 年、409-410 頁。
(172) 「第4回首脳会談」（1972 年9月28日）、「アジア局中国課「田中総理・周恩来総理会談記録（1972 年9月25日～28日）：日中国交正常化時交渉記録」」、「田中総理大臣の中国訪問」、『田中総理中国訪問』、外務省外交史料館、管理番号 2011-0721、分類番号 SA .1.3.1。
(173) 同上。
(174) 同上。
(175) 大平正芳記念財団編、前掲書、160 頁。
(176) 福永文夫、『大平正芳：「戦後保守」とは何か』、中央公論新社、2008 年、172 頁。
(177) 「田中総理主催招宴における田中総理挨拶」（1972 年9月28日）、「田中総理訪中スピーチ一覧」、『田中総理中国訪問』、外務省外交史料館、管理番号 2011-0721、分類番号 SA .1.3.1。
(178) 「田中首相の答礼宴における周総理のあいさつ」（1972 年9月28日）、「田中総理訪中スピーチ一覧」、『田中総理中国訪問』、外務省外交史料館、管理番号 2011-0721、分類番号 SA .1.3.1。
(179) 美根へのインタビューによる。
(180) 黄自進訪問、簡佳慧紀録、『林金莖先生訪問紀録』、台北：中央研究院近代史研究所、2003 年、83 頁。
(181) 同上。
(182) 同上。
(183) 「中曽根大臣代理発在台湾宇山大使宛電信：法眼次官と在京国府大使の会談要旨第 402 号」（1972 年9月29日）、情報公開法に基づく外務省の保有する行政文書、外務省大臣官房総務課外交記録・情報公開室、開示請求番号 2016-00038。
(184) 同上。
(185) 黄天才、『中日外交的人與事：黄天才東京採訪實錄』、台北：聯經出版、1995 年、207 頁。
(186) 林金莖、『梅と桜：戦後の日華関係』、サンケイ出版、1984 年、303-304 頁。中文は「機密：田中總理致蔣總統電文中譯文」（1972 年9月29日）、『中日斷後後重要交渉事項』第3冊、中央研究院近代史研究所檔案館、館藏號 11-01-02-10-01-015、舊檔號 012/0012、影像編號 11-EPA-00870 参照。
(187) 「読売新聞」、1972 年9月29日夕刊。
(188) 「外務大臣代理発在中華民国宇山大使宛電信：大平大臣の対プレス説明第 400 号」（1972 年9月28日）、情報公開法に基づく外務省の保有する行政文書、外務省大臣官房総務課外交記録・情報公開室、開示請求番号 2016-00039。
(189) 公文俊平、香山健一、佐藤誠三郎監修、前掲書、418 頁。
(190) 黄天才、前掲書、208 頁。
(191) 同上書、209 頁。
(192) 時事通信社政治部編、前掲書、54 頁。
(193) 中野士朗、前掲書、177 頁。
(194) 同上。
(195) 二階堂進、前掲書、154 頁。
(196) 時事通信社政治部編、前掲書、54 頁。
(197) 毎日新聞社政治部編、前掲書、272 頁。

(198) 中野士朗、前掲書、177 頁。
(199) 時事通信社政治部編、前掲書、54 頁。
(200) 森田一、前掲書、15-16 頁。
(201) これまで中国と国交を樹立した国に対し、「ただちに断交する措置をとってきた」台湾だったが、1971年8月4日のトルコとの際は「孤立化を避けるため」に、外交関係の「停止」という表現を始めて用いた（中国総覧編集委員会編、『中国総覧』1973年版、アジア調査会、1973年、451頁）。それ以降もイラン、ベルギー、ペルー、レバノン、ルワンダ、セネガル、アイスランド、キプロス、メキシコ、アルゼンチン、そして1972年1月31日のマルタまで、同じく「停止」の措置を講じている（同上書、452頁）。
(202) 林金莖、前掲書、304 頁。
(203) 黄天才、前掲書、209 頁。
(204) 永野信利、前掲書、87-88 頁。
(205) 林金莖、前掲書、306 頁。
(206) 蔣介石口述、西内雅解題、『敵か？友か？：中国と日本の問題検討』、国民新聞社、1972 年、13 頁。
(207) 「民族晩報」（台湾）、1972 年9月30日。
(208) 「読売新聞」、1972 年9月30日夕刊。
(209) 同上。
(210) 羽田孜、『志』、朝日新聞社、1996 年、80 頁。
(211) 時事通信社政治部編、前掲書、198-199 頁。
(212) 同上書、204 頁。
(213) 同上。
(214) 同上書、205-206 頁。
(215) 同上書、206 頁。
(216) 同上書、209-209 頁。
(217) 同上書、210 頁。
(218) 同上。
(219) 羽田孜、前掲書、82 頁。
(220) 早坂茂三、『政治家田中角栄』、前掲書、400 頁。日中国交正常化後、日中間では最初の実務協定として「日中航空協定」締結のための協議が始まった。その交渉において大きな障害となったのが日台航空路線の取り扱いだった。日本側は日台航空路線の維持を主張するも、中国側は「2つの中国」を容認できないとして、これに異を唱え、中でも台湾の中華航空の機体尾翼に描かれた中華民国の国旗「青天白日満地紅旗」を別のマークに変更するよう日本側に求めたのである。結局、大平は中国側の意向を呑み、日中航空協定締結に踏み切り、青天白日満地紅旗を国旗として認めないとの声明を出した。台湾側は強く反発し、日台航空路線の停止を発表した。最終的に大平の後、外務大臣となった宮沢喜一が参議院外務委員会において「青天白日旗を国旗として認識しているという事実は、わが国を含めて何人も否定し得ないところでございます」と答弁したことで日台航空路線は再開に至るが、この間、自民党内では親中派議員と親台派議員との激しい抗争が演じられた。特に親台派議員は田中内閣に対し再三に亘って忠告、勧告を繰り返し、中川一郎（大蔵）、渡辺美智雄（農林）、森下元晴（通産）の3政務次官に至っては、それぞれ辞表を出して抗議した。詳細は、丹羽文生、「日中航空協定締結の政策決定過程：自民党日華関係議員懇談会の影響力」、『問題と研究』第 37 巻4号、国立政治大学国際関係研究センター、2008 年参照。

終章

結論

第1節　機会主義的動機

　序章において、池田勇人、佐藤栄作、田中角栄それぞれが「中国問題に取り組んだ理由は理念的動機に基づくものではなく機会主義的動機によるものだったのではないか」との仮説を設定した。本研究によって、それが立証できたのか。順次、検証していきたい。
　「経済の池田」と呼ばれた池田は台湾との断交寸前に陥ってまで、日中関係強化、具体的には日中貿易促進に拘った。この頃、6億7,000万人前後の人口を抱えていた中国は、池田にとっても日本の産業界にとっても魅力的なマーケットと映っていたことは疑いようがない。
　吉田茂が倉敷レイヨンのビニロン・プラント対中延べ払い輸出、周鴻慶事件によって悪化した日台間の混乱収拾のために訪台した直後、一連の日台関係を総括する形で外務省が「日華関係に関する若干の考察（改訂版）」という機密資料を策定した。その中で「日本政府としては実利的な見地から中共との間には政経分離の原則のもとに貿易を始めとする事実上の関係を維持」するとし、続けて「一億人の人口を抱え、この生活水準をたえず向上安定せしめるために貿易立国を基本国策とする」と記している(1)。この「事実上の関係」とは実質的な外交関係を意味するものと解される。これは池田の考えを強く反映したものであったことは確かである。
　池田は徹底したプラグマチストだった。だが、外交分野が苦手だった池田は「外務省が、公電にたいする池田の判断をまだ甘いと考えているのを知って、積極的に、真剣に、外交の勉強にとりくんで」いき、やがて「外交人としての判断を身につけ」て「急速にマスター」していく中で(2)、日中関係を「実利的な見地」だけでなく「世界地図の中で構想」するようになっていったことも事実であろう(3)。それでも、結果的には、宮沢喜一の言うように当時は「対外的には経済の国際化、自由化がせいいっぱい」で「日本はまだ内向きの時代、まず国力を充実させなければならない時代」であり、日中国交正常化にまでは到底至らなかった(4)。
　池田は政権後半から、経済安定後の政策課題として安全保障に目を向け、「日本に軍事力があったらなあ」と呟き、併せて、戦後の日本人の国家観喪失や愛国心欠落に大いなる危惧を抱き、「どうやって国をまもるのか。それには国民の1

人1人が国を愛する気持ちを育てなければならない」と教育問題にも関心を持ち始める(5)。病魔が襲い、退陣を余儀なくされた池田の評価が「経済宰相」に留まっているのは、本人にとっても些か不本意であろう。

池田とは異なり、「体質的にといっていいくらい共産党嫌い」で反中派、台湾贔屓と目されてきた佐藤であったが(6)、本論で検証した通り、単なる反中派、台湾贔屓ではなかった。確かに佐藤の政権基盤そのものが、親台派議員によって支えられていた。そのため、国連における中国代表権問題では台湾に配慮し、親中派議員の批判を躱しながらアメリカに同調して「逆重要事項指定方式」と「複合二重代表制」の共同提案国になることを決断する。日中国交正常化を決意した後も、台湾の取り扱いを模索した。

だが、その一方で中国に対しても、あらゆる手を尽くしてアプローチを試みる。特に、中国の国連加盟後は、密かに中国側との交渉のルートを有する人物を通じて、関係改善に向けたメッセージを発信し続けた。

しかし、こうした取り組みは結局のところ徒労に終わった。それは中国側が佐藤のシグナルに何ら反応を示さなかったためである。中国が態度を硬化させた理由は、佐藤の中に少なからず存在していた中国共産党政権に対するアレルギーを早い段階から見抜き(7)、「中国敵視内閣」と断定していたからであろう(8)。

政権担当の殆どの期間、沖縄返還に執念を燃やし続けた佐藤にとって対中政策の優先度は低く、逆に将来に引き継ぐべき政治課題と認識していた節が窺える。沖縄返還は佐藤にとって譲ることのできない政治的レガシーであった。

同時にアメリカが北ベトナムへの集中爆撃を開始してベトナム戦争が激化したのに加え、中国で起った文化大革命による混乱が日中関係の改善を不可能にした。しかも、政権発足当初から親中派議員の攻撃に遭い、中国問題に対する自民党でのコンセンサスが得られず、やがて日中国交正常化は「ポスト佐藤」、即ち次期首相の座を奪い合う権力闘争と連動しながら進んでいった。

その意味で、「佐藤政権にとって中国問題とは、最大の党内問題」だった(9)。佐藤が中国問題と向き合った理由は、紛れもなく機会主義的動機、つまり自民党内の親台派議員と親中派議員とのバランス維持による政権安定化と直結していたと言える。

そんな佐藤長期政権が終焉したところで、田中の登場である。3人の中では最も多く紙幅を割くことになるが、本論の主役は紛う方なき田中と大平正芳である。

田中の場合、日中国交正常化は頂点に立つための手段であると割り切ってい

た。自民党総裁選挙に勝つために日中国交正常化を利用したと言い換えることもできる。大平の娘婿で秘書官として仕えた森田一は「角さんは、日中問題を総裁選に使いたいというのが、主な目的」だったため、総裁になった途端、「もうどっちでもいいじゃないの、とまでは言わないけど、どちらかというとそれに近い」ものがあったと述懐している[10]。

そのため、訪中に向けた下準備、訪中後の交渉作業、「中華民国」との断交処理に至るまで、殆ど全てを大平に託した。訪中時、田中は大平が中国側との激しい攻防を演じている間も、宿泊先である迎賓館で漢詩作りや庭内での写真撮影に勤しみ、茅台酒を楽しむほど2人の間には落差があった。無論、それは田中の責任放棄、大平への丸投げを意味するものではない。結果責任は全て田中が被るという前提である。

周恩来との会談でも豪胆ぶりを発揮する。「ご迷惑」発言に対しては、日中間における過去の「不幸な経過」を隣家との境界線トラブルに例えて弁明し、「尖閣諸島問題についてどう思うか？ 私のところに、いろいろ言ってくる人がいる」とセンシティブな課題を躊躇なく持ち出すほどである。田中は「内政については経験が豊富」だが「外交は弱い」ことは公然の事実である[11]。これらは計算し尽くした上でのパフォーマンスだったとは考え難い。

したがって、池田、佐藤、田中の3人は言わば「必然の結果」として日中国交正常化を成し遂げようとしただけで、理念的動機によるものではなかったことは明白であろう。池田の行動動機は経済政策推進の一環として中国という巨大市場を切り開こうとするサルトーリの言う「利益」を企図したものであり、佐藤と田中の場合は、それぞれ政権安定、政権奪取を狙ったもので、「ボスははっきりした政治『原則』をもたない。彼はまったく主義をもたず、票集めのことしか考えない」とのヴェーバーの指摘に当て嵌まる。

しかしながら、それ自体は批判されるべきことではないだろう。ニクソンは、その名著『指導者とは』の中で「ステーツマン」は、まず「ポリテシャン」でなければならないとし、「陰険、虚栄、権謀術数などは一般に悪とされるが、指導者にはそれはなくてはならない」と指摘している[12]。

「指導者」は「理想」家ではない。いくら「理想」が正しくとも、その実現に向けて前進しなければ「指導者」として不適格である。理想は高く掲げ、現実には柔軟に対処することが政治の要諦である。池田、佐藤、田中は、それを熟知していたリーダーだった。だからこそトップに就くことができたと言える。当然、

実現させるための障害物を取り除く手段として形勢を窺い、手練手管を駆使しながら「悪」を使うことも責められるべきではないだろう。

そこで広く人口に膾炙されている田中と大平の盟友関係、政敵たる福田赳夫や三木武夫に対する田中の率直な感想が綴られた未公開史料がある。田中が退陣し、自民党副総裁の椎名悦三郎によって下された所謂「椎名裁定」による三木内閣発足直後の1975年1月13日、田中の秘書だった早坂茂三が、池田の政務秘書官を経て大平の政治指南役を務め、2002年12月13日に死去した伊藤昌哉に宛てた1通の書簡である。

2人はジャーナリストから首相のブレーンに転出した経歴を共有し、長く交友もあった。年長の伊藤に早坂が敬意を払っている様子は筆致からも容易に想像できる。これは伊藤の夫人である淳子を通じて入手したものである。それから1年半後の2004年6月20日に早坂も死去し、登場人物も中曽根康弘以外は全て鬼籍に入ったため、ここで公開可能となった。縦罫14行の便箋7枚にも及ぶ[13]。

そこでは、田中が退陣した以上、これまでの「借りを返すため」に大平内閣発足に向け全力を尽くすとの決意が明快に示されている[14]。そのために「中間派」の大物である「椎名との関係をよくするのは大切なこと」であり、椎名が大平に抱く「悪感情」を払拭しなければならないとし、さらに膨張した田中派から大平派に「二十名くらいはやりたい」と述べている[15]。三木については「自民党をとんでもないことにする可能性を持っている。野党に気に入られることは何でもやって、自民党がどうなってもいいという態度もとる」と警戒し、福田に関しては「背後にいるのは、右翼、韓国、台湾、暴力団だ。オレは奴らのやったことは許さない」と断じている[16]。

当時の自民党は派閥抗争の全盛期にあった。早坂が伊藤に宛てた書簡は、そうした状況を予測した田中の洞察力を証明すると同時に、田中と大平の友情は、手を携えて日中国交正常化を成し遂げたことで揺るぎないものになったとの認識も新たにさせる。

第2節　現代への示唆

▶1　「角福戦争」と日本の対中外交

　1972年7月、佐藤栄作の後継を競った自民党総裁選挙は田中角栄が福田赳夫を決選投票の末に破ったが、その結果、後々まで尾を引くこととなる「角福戦争」と呼ばれる対立を招いた。田中勝利の要因は第1回目の投票で3位、4位となった大平正芳、三木武夫への票が田中に流れたからである。3人は事前に日中国交正常化の実現を軸とした3派盟約を結んでいた。

　これを機に角福戦争は激しさを増していく。田中の後を継いだ三木の次に福田は念願の政権奪取を果たすも、党員投票による初の予備選挙が導入された1978年11月の総裁選挙で再選を目指した際は、田中の後押しを受けた大平に脆くも破れ、国会議員による本選挙を辞退するに至った。1976年7月、田中はロッキード事件で逮捕されるが、それでも隠然たる力を持ち続けた。

　それから1年後、所謂「40日抗争」が勃発する。1979年10月の衆議院議員選挙における自民党敗北の責任を取るよう大平に首相退陣を迫る福田派を中心とする反主流派と、大平派、田中派とによる争いで、自民党史上最大の危機とも言われた。大平が急逝した後も「本籍地田中派現住所大平派」と呼ばれた鈴木善幸、「田中曽根内閣」と揶揄された中曽根康弘と、いずれの政権下においても田中支配は続いた。

　田中支配に陰りが見えたのは1985年2月のことであった。竹下登が田中派内に派中派たる竹下派を立ち上げ、派閥乗っ取りを図るが、時を同じくして田中が脳梗塞で倒れて政治生命を失う。中曽根後の竹下、宇野宗佑、海部俊樹、宮沢喜一は、いずれも田中派の系譜に連なる竹下派の支持で首相となった。その後、小沢一郎が竹下派を割り、宮沢内閣が倒れ、自民党は下野するが、短期間で政権与党へ戻った。ただ、少なくとも、20世紀末までは「田中政治」の残滓があった。

　大きな岐路は小渕恵三の脳梗塞による緊急入院、内閣総辞職という予期せぬ事態によって出現した。自社さ連立政権による与党復帰後、橋本龍太郎、小渕と続いた田中系、竹下系政権が突然、遮断されたのは「政変ではなく、小渕の死」によってであった[17]。

　小渕の後継として急遽、首相となった森喜朗は、福田以来、実に4半世紀ぶり

の福田系の宰相であった。この間、福田系は権力中枢から外されていたことになる[18]。

　だが、森内閣は1年足らずで行き詰まり、代わって2001年4月、同じ福田系の小泉純一郎がトップの椅子を掴んだ。過去2回に亘って総裁選挙に挑みながら、いずれも大敗した小泉にとって、3度目の正直であった。当初は誰もが田中系、竹下系たる橋本の返り咲きを予測していた。ところが「自民党をぶっ壊す」と絶叫して国民からの人気を博し、予備選挙での圧勝を経て本選挙で橋本を破ったのである。

　そんな小泉が総裁選挙で掲げたのが、中国に気兼ねして歴代首相が控えてきた8月15日の靖国神社への参拝だった。小泉は総裁選挙時、明言を避けた橋本とは対照的に「いかなる批判があろうと必ず参拝する」と断言し[19]、総裁選挙勝利後も「日本の繁栄は、尊い命を犠牲にした方々の上に成り立っている。戦没者慰霊祭の行われる日（8月15日）にその純粋な気持ちを表すのは当然だ」と表明した[20]。

　しかし、これは明らかに不自然であった。小泉は「靖国神社参拝に熱心という印象はあまり持たれていなかった。過去2回の総裁選出馬の際にも、靖国参拝を『公約』に掲げたことはなかった」からである[21]。「あえて3回目の挑戦で公約にしたのは、事前の総裁選の下馬評で有利と見られていた橋本龍太郎・元首相との違いを出すために力点を置くため」とも言われている[22]。

　戦没者遺族104万世帯、会員のうち約11万人が党員の日本遺族会は橋本の大票田であり、橋本本人も、かつては会長を務め、靖国神社にも毎年の終戦記念日と春と秋の例大祭には欠かさず参拝していた。ところが首相在任中は1度参拝しただけだった。小泉の公約は、橋本陣営の切り崩しを狙ったものだったとのではないか。一般には、そう見られがちである[23]。

　だが、それだけが理由ではない。元防衛庁長官で現職のまま急逝した純也の長男である小泉は1969年12月、亡父の跡を継ぎ、衆議院議員選挙に初出馬するも僅差で落選し、捲土重来を期した1972年12月まで、書生として福田から薫陶を受けた。この間、小泉は日中国交正常化が争点となった田中と福田による総裁選挙を具に目撃した。悠揚とした福田の生き方は小泉にとって鮮烈に映り、学ぶところが多く、念願の初当選を果たして以降も、小泉は福田を師匠として仰いだ。

　福田が予備選挙で大平に負け、本選挙への出馬断念に追い遣られた1978年11月の総裁選挙の際、小泉は悔しさから人目も憚らず泣いたと言われる[24]。それ

は大平というより田中の政治力を前に屈服したのに等しかった。以降、小泉は田中政治なるものに憎悪の念を抱き続けるようになる。

　田中は首相在任中、日中国交正常化以外に、「日本列島改造論」をスローガンに全国津々浦々の道路建設に力を注ぎ公共事業拡大の源泉として道路特定財源を編み出し、さらに特定郵便局ネットワークを張り、老人医療費無料化や年金給付水準引き上げといった社会保障の飛躍的充実に努めた。以後、これら道路、郵政、厚生分野における政治的影響力は、田中派から竹下派へ、小渕派から橋本派へと継承されていった。

　首相となった小泉は「聖域なき構造改革」を旗印に、道路特定財源の見直し、「改革の本丸」とした郵政民営化、診療報酬の減額や患者の負担増を求める社会保障の改革に踏み切る。これは明らかに田中派の「負の遺産」を一掃する作業であった。

　対中外交に関しても同じことが言える。田中以降、その流れを引き継いで「中国と太いパイプを築いてきたのは田中氏や大平氏の派閥の系譜に連なる議員たち」であった(25)。例えば、竹下と旧知の仲だった元駐日中国大使の楊振亜は在職中、「竹下人脈」を最大限に使った(26)。奇しくも天安門事件の真っ最中、竹下はリクルート事件の煽りを受けて首相退陣に追い込まれるが、その後も楊振亜は対日工作が必要な時は自民党最大派閥のオーナーとして宇野、海部内閣にも「影響力を行使できた」竹下を頼った(27)。一方、竹下は1989年9月、「日中友好」のため、日中間の青年草の根交流プログラム「長城計画」を立ち上げる。前年8月に訪中した際、竹下自ら提唱したもので(28)、その後は自民党を離党した小沢に引き継がれた。

　1992年10月、中国国家主席の江沢民からの強い要請を受け、天皇陛下の訪中を実現させたのは、時の首相の宮沢であった。宮沢は大平系で、政権運営は事実上、竹下派の「パペット政権」だった。自民党内には強い反発もあったが、竹下派の重鎮である金丸信への根回しが功奏した(29)。

　逆に1998年11月の江沢民来日時にホスト役となったのが当時の首相の小渕であった。共同宣言の中に謝罪の文言を明記すべきと主張する江沢民の要求を一蹴したことは夙に知られているが、一方で小渕は翌年7月の訪中時、中国における植林緑化運動を推進するため100億円規模の経済協力を約束、その後、「日中緑化交流基金」を設置し、日中友好に尽力した。日中緑化交流基金は別名「小渕基金」と称されている。

対中外交は田中系のパテントとも言えた。これにメスを入れたのが小泉だった。「小泉政権における日中関係は悪化と改善」の繰り返しであったが、「常に、その中核にあったのは、小泉の靖国参拝問題」だった(30)。「中国人民を含む被害を受けた国の人々の感情を逆なでする」として(31)、中国から目の敵にされながらも、小泉は首相退任までに合計6回に亘って何の躊躇もなく参拝し続けた(32)。

この喧嘩腰とも言える小泉の対中外交により日中間は「政冷経熱」と呼ばれる状態に陥る。しかし、このような態度は中国に向けたものと言うよりも、対旧田中派、即ち田中系が構築してきた情緒型の日中友好を破壊に追い込むためのものだったのではないか。小泉の「自民党をぶっ壊す」というフレーズは「田中政治をぶっ壊す」とほぼイコールであり、その一環が従来の対中外交とは一線を画すことであったと考えられる。日中国交正常化とリンクしながら展開されていった角福戦争は30年以上の歳月を経て小泉の猛攻により終戦を迎えたとも言えよう。

小泉以降は田中系の首相は1人も誕生していない。安倍晋三、福田康夫は福田系、麻生太郎も「系統は異なるが、福田系に近い理念派」である(33)。民主党政権は、かつて自民党において田中派に籍を置いていた鳩山由紀夫が代表（首相）、小沢が幹事長として采配を執っていた時期を「田中亜流政権」と見做すことも可能であろう。その民主党政権も福田系の安倍によって完膚なきまでに打破された。田中支配は雲散霧消し、福田系主導時代が到来したことになろう。

▶ 2　政治主導

日中国交正常化は、戦後の日本外交のケースとしては実にスピーディーで、しかも田中角栄と大平正芳を中心とする「政治主導」で、あらゆる糸口を探り動いた珍しいケースであった(34)。勿論、「脱官僚」で進められたわけではない。外務省との連携プレイが、それを可能にした。

就中、本論の中に頻繁に登場する条約局長の高島益郎、条約局条約課長の栗山尚一、アジア局中国課長の橋本恕の存在は欠かせない。周恩来との交渉において罵声を浴びせられようとも決して譲歩せず日本側の主張を明確に伝える高島、難航を予想し、中国側が納得のいく「隠し玉」とも言える腹案を書いたメモをスーツの内ポケットに忍ばせ交渉に臨む栗山、田中や大平との個人的関係を通じて1年以上も前から極秘で下準備に取り組んでいた橋本は、十分過ぎるほど田中、大平の楯の役目を果たした。栗山は当時を振り返り、次のように語る(35)。

日本の外交というのは、ルーティン（routine）の時はどうでもいいのですけれどね、非常に重要な時は政治レベルと官僚レベルといいますか、プロの人達のレベルとポリティカル・レベルとの間の協力関係がどれだけ上手くいくかという事が、私は非常に、ある意味で決定的に意味を持つと思うのです。そういう意味で見ると、この1972年というのは非常にいい例です。その政治レベルと官僚と言いますか、事務当局というか、プロフェッショナルなレベルでの協調がありました。上の人が下を信頼し、下がまた上を信頼して仕事をし、一点の目的のために仕事をしてそれが実を結んだ。戦後の外交の中で、この日中国交正常化というのは非常にいい例であったと思う。

　一方、近年の政官関係はどうか。2009年9月、「閉塞感を打ち破る新しい政治」を目指して発足した民主党政権は、政策決定過程において前例踏襲に陥りがちな「官僚主導」から政治主導への切り替えを図った。しかし、結局は大失敗に終わった。法律の細目も、その運用も熟知している霞が関を全面否定、排除し、敵に回すことは、一時的には国民受けするが、結果が伴わなければ当然、批判の矢は自分たちに向かう。

　彼らの行為は、官僚の離反を招き、混乱と停滞を生んだ。民主党政権下で防衛大臣を務めた北沢俊美は自戒を込めて「役人と対立ばかりして、それが政治主導だと思っている人がいた。そもそもそういうことが間違いだ。大臣になったら役人を使わなきゃあダメだ。役人を使うにはまずお互いの信頼関係ができなきゃダメだ。徹底的に一緒に仕事をするという姿勢が大事なんだ」と述べている(36)。

　双方の信頼関係をベースに、「政」は方向性を指し示し、時に命を賭けて、その責務を全うする。「官」は、それに従って汗を流し、知恵を絞る。日中国交正常化の政治過程は、まさに政治主導の手本と言えるのではないだろうか。

▶3　対中外交における態度

　日中国交正常化後、日本と中国は1978年8月に締結された日中平和友好条約、1998年11月に発した日中共同宣言を経て、2008年5月には「戦略的互恵関係」を礎に、アジア・太平洋地域は勿論、世界の平和と安定、発展に厳粛な責任を負う国として協力関係を深めていくことで合意した。ところが、それから半年後の

12月、中国国家海洋局の海洋調査船2隻が初めて尖閣諸島付近の日本領海内に侵入し、以降、その事案件数は増加の一途を辿り、やがて尖閣諸島を「核心的利益」と表現するようになっていく。

南シナ海と同じく東シナ海においても海洋覇権拡大への軍事行動が加速化していった。それでも日本の対応は極めて抑制的であった。

2009年8月、「東アジア共同体の構築をめざし、アジア外交を強化する」ことを掲げる民主党政権が発足する。民主党政権は中国に対して極めて融和的だった。

中でも民主党政権における最初の首相である鳩山由紀夫に至っては、只管(ひたすら)に日中友好を強調する一方、例えば東シナ海ガス田問題を始めとする日中間の懸案事項には触れようとはしなかった。2010年4月、2度に亘って、日本の南方地域で中国人民解放軍海軍艦艇の艦載ヘリコプターが海上自衛隊の護衛艦に異常接近する事態が発生した。ところが、その直後に開かれた中国国家主席の胡錦濤(こきんとう)との会談では「東シナ海を友愛の海にする」という持論を繰り返すだけで、この件に関しては全く言及しなかった(37)。

だが、そんな対応を尻目に中国は軟化するどころか逆に強硬になっていく。2010年9月の尖閣諸島中国漁船衝突事件は、その象徴的事案であった。この時、民主党政権は中国の強圧的な態度に右往左往した挙句、逮捕された中国人船長を保釈した。「『日本は強く出れば折れてくる』と印象づけた」ことは確かであろう(38)。「相手の善意への期待と、楽観的な将来像に依拠して、日中関係改善が可能と考えた」民主党政権であったが、それが「いかに非現実的で空虚な構想であったかは、その後の日中関係が悪化の一途をたどったことを考えれば、明らか」であった(39)。一方的に日中友好を唱えれば、相手は柔軟になり関係改善が図れるとは限らないことを証明したと言えよう。

このような近年における日本の対中外交を見ると、日中国交正常化の交渉過程における田中角栄と周恩来との丁々発止の遣り取りは新鮮に映る。田中訪中のハイライトとなった田中と毛沢東との会談では、開口一番、毛沢東は「いかがですか。もう喧嘩は済みましたか。喧嘩は避けられないものです。世の中には喧嘩をしないことなどありません」と切り出す。田中と周恩来の舌戦を「喧嘩」と表現したのである。「政治は血を流さぬ戦争」との金言を残した毛沢東らしい例えである(40)。

外交の世界は国益と国益が衝突し合う「血を流さぬ戦争」の戦場である。「『添了麻煩(ご迷惑をかけた)』の問題はどう解決したのですか」と尋ねる毛沢東に対し、田中が「日本ではことばは中国からはいったとはいえ、これは万感の思い

をこめておわびするときにも使うのです」と切り返すシーンも、相手が中国のトップであろうとも、一歩も引かない日本の宰相としての矜持を感じさせる。摩擦を恐れ、妥協と譲歩を繰り返すのではなく、胸襟を開いて双方の疑心暗鬼を吐露し合うことが今日の日中関係に求められよう。

▶4 「歴史研究」の新たな視点

　最後に、本論は、所謂「歴史研究（政治史研究）」に該当するが、事実関係を列挙するだけでなく、エピソードを盛り込みながら臨場感を出すことに留意した。言わばノンフィクションの側面を組み入れることにより、政治史研究の視座を広げることを目指したものである。

　東京帝国大学法学部教授を経て、第10代拓殖大学総長を務めた矢部貞治（ていじ）は、その著書『政治学入門』の中で、「政治の本質」について「政治は空想ではなくあくまで現実の上に立たねばならぬ。人間社会の醜さも、賤しさも、人間の弱さも、悪さも、不完全さも、野心も、感情も、本能も」全てを「計算に入れ」なければならないと論じ[41]、さらに「人間が常に合理的倫理的にのみ行動しているなどと考えるのは大きな誤り」であり、「感情や欲望や本能や因習によって極めて強く動かされていることを、見誤ってはならない」と指摘している[42]。「政治」は極めて人間的営為である。したがって、政治史研究を行う場合は、その行動主体となる人々の性情、それをベースにした人間関係と相互作用といったものを除外してはならないのではないか。

　日中国交正常化と台湾との断交に至る政治過程も、人間の情感が複雑に錯綜する中で繰り広げられた。そこで、本論では、この渦中にあった人々、それを外側から具に観察してきたジャーナリストのメモワールを収集し、彼らへのインタビューによって不足を補うことで、可能な限り、その人間模様を忠実に描いていった。

　1894年7月に始まる日清戦争において外務大臣として辣腕を振るった陸奥宗光（むつむねみつ）は、日清戦争前後の状況を書き綴った『蹇蹇録』（けんけんろく）の緒言で、「公文記録はなお実測図面の如く山川の高低浅深唯々その尺度を失わざるを期するのみ。もし更に山容水態の真面目（しんめんもく）を究めんとせば、別に写生絵画を待たずべからず。本編の目的とする所、乃（すなわ）ち当時外交の写生絵画を作らんとするにあり」と述べている[43]。「公文記録」は山の高さや低さ、川の深さや浅さは正確に記されているものの、それだけでは実際の表情は見えてこない。山や川の本当の姿を知るには「写生絵画」

が必要であり、それを「作らんとする」ことが『蹇蹇録』を執筆した「目的」であるという。池井優は、この『蹇蹇録』を引き合いに「回想録は外交の写生絵画」と表現している[44]。

記録的価値だけでなく、「写生絵画」たるメモワールから引き出されたエピソードによって、当時の情景、空気、人々の息遣いが感じられれば、本論が今日の歴史研究に与える示唆は決して少なくないと思われる[45]。

注

(1) 「日華関係に関する若干の考察（改訂版）」（1964年3月2日）、『日本・中華民国間外交関係雑件』第2巻、外務省外交史料館、分類番号 A' 1.2.1-7、NF/CR番号 A' -0423。
(2) 伊藤昌哉、『池田勇人：その生と死』、至誠堂、1966年、123頁。
(3) 田村重信、豊島典雄、小枝義人、『日華断交と日中国交正常化』、南窓社、2000年、236頁。
(4) 宮沢喜一、『戦後政治の証言』、読売新聞社、1991年、132頁。
(5) 伊藤昌哉、前掲書、200頁。
(6) 堀越作治、『戦後政治裏面史』、岩波書店、1998年、114-115頁。
(7) Roderick L. MacFarquhar, John K. Fairbank, *The Cambridge History of China: Vol. 15, The People's Republic, Part 2. Revolutions within the Chinese Revolution, 1966-1982*, Cambridge: Cambridge University Press, 1991, p.425.
(8) 時事通信社政治部編、前掲書、27頁。自民党総裁就任時、佐藤は「お祝いの金品をいっさい断った。そのなかに、東京の廖承志事務所からのお祝いもあった。中国人としては、この断り方が理解できず、廖承志およびその部下たちは栄花に対してかなりの不快感をもった」のであった（衛藤瀋吉、『日本宰相列伝（22）：佐藤栄作』、時事通信社、1987年、232頁）。
(9) 早坂茂三、『政治家田中角栄』、中央公論社、1987年、361頁。
(10) 森田一、『心の一燈：回想の大平正芳・その人と外交』、第一法規、2010年、109頁。
(11) 時事通信社政治部編、『ドキュメント：日中復交』、時事通信社、1972年、62頁。
(12) リチャード・ニクソン著、徳岡孝夫訳、『指導者とは』、文藝春秋、1986年、364-365頁。
(13) 「早坂発伊藤昌哉様宛書簡」（1975年1月13日）、伊藤淳子所蔵。全文は参考資料③を参照。
(14) 同上。
(15) 同上。
(16) 同上。
(17) 小枝義人、「自民党の過去・現在・未来：深層構造の検証」、『海外事情』2014年11月号、拓殖大学海外事情研究所、2014年、44頁。
(18) 森は田中支配について「官邸記者クラブの新聞各社のキャップというのは、ほとんど田中派か大平派担当なんですね」とし、続けて「田中派の記者連中からすれば、まさか福田派から総理が出るとは思いもしなかった。だから、ぼくが総理になるというので面白くなかったわけですよ」と述べている（森喜朗、田原総一朗、『日本政治のウラのウラ：証言・政界50年』、講談社、2013年、274頁）。
(19) 「日本経済新聞」、2001年4月19日朝刊。
(20) 「読売新聞」、2001年4月25日朝刊。

(21) 読売新聞政治部、『外交を喧嘩にした男：小泉外交 2000 日の真実』、新潮社、2005 年、223 頁。
(22) 同上。
(23) 小泉には戦死者追悼に対する純粋な気持ちがあったことも事実である。小泉は、総裁選挙直前の 2001 年 2 月 9 日、鹿児島県で遊説した際、「知覧特攻平和会館」にまで足を延ばし、陳列された大日本帝国陸軍航空隊の若き隊員たちが残した遺書や写真を食い入るように見詰め、展示品のガラスケースの上に大粒の涙を落とした。その後、「国のために命をささげた御霊に頭を垂れるのは当然のことじゃないか」と洩らすようになる（読売新聞政治部、前掲書、222 頁）。実際、靖国神社を参拝する理由についても、「太平洋戦争の際、特攻隊の基地があった鹿児島の知覧よ。総理になる直前、知覧特攻平和会館に行ったんだ。あそこで、日本を守るために死んでいった若い特攻隊員の遺書を見て、胸にグッと込み上げるものがあったんだ」と述べ、「オレは『（靖国に参拝するのは）不戦の誓いや戦没者への哀悼の念』と説明しているだろう。参拝の理由はそういうことなんだ」と説明している（松田賢弥、「小泉『私は靖国参拝する!』全肉声：盟友・加藤紘一の説得も虚しく、『8・15 参拝』から『総選挙』へ」、『週刊現代』2005 年 8 月 13 日号、講談社、2005 年、30-33 頁）。
(24) 「神奈川新聞」、2001 年 6 月 1 日朝刊。
(25) 「毎日新聞」、2015 年 11 月 18 日朝刊。
(26) 城山英巳、『中国共産党「天皇工作」秘録』、文藝春秋、2009 年、112 頁。
(27) 同上。
(28) 「毎日新聞」、1989 年 9 月 28 日朝刊。
(29) 金丸は自民党内では長らく親台派議員と目されていた。そこで宮沢自ら説得工作に乗り出す。当初、反対していた金丸も「国民すべてに祝福されるなら」という条件付きで容認へと傾いていった（「読売新聞」、1992 年 7 月 30 日朝刊）。
(30) 読売新聞政治部、前掲書、292 頁。
(31) 「人民日報」（中国）、2006 年 10 月 8 日。
(32) 2001 年 8 月 13 日、2002 年 4 月 21 日、2003 年 1 月 14 日、2004 年 1 月 1 日、2005 年 10 月 17 日、2006 年 8 月 15 日。
(33) 小枝義人、前掲書、46 頁。
(34) Benjamin L. Self, Jeffrey W. Thompson, ed., *An Alliance for Engagement: Building Cooperation in Security Relations with China*, Washington, D.C.: The Henry L. Stimson Center, 2002, p.84. 服部龍二は、田中は「企画構想力、実行力、決断力、包容力」という「リーダーシップの要素」を全て備え、大平は「思慮深く、念入りな準備と調整を重んじ」ており、加えて 2 人とも「官僚の扱いに長けて」いたことで「首相と外相が外務官僚たちと連動」し、日中国交正常化が可能になったと評している（服部龍二、『日中国交正常化：田中角栄、大平正芳、官僚たちの挑戦』、中央公論新社、2011 年、211-217 頁）。
(35) 栗山尚一、『外交証言録：沖縄返還・日中国交正常化・日米「密約」』、岩波書店、2010 年、212-213 頁。
(36) 薬師寺克行、『証言民主党政権』、講談社、2012 年、112 頁。
(37) 「読売新聞」、2010 年 4 月 30 日朝刊。
(38) 読売新聞政治部、『民主瓦解：政界大混迷への 300 日』、新潮社、2012 年、259 頁。
(39) 細谷雄一、『安保論争』、筑摩書房、2016 年、79 頁。
(40) 毛沢東、和田武司、市川宏訳、『毛沢東語録』、河出書房新社、1966 年、51 頁。
(41) 矢部貞治、『政治学入門』、講談社、1977 年、23 頁。
(42) 同上書、50 頁。
(43) 陸奥宗光、新訂『蹇蹇録：日清戦争外交秘録』、岩波書店、1983 年、8 頁。
(44) 池井優、『決断と誤断：国際交渉における人と明言』、慶應義塾大学出版会、1997 年、252 頁。
(45) 本論で登場するエピソードの大半は田中内閣発足から日中国交正常化の実現に至るまでを描いた第 3 章以降に集中している。それは先行研究を含め、外交史料の分量の差によるものである。池田は「経済を政治の中心に置こう

として、ほかのことにはあまり目を配らなかった」という（後藤基夫、内田健三、石川真澄、『戦後保守政治の軌跡』、岩波書店、1982年、207頁）。佐藤は沖縄返還こそが「政権の最大の主命題」であり、これを達成することが退陣の花道と考えていた（同上書、245頁）。2人にとって中国問題は優先順位が決して高くはなかった。それが記録自体が少ない理由であると考えられる。

参考・引用文献一覧
参考資料

参考・引用文献一覧

［和文］

▽外務省外交史料館所蔵外交史料

（1）『アジア諸国特派使節及び親善使節団本邦訪問関係雑件 中華民国の部 張群総統府秘書長関係』第3巻、分類番号 A' 1.6.1.2-1-1、MF/CR 番号 A'-0395。

（2）『池田総理欧州訪問関係一件』第2巻、分類番号 A' 1.5.3-4、MF／CR 番号 A' 0363。

（3）『大平外務大臣中華民国訪問関係（1964.7）』第1巻、分類番号 A' 1.5.1-8、MF/CR 番号 A'-0359。

（4）『佐藤大蔵大臣一行米加訪問関係一件（1959.9）』、分類番号 A' 1.5.2-8、MF/CR 番号 A'-0361。

（5）『佐藤総理中華民国訪問関係（1967.9）』第1巻、分類番号 A' 1.5.1-15、NF/CR 番号 A'-0389。

（6）『佐藤総理中華民国訪問関係（1967.9）』第2巻、分類番号 A' 1.5.1-15、MF/CR 番号 A'-0389。

（7）『佐藤総理訪米関係（1965.1）会談関係』、分類番号 A' 1.5.2-12-02、MF/CR 番号 A'-0444。

（8）『田中総理米国訪問関係（1972.8）会談関係』、管理番号 0102-2001-01497、分類番号 A' 1.5.2.24-1。

（9）『田中総理中国訪問』、管理番号 2011-0721、分類番号 SA.1.3.1。

（10）『日本・中華民国間外交関係雑件』第2巻、分類番号 A' 1.2.1-7、NF/CR 番号 A'-0423。

（11）『日中国交正常化（諸外国の反応）』、管理番号 2011-0711、分類番号 SA .1.2.2。

（12）『日・台政治関係（日中国交正常化の反響）』、管理番号 2011-0715、分類番号 SA. 1.2.2。

（13）『日中国交正常化（重要資料）』、管理番号 2011-0720、分類番号 SA .1.2.2。

（14）『本邦要人欧州諸国訪問関係雑件』、分類番号 A' 1.5.3-2、MF/CR 番号 A'-0395。

（15）『吉田元総理中華民国訪問関係（1964.2）』、分類番号 A' 1.5.1-17、NF/CR 番号 A'-0395。

※歴史資料としての価値が認められる開示文書（写し）
(16)『佐藤総理訪米（1967年11月）』、整理番号01-534。
(17)『佐藤総理訪米（1970年10月）』、整理番号01-516。
(18)『椎名特使台湾訪問（1972年9月）』、整理番号01-1933。
(19)『日中関係』、整理番号02-1236。
(20)『日中国交正常化交渉』、整理番号01-298。
(21)『日中貿易（LT貿易）』、整理番号02-182。
(22)『吉田元総理台湾訪問（1964年2月）』、整理番号04-633。

▽情報公開法に基づく外務省の保有する行政文書

(1)「日米首脳会談（第1回会談）」（1972年8月31日）、開示請求番号2016-00003。
(2)「第1回合同会議」（1972年8月31日）、開示請求番号2016-00003。
(3)「日米首脳会談（第2回会談）」（1972年9月1日）、開示請求番号2016-00003。
(4)「田中総理の蔣介石総統宛親書（案）」（年月日未記入）、開示請求番号2016-00005。
(5)「大平外相彭大使会談録」（1972年7月25日）、開示請求番号2016-00006。
(6)「宇山大使発外務大臣宛電信：政府特使招えんにおけるえん説第407号」（1972年9月13日）、開示請求番号2016-00008。
(7)「宇山大使発外務大臣宛電信：特使の空港ステートメント第415号」（1972年9月14日）、開示請求番号2016-00008。
(8)「宇山大使発外務大臣宛電信：シイナ特使の空港ステートメント第424号」（1972年9月15日）、開示請求番号2016-00008。
(9)「宇山大使発外務大臣宛電信：シイナ特使の空港ステートメント第425号（往電第424号に関し）」（1972年9月15日）、開示請求番号2016-00008。
(10)「宇山大使発外務大臣宛電信：シイナ特使の空港ステートメント第424号」（1972年9月15日）、開示請求番号2016-00008。
(11)「中曽根大臣代理発在台湾宇山大使宛電信：法眼次官と在京国府大使の会談要旨第402号」（1972年9月29日）、開示請求番号2016-00038。
(12)「外務大臣代理発在中華民国宇山大使宛電信：大平大臣の対プレス説明第400号」（1972年9月28日）、開示請求番号2016-00039。

▽その他

(1)「早坂発伊藤昌哉様宛書簡」（1975年1月13日）、伊藤淳子所蔵。

▽単行本

（1）朝賀明著、福永文夫、服部龍二、雨宮昭一、若月秀和編、『田中角栄：最後の秘書が語る情と智恵の政治家』、第一法規、2015年。
（2）浅利慶太、『時の光の中で：劇団四季主宰者の戦後史』、文藝春秋、2004年。
（3）足立利昭、『ザ・自民党：長期政権の秘密』、翼書院、1984年。
（4）安藤俊裕、『政客列伝』、日本経済新聞出版社、2013年。
（5）池井優、『決断と誤断：国際交渉における人と明言』、慶應義塾大学出版会、1997年。
（6）池田直隆、『日米関係と「2つの中国」：池田・佐藤・田中内閣期』、木鐸社、2004年。
（7）石井明、朱建栄、添谷芳秀、林暁光編、『記録と考証：日中国交正常化・日中平和友好条約締結交渉』、岩波書店、2003年。
（8）石川忠雄、中嶋嶺雄、池井優編、『戦後資料日中関係』、日本評論社、1970年。
（9）石川真澄、『人物戦後政治』、岩波書店、1997年。
（10）伊藤昌哉、『池田勇人：その生と死』、至誠堂、1966年。
（11）伊藤昌哉、『自民党戦国史：権力の研究』、朝日ソノラマ、1982年。
（12）伊藤昌哉、『日本宰相列伝（21）：池田勇人』、時事通信社、1985年。
（13）伊藤昌哉、『宰相盗り』、PHP研究所、1986年。
（14）入江通雅、『ニクソン訪中後の日中』、原書房、1971年。
（15）井上正也、『日中国交正常化の政治史』、名古屋大学出版会、2010年。
（16）牛場信彦、『外交の瞬間：私の履歴書』日本経済新聞社、1984年。
（17）浦野起央、『分析・資料・文献：尖閣諸島・琉球・中国　日中国際関係史』増補版、三和書籍、2010年。
（18）衛藤瀋吉、『日本宰相列伝（22）：佐藤栄作』、時事通信、1987年。
（19）NHK取材班編、『NHKスペシャル周恩来の決断：日中国交正常化はこうして実現した』、日本放送出版協会、1993年。
（20）大野潔、『今だからいえる：激動政局の記録』、亜紀書房、1982年。
（21）大平正芳回想録刊行会編、『大平正芳回想録：追想編』、大平正芳回想録刊行会、1981年。
（22）大平正芳回想録刊行会編、『大平正芳回想録：資料編』、大平正芳回想録刊行会、1982年。
（23）大平正芳回想録刊行会編、『大平正芳回想録：伝記編』、大平正芳回想録刊行会、1983年。
（24）大平正芳記念財団編、『去華就實：聞き書き大平正芳』、大平正芳記念財団、2000年。
（25）岡田晃、『水鳥外交秘話：ある外交官の証言』、中央公論社、1983年。
（26）何応欽、『中日関係と世界の前途』、台北：正中書局、1974年。

(27) 霞山会、『日中関係基本資料集 1949 年 -1997 年』、霞山会、1998 年。
(28) 加藤嘉行、『異色首相田中角栄：その虚像と実像』、三交社、1973 年。
(29) 賀屋興宣、『戦前・戦後 80 年』、浪曼、1972 年。
(30) 神田豊隆、『冷戦構造の変容と日本の対中外交：2つの秩序観 1960-1972』、岩波書店、2012 年。
(31) 川崎秀二、『日中復交後の世界：激動のドラマ1年から』、ニュー・サイエンス社、1972 年。
(32) 川島正次郎先生追想録編集委員会編、『川島正次郎』、交友クラブ、1971 年。
(33) 川島真、清水麗、松田康博、楊永明、『日台関係史 1945-2008』、東京大学出版会、2009 年。
(34) 岸本弘一、『一誠の道：保利茂と戦後政治』、毎日新聞社、1981 年。
(35) 鬼頭春樹、『国交正常化交渉北京の5日間：こうして中国は日本と握手した』、NHK出版、2012 年。
(36) 近代日本史料研究会編、『松本彧彦オーラルヒストリー』、近代日本史料研究会、2008 年。
(37) 楠田實、『首相秘書官：佐藤総理との 10 年間』、文藝春秋、1975 年。
(38) 楠田實編、『佐藤政権・2797 日』（上）、行政問題研究所出版局、1983 年。
(39) 楠田實編、『佐藤政権・2797 日』（下）、行政問題研究所出版局、1983 年。
(40) 楠田實、『楠田實日記：佐藤栄作総理首席秘書官の2000日』、中央公論新社、2001 年。
(41) 公文俊平、香山健一、佐藤誠三郎監修、『大平正芳政治的遺産』、大平正芳記念財団、1994 年。
(42) 栗山尚一、『外交証言録：沖縄返還・日中国交正常化・日米「密約」』、岩波書店、2010 年。
(43) 桑原寿二、林三郎、漆山成美、中村菊男、柴田穂、前田寿夫、小谷秀二郎、入江通雅、『中国の現実と日本の国益』、自由社、1971 年。
(44) 「月刊・自由民主」編集部、『自民党政権の 30 年：日本の進路を決めた男たち』、太陽企画出版、1986 年。
(45) 国分良成、添谷芳秀、高原明生、川島真、『日中関係史』、有斐閣、2013 年。
(46) 小坂善太郎、『議員外交 40 年：私の履歴書』、日本経済新聞社、1994 年。
(47) 小谷秀二郎、『日本・韓国・台湾』、浪曼、1974 年。
(48) 小谷豪治郎、『蔣経国傳：現代中国 80 年史の証言』、プレジデント社、1990 年。
(49) 後藤基夫、内田健三、石川真澄、『戦後保守政治の軌跡』、岩波書店、1982 年。
(50) 小林英夫、『自民党と戦後史』、中経出版、2014 年。
(51) 佐藤昭子、『私の田中角栄日記』、新潮社、1994 年。
(52) 佐藤栄作、『佐藤栄作日記』第4巻、朝日新聞社、1997 年。
(53) 佐藤栄作、『佐藤栄作日記』第5巻、朝日新聞社、1997 年。

(54) 佐藤栄作、『佐藤栄作日記』第1巻、朝日新聞社、1998年。
(55) 佐藤栄作、『佐藤栄作日記』第2巻、朝日新聞社、1998年。
(56) 佐藤栄作、『佐藤栄作日記』第3巻、朝日新聞社、1998年。
(57) 佐藤寛子、『佐藤寛子の「宰相夫人秘録」』、朝日新聞社、1974年。
(58) サンケイ新聞社編、『蒋介石秘録：日中関係80年の証言』（下）改訂特装版、サンケイ出版、1985年。
(59) 椎名悦三郎追悼録刊行会、『記録椎名悦三郎』下巻、椎名悦三郎追悼録刊行会、1982年。
(60) 塩口喜乙、『聞書池田勇人：高度成長政治の形成と挫折』、朝日新聞社、1975年。
(61) 自由民主党広報委員会出版局編、『秘録・戦後政治の実像：自民党首脳の証言で綴る風雲の30年』、永田書房、1976年。
(62) 自由民主党編、『自由民主党党史』、自由民主党、1987年。
(63) 自由民主党編、『自由民主党党史：証言・写真編』、自由民主党、1987年。
(64) 時事通信社政治部編、『ドキュメント：日中復交』、時事通信社、1972年。
(65) ジェームズ・マン、鈴木主税訳、『米中奔流』、共同通信社、1999年。
(66) 蒋介石口述、西内雅解題、『敵か？友か？：中国と日本の問題検討』、国民新聞社、1972年。
(67) 肖向前、竹内実訳、『永遠の隣国として：中日国交回復の記録』、サイマル出版会、1997年。
(68) 「戦後史開封」取材班、『戦後史開封』（2）、産経新聞ニュースサービス、1995年。
(69) 千田恒、『佐藤内閣回想』、中央公論社、1897年。
(70) 添谷芳秀、『日本外交と中国1945-1972』、慶應義塾大学出版会、1995年。
(71) 孫平化、安藤彦太郎訳、『日本との30年：中日友好随想録』、講談社、1987年。
(72) 孫平化、『私の履歴書：中国と日本に橋を架けた男』、日本経済新聞社、1998年。
(73) 台湾日本研究学会編、『「台湾日本歴史文化座談会台日断交30年回顧と展望」会議記録』、台湾日本研究学会、2003年。
(74) 田川誠一、『日中交渉秘録：田川日記・14年の証言』、毎日新聞社、1973年。
(75) 田川誠一、『日中交流と自民党領袖たち』、読売新聞社、1983年。
(76) 田川誠一、『自民党よ驕るなかれ』、講談社、1987年。
(77) 田中角栄記念館編、『私の中の田中角栄』、田中角栄記念館、1998年。
(78) 田中明彦、『日中関係1945-1990』、東京大学出版会、1991年。
(79) 玉置和郎記録集編纂委員会、『政党政治家玉置和郎』、学習研究社、1988年。
(80) 田村重信、豊島典雄、小枝義人、『日華断交と日中国交正常化』、南窓社、2000年。
(81) 丹波實、『わが外交人生』、中央公論新社、2011年。
(82) 中華民國民意代表・日本國會議員座談會祕書組編、『中華民國民意代表・日本

國會議員座談會會議錄』、中華民國民意代表・日本國會議員座談會祕書組、1972 年。
(83) 張群、古屋奎二訳、『日華・風雲の 70 年:張群外交秘録』、サンケイ出版、1980 年。
(84) 張香山、鈴木英司訳、『日中関係の管見と見証:国交正常化 30 年の歩み』、三和書籍、2002 年。
(85) 陳肇斌、『戦後日本の中国政策:1950 年代東アジア国際政治の文脈』、東京大学出版会、2000 年。
(86) 中江要介、『残された社会主義大国:中国の行方』、KK ベストセラーズ、1991 年。
(87) 中江要介、『らしくない大使のお話』、読売新聞社、1993 年。
(88) 中江要介、『日中外交の証言』、蒼天社出版、2008 年。
(89) 中江要介著、若月秀和、神田豊隆、楠綾子、中島琢磨、昇亜美子、服部龍二編、『アジア外交動と静:元中国大使中江要介オーラルヒストリー』、蒼天社出版、2010 年。
(90) 中曽根康弘、『天地有情:50 年の戦後政治を語る』、文藝春秋、1996 年。
(91) 中曽根康弘、『自省録:歴史法廷の被告として』、新潮社、2004 年。
(92) 中曽根康弘、『中曽根康弘が語る戦後日本外交史』、新潮社、2012 年。
(93) 中野士朗、『田中政権・886 日』、行政問題研究所、1982 年。
(94) 永野信利、『天皇と鄧小平の握手:実録・日中交渉秘史』、行政問題研究所出版局、1983 年。
(95) 中嶋嶺雄、『「日中友好」という幻想』、PHP 研究所、2002 年。
(96) 二階堂進、『己を尽くして:私の履歴書』、日本経済新聞社、1986 年。
(97) 日中コミュニケーション研究会編、『日中相互理解とメディアの役割』、日本僑報社、2002 年。
(98) 羽田孜、『志』、朝日新聞社、1996 年。
(99) 服部龍二、『日中国交正常化:田中角栄、大平正芳、官僚たちの挑戦』、中央公論新社、2011 年。
(100) 服部龍二、『中曽根康弘:「大統領的首相」の軌跡』、中央公論新社、2015 年。
(101) 波多野勝、清水麗、『友好の架け橋を夢見て:日中議連による国交正常化への軌跡』、学陽書房、2004 年。
(102) 早坂茂三、『オヤジと私』、集英社、1987 年。
(103) 早坂茂三、『政治家田中角栄』、中央公論社、1987 年。
(104) 早坂茂三、『早坂茂三の「田中角栄」回想録』、小学館、1987 年。
(105) 林房雄、『随筆池田勇人:敗戦と復興の現代史』、サンケイ新聞社出版局、1968 年。
(106) 早野透、『田中角栄:戦後日本の悲しき自画像』、中央公論新社、2012 年。
(107) 原彬久編、『岸信介証言録』、毎日新聞社、2003 年。
(108) マックス・ヴェーバー著、脇圭平訳、『職業としての政治』、岩波書店、1980 年。
(109) 馬場周一郎、『蘭は幽山にあり:元自民党副総裁二階堂進聞書』、西日本新聞社、

1998 年。
(110) 福井治弘、『自由民主党と政策決定』、福村出版、1969 年。
(111) 福田赳夫、『回顧 90 年』、岩波書店、1995 年。
(112) 福永文夫、『大平正芳：「戦後保守」とは何か』、中央公論新社、2008 年。
(113) 藤山愛一郎、『政治わが道：藤山愛一郎回想録』、朝日新聞社、1976 年。
(114) 古井喜実、『日中 18 年：政治家の軌跡と展望』、牧野出版、1978 年。
(115) 古川万太郎、『日中戦後関係史』、原書房、1988 年。
(116) ヘンリー・キッシンジャー、桃井真監修、斉藤弥三郎、小林正文、大朏人一、鈴木康雄訳、『キッシンジャー秘録：北京へ飛ぶ』第3巻、小学館、1980 年。
(117) 星川清孝、『楚辞：新釈漢文大系』、明治書院、1970 年。
(118) 細谷雄一、『安保論争』、筑摩書房、2016 年。
(119) 堀越作治、『戦後政治裏面史』、岩波書店、1998 年。
(120) 保利茂、『戦後政治の覚書』、毎日新聞社、1975 年。
(121) 本田善彦、『日・中・台視えざる絆：中国首脳通訳のみた外交秘録』、日本経済新聞社、2006 年。
(122) 毎日新聞社政治部編、『転換期の「安保」』、毎日新聞社、1979 年。
(123) 増田弘、『石橋湛山：リベラリストの真髄』、中央公論社、1995 年。
(124) 増田弘、波多野澄雄編、『アジアのなかの日本と中国：友好と摩擦の現代史』、山川出版社、1995 年。
(125) 増山栄太郎、『角栄伝説：番記者が見た光と影』、出窓社、2005 年。
(126) 松本彧彦、『台湾海峡の懸け橋に：いま明かす日台断交秘話』、見聞ブックス、1996 年。
(127) 的場順三、『座して待つのか、日本人』、ワック、2000 年。
(128) 御厨貴、中村隆英編、『聞き書：宮澤喜一回顧録』、岩波書店、2005 年。
(129) 宮城大蔵編、『戦後日本のアジア外交』、ミネルヴァ書房、2015 年。
(130) 宮沢喜一、『戦後政治の証言』、読売新聞社、1991 年。
(131) 陸奥宗光、新訂『蹇蹇録：日清戦争外交秘録』、岩波書店、1983 年。
(132) 村田良平、『村田良平回想録：戦いに敗れし国に仕えて』上巻、ミネルヴァ書房、2008 年。
(133) 毛沢東、和田武司、市川宏訳、『毛沢東語録』、河出書房新社、1966 年。
(134) 毛里和子、『日中関係：戦後から新時代へ』、岩波書店、2006 年。
(135) 森田一、『心の一燈：回想の大平正芳・その人と外交』、第一法規、2010 年。
(136) 森喜朗、田原総一朗、『日本政治のウラのウラ：証言・政界 50 年』、講談社、2013 年。
(137) 薬師寺克行、『証言民主党政権』、講談社、2012 年。
(138) 山口朝雄、『大平正芳：政治姿勢と人間像』、創芸社、1978 年。
(139) 山田栄三、『正伝佐藤栄作』（上）、新潮社、1988 年。

(140) 山田栄三、『正伝佐藤栄作』（下）、新潮社、1988 年。
(141) 柳田邦男、『日本は燃えているか』、講談社、1983 年。
(142) 矢吹晋、『日中の風穴：未来に向かう日中関係』、勉誠出版、2004 年。
(143) 山岸一平、『昭和後期 10 人の首相：日経の政治記者が目撃した「派閥の時代」』、日本経済新聞出版社、2008 年。
(144) 吉田茂、『回想 10 年』第 1 巻、新潮社、1957 年。
(145) 吉田茂、『激動の百年史：わが決断と奇跡の転換』、白川書院、1978 年。
(146) 吉田茂記念事業財団編、『人間吉田茂』、中央公論社、1991 年。
(147) 吉田茂記念事業財団編、『吉田茂書翰』、中央公論社、1994 年。
(148) 吉村克己、『池田政権・1575 日』、行政問題研究所出版局、1985 年。
(149) 読売新聞政治部、『外交を喧嘩にした男：小泉外交 2000 日の真実』、新潮社、2005 年。
(150) 読売新聞政治部、『民主瓦解：政界大混迷への 300 日』、新潮社、2012 年。
(151) リチャード・ニクソン著、徳岡孝夫訳、『指導者とは』、文藝春秋、1986 年。
(152) 林金莖、『梅と桜：戦後の日華関係』、サンケイ出版、1984 年。
(153) 若菜正義、『明日の台湾』、新国民出版社、1973 年。
(154) 若林正丈、『台湾：変容し躊躇するアイデンティティ』、筑摩書房、2001 年。
(155) 渡邉昭夫編、『戦後日本の宰相たち』、中央公論社、1995 年。
(156) 渡邊満子、『祖父大平正芳』、中央公論新社、2016 年。

▽定期刊行物

(1) 「朝日新聞」。
(2) 殷燕軍、「日中国交正常化と台湾政権」、『関東学院大学経済学会研究論集』第 222 集、関東学院大学経済学会、2005 年。
(3) 「神奈川新聞」。
(4) 外務省編、『わが外交の近況：資料編』1968 年版（第 12 号）、外務省、1968 年。
(5) 外務省編、『わが外交の近況』1970 年版（第 14 号）、外務省、1970 年。
(6) 外務省編、『わが外交の近況』1972 年版（第 16 号）、外務省、1972 年。
(7) 外務省編、『わが外交の近況』1973 年版（第 17 号）、外務省、1973 年。
(8) 神田豊隆、「佐藤内閣と『二つの中国』：対中・対台湾政策におけるバランスの模索」、『国際関係論研究』第 21 号、国際関係論研究会、2004 年。
(9) 久能靖、「角栄・周恩来会談最後の証言」、『文藝春秋』2007 年 12 月号、文藝春秋、2007 年。
(10) 「公開シンポジウム『戦後史の中の日台関係』を開催」、『フォルモサ歴史文化研究

会ニュースレター』第3号、フォルモサ歴史文化研究会、2011年。
(11) 小枝義人、「自民党の過去・現在・未来：深層構造の検証」、『海外事情』2014年11月号、拓殖大学海外事情研究所、2014年。
(12) 小枝義人、「風雪素描第16回：椎名悦三郎」、『自由民主』2015年3月10日号、自由民主党、2015年。
(13) 小坂善太郎、鈴木健二、「検証戦後日米首脳会談：2-K（ケネディ）・K（フルシチョフ）会談が米国の対中政策を変えた　日米対等に固執した池田首相」、『エコノミスト』1991年1月15日号、毎日新聞社、1991年。
(14) 佐藤栄作、「世界と日本：自由陣営の優位こそ世界平和確保の道」、『新国策』1963年1月5日号、国策研究会、1963年。
(15) 佐藤晋、「鳩山・石橋内閣期の中国政策：中・台関係についての情報と政策」、『現代史研究』第8号、東洋英和女学院大学現代史研究所、2012年。
(16) 「産経新聞」（「サンケイ新聞」）。
(17) 清水麗、「第2次吉田書簡（1964年）」をめぐる日中台関係の展開」、『筑波大学地域研究』第19号、筑波大学、2001年。
(18) 「周事件をめぐる自民党内抗争」、『エコノミスト』1964年1月28日号、毎日新聞社、1964年。
(19) 城山英巳、『中国共産党「天皇工作」秘録』、文藝春秋、2009年。
(20) 高橋政陽、若山樹一郎、「当事者が明らかにした30年目の新事実：『日中』か『日台』かで揺れた日本外交」、『中央公論』2003年4月号、中央公論新社、2003年。
(21) 竹内静子、「南漢宸の40日：『多彩な接近』の成果を探る」、『エコノミスト』1964年6月号、毎日新聞社、1964年。
(22) 田才徳彦、「日華断交と日中国交正常化：自由民主党内の親台湾派の行動論理を中心に」、『政経研究』第50巻第3号、日本大学政経研究所、2014年。
(23) 中国総覧編集委員会編、『中国総覧』1973年版、アジア調査会、1973年。
(24) 唐家璇、「中国外交のドン独占インタビュー：対日工作の責任者が語った48年の外交秘話 田中角栄から小泉、小沢まで」、『文藝春秋』2010年4月号、文藝春秋、2010年。
(25) 中江要介、「椎名悦三郎・蒋経国会談記録：『中江メモ』」、『社会科学研究』第24巻第1号、中京大学社会科学研究所、2003年。
(26) 中島宏、「日中国交正常化の一考察：北京で見た日中国交交渉」、『愛知大学国際問題研究所紀要』第97号、愛知大学国際問題研究所、1992年。
(27) 「新潟日報」。
(28) 「日本経済新聞」。
(29) 丹羽文生、「日中航空協定締結の政策決定過程：自民党日華関係議員懇談会の影

（30）橋本恕、「私の出会い第 30 回：官僚生命をかけた日中国交正常化」、『時評』2000 年 8 月号、時評社、2000 年。
（31）福井治弘、「自民党の外交政策とその決定過程：中国問題を中心として」、『国際問題』1972 年 4 月号、日本国際問題研究所、1972 年。
（32）古井喜実、「日中国交正常化の秘話」、『中央公論』1972 年 12 月号、中央公論社、1972 年。
（33）別枝行夫、「日中国交正常化の政治過程：政策決定者とその行動の背景」、『季刊国際政治』第 66 号、日本国際政治学会、1980 年。
（34）「毎日新聞」。
（35）堀幸雄、竹内静子、「中国政策を問われる保守・革新」、『エコノミスト』1965 年 2 月号、毎日新聞社、1965 年。
（36）松田賢弥、「小泉『私は靖国参拝する!』全肉声：盟友・加藤紘一の説得も虚しく、『8・15 参拝』から『総選挙』へ」、『週刊現代』2005 年 8 月 13 日号、講談社、2005 年。
（37）水野清、「秘話でつづる激動の日中現代史：佐藤栄作に『国交回復』を迫った日々」、『月刊現代』1992 年 11 月号、講談社、1992 年。
（38）横堀克己、「その夜、新たな歴史がひらかれた：毛-田中会談を再現する」、『人民中国』2002 年 9 月号、人民中国雑誌社、2002 年。
（39）「読売新聞」。
（40）渡辺恒雄、「無学歴首相のブレーンは誰か」、『中央公論』1972 年 9 月号、中央公論社、1972 年。
（41）渡辺恒雄、「渡辺恒雄政治記者一代記（5）ワシントン支局長時代と『角福戦争』(1964～1972)」、『中央公論』1999 年 3 月号、中央公論社、1999 年。

[英文]

▽単行本

(1) Benjamin L. Self, Jeffrey W. Thompson, ed., An Alliance for Engagement: Building Cooperation in Security Relations with China, Washington, D.C.: The Henry L. Stimson Center, 2002.
(2) Dean G. Acheson, "Crisis in Asia : An Examination of U.S. Policy", *The Department of State Bulletin, XXII, No.551 (January 23, 1950)*, Washington, D.C.: GPO, 1950.

（3） Dennis B. Smith, Japan since 1945: *The Rise of an Economic Superpower*, London: Palgrave Macmillan, 1995.
（4） Fredrik Logevall and Andrew Preston, ed., *Nixon in the World: American Foreign Relations, 1969-1977*, Oxford: Oxford University Press, 2008.
（5） *Foreign Relations of the United States, 1961-1963, Vol. XXII, Northeast Asia*, Washington, D.C.: GPO, 1996.
（6） Giovanni Sartori, *Parties and party systems: A framework for analysis, vol.1*, New York: Cambridge University Press, 1976.
（7） Henry Kissinger, *On China*, New York: Penguin Audio, 2011.
（8） Henry A. Kissinger, Years of *Upheaval: sequel of White House Years*, London: Weidenfeld& Nicolson, and Michael Joseph, 1982.
（9） Johnson U. Alexis, with Jef Olivarius McAllister, *The Right Hand of Power: The Memoirs of an American Diplomat*, New Jersey: Prentice-Hall, 1984.
（10） Morton A. Kaplan, Kinhide Mushakoji ed., *Japan, America, and the future world order*, New York : Free Press, 1976, p.60.
（11） Richard M. Nixon, *RN: The Memoirs of Richard Nixon*, New York: Grosset&Dunlap, 1978.
（12） Qingxin K. Wang, *Hegemonic Cooperation and Conflict: Postwar Japan's China Policy and the United States*, Greenwood Pub Group, 2000.
（13） Sadako Ogata, *Normalization with China: A Comparative Study of U.S. and Japanese Processes*, California: Institute of East Asian Studies, University of California, 1990.
（14） "State Department Paper on Japan10/1961"、細谷千博、有賀貞、石井修、佐々木卓也編、『日米関係資料集 1945-97』、東京大学出版会、1999 年。
（15） T. J. Pempel, ed., *Policymaking in Contemporary Japan*, Ithaca: Cornell University Press, 1977.
（16） Walt W. Rostow, *The Stages of Economic Growth: A Non-Communist Manifesto*, Cambridge: Cambridge University Press, 1960.

▽定期刊行物

（1） *Hong Kong Standard*.
（2） *South China Morning Post*.
（3） *The New York Times*.

[中文]

▽中央研究院近代史研究所檔案館所蔵外交史料

（1）『蔣中正總統與佐藤榮作談話記錄』、館藏號 11-01-02-10-02-126、舊檔號 012.2/0007、影像編號 11-EAP-00952。
（2）『日本首相佐藤榮作訪華』第 5 冊、館藏號 11-01-02-10-02-043、舊檔號 012.22/0080、影像編號 11-EAP-01067。
（3）『日與中共勾搭前後』、館藏號 11-01-02-04-02-092、舊檔號 005.22/0005、影像編號 11-EAP-00567。
（4）『中日斷交後重要交涉事項』第 1 冊、館藏號 11-01-02-10-01-013、舊檔號 012/0010、影像編號 11-EAP-00868。
（5）『中日斷交後重要交涉事項』第 2 冊、館藏號 11-01-02-10-01-014、舊檔號 012/0011、影像編號 11-EAP-00869。
（6）『中日斷交後重要交涉事項』第 3 冊、館藏號 11-01-02-10-01-015、舊檔號 012/0012、影像編號 11-EPA-00870。
（7）『吉田茂訪華』第 3 冊、館藏號 11-01-02-10-02-066、舊檔號 012.22/0071。

▽単行本

（1）王泰平、『王泰平文存:中日建交前后在東京』、北京:社会科学文献出版社、2012 年。
（2）柯延主編、『毛沢東生平全記録:1893～1976』下巻、北京:中央文献出版社、2009 年。
（3）顔声毅、『当代中国外交』第 2 版、上海:復旦大学出版社、2009 年。
（4）申子佳、張覺明、鄭美倫、『辜寬敏傳:辜振甫的戯夢人生』、台北:書華出版事業、1994 年。
（5）黄大慧、『日本対華政策与国内政治:中日復交政治過程分析』、北京:当代世界出版社、2006 年。
（6）黄天才、『中日外交的人與事:黄天才東京採訪實録』、台北:聯經出版、1995 年。
（7）黄自進訪問、簡佳叡紀録、『林金莖先生訪問紀録:中央研究院近代史研究所口述歴史叢書（82）』、台北:中央研究院近代史研究所、2003 年。
（8）黄自進主編、『蔣中正先生対日言論選集』、台北:財団法人中正文教基金会出版、2004 年。
（9）江明武主編、『周恩来生平全記録:1898～1976』下巻、北京:中央文献出版社、200 年。

(10) 辜寬敏口述、張炎憲、曾秋美採訪整理、『逆風蒼鷹:辜寬敏的臺獨人生』、台北: 吳三連臺灣史料基金會、2015年。
(11) 吳学文、王俊彦、『廖承志与日本』、北京:中共党史出版社、2007年。
(12) 「縦横:精品双書」編委会編、『共和国外交実録』、北京:中国文史出版社、2002年。
(13) 蔣經國先生全集編輯委員會、『蔣經國先生全集』第17冊、台北:行政院新聞局、1991年。
(14) 徐之先主編、『中日関係三十年』、北京:時事出版社、2002年。
(15) 張羣、『我與日本七十年』、台北:中日關係研究會、1980年。
(16) 張岳軍傳略與年譜編纂委員會編、『張岳軍傳略與年譜』、台北:中日關係研究會、1991年。
(17) 中華人民共和国外交部外交史研究室編、『周恩来外交活動大事記1949-1975』、北京:世界知識出版社、1993年。
(18) 中華人民共和国外交部、中共中央文献研究室編、『毛沢東外交文選』、北京:中央文献出版社、1994年。
(19) 中共中央文献研究室編、『周恩来年譜:1949-1976』下巻、北京:中央文献出版社、1997年。
(20) 楊正光主編、張暄編著『当代中日関係四十年』、北京:時事出版社、1993年。
(21) 梁肅戎口述、劉鳳翰、何智霖訪問、何智霖紀錄整理、『梁肅戎先生訪談録:口述歷史叢書(7)』、台北:國史館、1995年。

▽定期刊行物

(1)「人民日報」(中国)。
(2)「中央日報」(台湾)。
(3)「中華日報」(台湾)。
(4) 張香山、「中日復交談判回顧」、中華日本学会、中国社会科学院日本研究所主編、『日本学刊』1998年1期、北京:「日本学刊」雑誌社編輯部、1998年。
(4)「香港時報」(香港)。
(5)「民族晚報」(台湾)。

[インタビュー]

※（　）は1972年9月当時の役職、〈　〉は後の代表的役職

(1) 愛知和男（日本鋼管勤務（愛知揆一（元外務大臣）娘婿）〈衆議院議員・環境庁長官・防衛庁長官〉）。
(2) 阿部穆（産経新聞勤務〈産経新聞政治部長・長野放送代表取締役副社長〉）。
(3) 柯振華（中華民国外交部秘書〈中華民国外交部簡任第十二職等司長〉）。
(4) 栗山尚一（外務省条約局条約課長〈外務事務次官・駐米日本大使〉）。
(5) 蒋田恭雄（駐高雄日本総領事館副領事〈駐イラク日本臨時代理大使・交流協会高雄事務所長〉）。
(6) 松本彧彦（椎名悦三郎特使秘書・自民党全国組織委員会勤務〈労働大臣秘書官〉）。
(7) 美根慶樹（外務省アジア局中国課事務官〈日朝国交正常化交渉日本政府代表〉）。

参考資料

【参考資料1】

[小谷秀二郎が台湾側に渡した「竹入メモ」の要旨]

　　　　竹入公明党委員長に対する周恩来首相の発言（要旨）について

　　　　　　　　　　　　　　　　　　　　　　　　　昭和47.8.10

内容

一、周恩来首相の発言要旨
　（一）　対ソ問題
　（二）　日中会談について
　（三）　国交三原則について
　（四）　国交正常化問題
　（五）　賠償問題について
　（六）　尖閣諸島問題
　（七）　日中経済関係について
　（八）　日中間の折衝（特使など）
　（九）　台湾問題（日米安保、台湾条項など）
　（十）　国交正常化の意図
　（十一）　共同声明の国会承認問題

二、公明党訪中団の感触
　（一）　周恩来の公明党訪中団に対する態度
　（二）　日中正常化の意図
　（三）　日米安保、台湾条項
　（四）　共同声明について
　（五）　訪中の時期
　（六）　米中の条約交渉

(七) 気象協定など
(八) 竹入委員長行方不明事件

三、結び

　　　　竹入公明党委員長に対する周恩来首相の発言（要旨）について

　　　　　　　　　　　　　　　　　　　　　　　　　昭和 47. 8.10

　竹入公明党委員長は周恩来首相と三回にわたり、約十時間会談したが、周恩来首相が語った要旨は次のとおりである。
　但し、十時間と云っても、通訳つきのため、実質五時間の会談であるが、語句の解釈（正統政府とか、合法政府となぜいわないか、日本人の正統の意味など）の問題などが時間を費して、実質的には、五時間がさらに短縮される。

（周恩来首相の発言要旨の項目は便宜上、筆者がつけたものである。）
一、周恩来首相の発言要旨
（一）対ソ問題
　　日中国交正常化の動きに対して、どこかの国（ソ連）が不安に思っているようであるけれども、その国との国境に延べ百万人以上の軍隊を配置しているので心配はない。
（二）日中会談について
　　米中会談と日中会談とは質が違う。日本と中国は二十数年にわたって、お互の人民同士が交流してきた。
　　松村さんと高碕さんも、革新政党の人達も、労働者もいろんな人が日中両国で二十数年往来をしてきた。
　　ここで日中国交正常化をすることは国民同士の交流、人民同士の交流の勝利である。
　　それではいつ日中国交正常化を実現するか。何か中国が急いでいるようにいうけれども、われわれは二十三年間（中共成立後）も日中正常化をまってきたのであるから、田中総理が十月一日の国慶節の前に訪中しようが、或いは国慶節の後に訪中しようが二、三ヵ月早いとか遅いとかは問題にしない。
　　田中総理が中国を訪問したら決して恥はかかせない。
（三）国交三原則について
　　中国は台湾政策など（国交三原則を示す）で決して原則はすてていないけれども、

一方、現実を無視する政策はとらない。

原則はすてないけれども現実は無視しない。

従って田中訪中で日中国交正常化が出来たらその段階でこれまであったものは死文化する。過去のものになるということである。（これまであったものとは日華平和条約をさす。）

〇ここで竹入委員長が、それでは日華平和条約があったことを認めることになるのではないかの質問に対し

日華条約があろうが、なかろうが、我々は認めていない。

いずれにしても、日中国交正常化の段階で「あるらしいもの、ないらしいもの」は自らの過去のものになる。

(四) 国交正常化問題

国交正常化は政治的な問題である。

法律的なことは、将来、やりましょう。

田中総理訪中の時にやるのは戦争状態の終結や、国交樹立を一括して実現することである。

(五) 賠償問題について

賠償問題は日中正常化が、両国の国民同士、人民同士の結合の高まりであると理解すれば、中国人民が、日本人民に賠償を求めることはない。

田中総理の訪中により、首脳会談で、そのことを鮮明にする。

(六) 尖閣諸島問題

私も以前は尖閣諸島のことなど知らなかった。

去年あたり、石油開発問題が起きてから初めて知った位である。

尖閣問題をとやかくいう人は、日中国交正常化を妨害しようという人ではないか。

日中首脳会談では、尖閣問題にはふれないことにしようと思っている。

(七) 日中経済関係について

日本の技術が秀れているのでよろしく頼みたい。

日中貿易で、日本側の出超になっていることは気にしていない。

日中貿易は今までの延長で拡大したい。

(八) 日中間の折衝（特使など）

我々は、田中総理の訪中を第一回の日中政府間折衝と理解している。

その前に、使節団などを派遣する必要はない。

また、社会党など、日本の二十二の団体が、中国の大型代表団を招待してくれているが、田中総理訪中の前に、中国から代表団が訪日することも、必要はないと思う。

日本の受け入れ団体に竹入委員長から、そのことを伝えて欲しい。

(九) 台湾問題（日米安保、台湾条項など）

我々は台湾の最後のあがきを刺戟するようなことはしたくない。
　　台湾は機が熟すれば必ず解放する。
　○日米安保条約や台湾条項は日中国交正常化の支障にならないかとの質問に対し
　　我々は、台湾条項にひっかかるような台湾の解放はしない。
（十）国交正常化の意図
　　我々は田中内閣が、日中を最優先の政策としていることを認めている。
　　我々の世代は若い時に、日本に留学して、日本人を肌で知っている者が多い。
　　あなた方も中国を知っている。
　　日本人をよく知っている我々の世代のうちに、日中間の懸案を解決し、日中国交正常化を実現し、次の世代に渡したい。
（十一）共同声明の国会承認問題
　　田中総理の訪中のときに発表する共同声明（共同宣言か未定）の発表には、国会に承認を求める条項（批准条項）は入れない。

二、公明党訪中団の感触
（一）周恩来は竹入委員長を「桜の花」にたとえ、「われわれは"赤い雪洞"をともして準備し、『桜の花』を映えさせて、成功させてあげたい」と云っていた。
　　竹入訪中団の成果を成功させて、公明党の点数をかせがせようという意味とみられる。
（二）周恩来は日中国交正常化を急いでいるわけではないが、と云っているが、毛主席の健在の内に、文革を終えた毛・周体制の成果を米・中会談であげ、さらに、国慶節の前に日中国交正常化をはかり、アピールしたい意向のようであった。
（三）日米安保条約とか、一九六九年の台湾条項について、田中総理が訪中した際に、あえて打壊するようなことには触れないものとみられる。
（四）日中首脳会談の際、共同声明か、共同宣言かはどちらでもよいと云っていた。
　　中国側はそんなに長いものは考えていないようである。
　　米中声明のような長いものは考えていない。
　　法律的な領土問題などは国交正常化をした上でやればよい方向のようである。
（五）訪中の時期については九月下旬だろうと思う。
　　周恩来はアメリカと日本を考えた場合に日本の場合は正常化を一気にすすめるので田中総理を歓待したい。ニクソンの滞中日数より、長目（一週間位）にいてもらいたいという感じがした。
（六）米中の条約交渉が本格的にはじまるのは十一月の大統領選後である。ベトナム戦争が終ったときであろう。
　　日本の方が、アメリカより早く国交正常化することになる。

(七) 気象協定、漁業協定などは別々に行なう予定で、日中首脳会談には間に合わない。
(八) 竹入委員長の行方不明事件は、中国側が台湾寄の刺客などがあらわれると責任問題となるので、広州から香港に入る日程を一切極秘とし、記者団にも知らせないよう要望してきた。

香港に入ると新華社の人々が、中国側の指定した宿舎に入れ、しかも、一つの宿舎に荷物を運ぶと、直ちに次の宿舎に移動し、さらに、次の宿舎につれていくというやり方にて、三ヵ所も宿舎を変更したために、行方不明を伝えられた。

中国側としては香港は中国領土で万一のことがあれば、責任問題となるので、香港を出れば自由に移動してくれと、香港滞在中は厳重な注意をはらってくれた。

竹入訪中団は、やられてもよいから、自由にしてくれと云ったが、中国側は聞きいれてくれなかった。

三、結び

中国は以前、公明党に対して、日中復交ムードを盛りあげるための宣伝部隊（組織力や弘報機関誌、紙を保有していることから）として扱っていたと伝えられるが（中国系機関関係者の言による）、今回の訪中では、公明党に日中国交正常化の重要任務を負わしめ、一方において、公明党に点数をかせがせようとしているものとみられる。

そこで、公明党訪中団に対して「日中復交は田中内閣になって、中国から積極化したもので、賠償はいらぬとか、尖閣諸島には触れないとか、日華条約も触れず現実を無視しないとか云っているが、中国としては当然、中国の国益に基づいて対日姿勢を打ち出しているわけで、公明党訪中団の判断は"甘い"のではないか」と質問をしたところ、「"甘い"とは考えていない。（公明党幹部の思考方法には宗教人的な素直さがあり、それが長所であり、短所でもある）」と答えるだけで、具体的な反論は出来なく、「中国は無賠償と云っても、名称はともかく、日本に経済援助、技術援助を大いに期待していることは間違いなく、田中総理の訪中によって、日本側からそれを云わせようとしているのではないかと思われた」と語っただけであった。

出所：「竹入公明党委員長に対する周恩来首相の発言（要旨）について」（1972年8月10日）、『日與中共勾搭前後』、中央研究院近代史研究所檔案館、館藏號 11-01-02-04-02-092、舊檔號 005.22/0005、影像編號 11-EAP-00567。

【参考資料2】

［正木良明がS教授に洩らしたとされる竹入・周恩来会談に関するレポート］

日中国交正常化交渉について

(八月十五日)

　八月十四日夜、竹入公明党委員長に随行して訪中した正木良明氏(政策担当)は、竹入氏にかわってS教授に対して日中国交正常化について、周恩来中国総理と打合せした事項を次のように漏していた。

一、中国の日中国交正常化を焦る理由
　　①毛沢東、周恩来ともにすでに老令である。
　　②対ソ政策に重大な関係がある。
　　③経済開発が急務で、是非とも日本の最新の技術を利用したい。
　〇註
　説明事項
　(ア)、中国の歴史上、威令全中国におよぼしたのは毛沢東であり、対日接近指示を
　　　行ったのも毛沢東である。
　　　周恩来と林彪は路線斗争を行った。その結果、周恩来が勝ち林彪が負けて、堕
　　　ちた。毛沢東は周恩来を支援していた。
　(イ)、周恩来は林彪との路線斗争の勝利を実証するために、現態勢で何が出来るか
　　　ということになると、狙いは日本との国交回復である。
　　　米国とは国交正常化まで進まなかったが、日本との国交設定によりアジア地域での
　　　中国への地すべり現象が期待できる。
　　　その結果としてソ連の極東への進出を阻止することになる。
　　　中国の最もおそれているのはソ連の全力をあげてする極東進出である。日本と現
　　　状で妥協して地歩を占めることが肝要とみている。
　(ウ)、中国の七億の人民を食べさせるには、中国の自力更生では行づまりが出ていて、
　　　日本の高度の経済技術力を導入して経済開発を行うことは目下の急務となってい
　　　る。

二、日中国交正常化にのぞむ中国側の態度
　　①原則性は強く主張しているが、こだわらない

原則の柔軟な適用を考えている

従来は日本の野党や一部興党の人士が相手であったが、今回は自民党が相手であり中国側の主張は自民党の呑みうるものである。

②日中国交の承認がえられるならば、安保台湾、日華平和條約の破棄などには言及しない。

日中共同声明で中国側は一方的に戦争状態の終結を宣し、日本側は大使交換をのべればよい

友好平和條約を結び、航空、通信、魚業郵便などの諸協定を取定める。

③台湾について

日本人の資産については台湾解放后も保証する。

経済交流については眼をつぶる。

但し領事館の継続設置はやめてほしい。

覚書事務所的なものでよいのではないか

④安保について

安保には言及しない、その理由は日米安保がなくなればソ連が入ってくる可能性が出てくる。

中国側も安保の価値を認めている。

三、田中訪中について

①ニクソン訪中のときよりも更に鄭重に迎えられる。

田中首相は国交正常化のために訪中するのであるから、当然ニクソンよりも鄭重に迎えられることになる。

②共同声明には相互不可侵が狙いである。

尖閣列島問題については日本も下りないであろう。

周恩来総理も「私も尖閣列島を知らなかった」と述べていたが、大陸棚資源の共同開発で一致出来るのではないか。

③無賠償

中国側は賠償により日本人民の肩に負債がくい込むようなことは相互の利益にならないと述べていた。

④田中訪中のときには随員、記者は無制限にOK、航空路は羽田―北京の直通になる。

四、S教授の所見

日中国交正常化交渉に留意すべきこと

①米国との間に完全なる事前了解工作が是非とも必要である。

②中ソ対決の一方に組みすることになる。危険なことではあるが、対ソ依存には更に危険なことである。

③日中国交正常化と共にソ連とも交渉に入り、北方領土の返還を持出し、若しソ連が領土問題解決ずみを主張するならば、中国に接近して「台湾は中国の一部であることに異議なく、千島は日本の一部であることに中国は支持をあたえる」と述べるのも一案である。

④台湾対策

輸銀、延払いは大いにやるべし。

但し在外公館は台湾に設置しないこと

出所:「日中国交正常化交渉について」(1972年8月15日)、『日與中共勾搭前後』、中央研究院近代史研究所檔案館、館藏號 11-01-02-04-02-092、舊檔號 005.22/0005、影像編號 11-EAP-00567。

【参考資料3】

［早坂茂三が伊藤昌哉に宛てた書簡］

（五〇・一・一三）

伊藤昌哉 様

早 坂 生

　先日は失礼しました。田中の話、早速、お送りするつもりでしたが、肝心のメモが見つからず、遅れてしまいました。悪しからずお許しください。
　例の構想、それとなく他の意見も聞いておりますが小生の叩き台をつくる前に、もう一度、大先輩のお考えを聞かせていただきたいと考えております。
　朝か夜にでも、ご自宅にご連絡いたします。
　寒さの折、ご自愛専一のほど願いあげます。

一、こんごの目標は、できるか、できないかは別として、大平政権の樹立に全力を挙げることだ。大平派には人はいない。しかし、オレのところにもいない。善幸はまだダメだ。二階堂、西村は、それ以下ということになる。オレが出ていくしかない。オレが自由に働らけるようになれば天下は大平に回ってくるかも知れない。

二、時代の動きが早くなった。三木政権は三月にガタがこよう。春斗、予算、選怯法、不況が目白押しだ。福田は三木に早く解散、総選挙をやれといっている。それが本心だ。選挙をやれば自民党は減る。三木は痛手を受けるのを延ばそうとするだろう。この七月までに総裁の公選規定は変えられまい。公選となれば現規定だ。その時、福田はもうすこし三木にやらせるだろうが。派内は許すまい。福田は単独で政権はとれない。しかし、起つということになれば、三木はオレに助けを求めてくる。その際、大平とどう調整をつけるか。大平派の派内問題が第一だ。福田を孤立させて徹底的に叩くためにはどういう道があるか。大平派がどう考えるかだ。
　福田は情勢が有利に動かないと判断すれば、理くつをつけて、あと一年くらいやらせようとかかるかも知れない。こんどの総裁は目茶苦茶なやり方で三木に決まったから任期は屁理くつで、何とでもなる。

三、中間派は大事にしなくてはいけない。椎名との関係をよくするのは大切なことだ。椎名は、こんどの政変で一応、うまくいったと思っていようが、三木政権は三月から夏にかけて破綻をみせるだろう。椎名は岸、福田とは握手していない。しかし、大平に悪感情を持っており、前尾とは、ますます良くなっている。こんどの組閣で黒金を使ったフシがあり、黒金はよくない役割を果たした。大平にたいする椎名の悪感情をなくさなければならない。

四、オレ自身の問題も早く片づけたい。いま田中派は九一名。これに江崎はじめ各派にいる者を含めると衆参合わせて百二十名になる。大きくなり過ぎた。実力者三人で養っている数だ。これはまだ減らない。一人平均年間七百万はかかる。もちろん選挙は別だ。誰にたいしても出ていってくれ。オレの政権はもうない——といいたいところだ。しかし、そういっても出ていく奴はいないだろう。他人の派の三、四倍はあるから、経営は容易でない。大平に二十名くらいはやりたい。残る奴は温情主義かも知れないが、若いものを中心に、あと一、二回、選挙の面倒をみなければならないだろう。

五、正直いってオレは政治に飽きた。しかし、大平を通さずに、三木から福田、あるいは中曽根に天下がいくようなことがあれば、やはり、戦わなければならない。こっちから党を割ることはないが、大変な戦争をしなければならないだろう。

　　三木は福田に突き上げられながら、場合によっては、自民党をとんでもないことにする可能性を持っている。野党に気に入られることは何でもやって、自民党がどうなってもいいという態度もとるだろう。あとになって考えると、あれが大間違いだったということも、三木はやるかも知れない。。

六、オレが退陣表明したあと、福田はオレに会いにきた。しかし、「やあ、やあ」というだけで、実に不謹真な態度だった。「失礼した。許してくれ」とは、いっていない。「角さん、これからもチョクチョクくるよ」といっただけだ。福田は退陣の前後、本人も含めて有田、坊、園田をオレのところによこした。彼らは要するに、いまのところ、オレを怒らせたくないという一語につきる。岸も含めてオレの命までは、どうやら、とろうとはしていない。

　　とにかく、こんどの退陣までは、チミモウリョウのオンパレードだった。福田の背後にいるのは、右翼、韓国、台湾、暴力団だ。オレは奴らのやったことは許さない。奴らは大麻、三木武吉、岸、河野一郎でさえもやらなかったことをやった。政治家としての仁義もふみにじった。

七、党内外の様子をみていると、オレにたいするやり過ぎの反省、同情がみえる。これか

らもやっていけるという感じだ。とにかく、オレは、大平のために今後、全力を挙げる。これは、人間として借りを返すためだ。

　大平のあとに誰がいるか──まだ、わからない。河野洋平は、しっかり者だと思うが、まだ先だ。ここ一、二年、お■れのやることは、それしかない。

以上

（注）■は解読不能。

出所：「早坂発伊藤昌哉様宛書簡」（1975年1月13日）、伊藤淳子所蔵。

人名索引

〔注〕脚注に登場する人物、参考・引用文献の著者は省略した。池田勇人、佐藤栄作、田中角栄のように頻繁に出てくる人物についても、主要箇所を除いて省いた。

【あ】

相川勝六 86
（愛知）和男 155
愛知揆一 45, 85, 102, 155
赤城宗徳 84
秋田大助 137, 161, 169, 172
秋山光路 189
浅尾新一郎 189
朝海浩一郎 80
浅利慶太 86
芦田 均 20
麻生太郎 252
足立篤郎 112
アデナウアー（Konrad Adenauer） 57, 58
阿部 穆 190, 205
安倍晋三 252
有田喜一 112

【い】

池井 優 256
池田勇人 11, 24, 29, 33, 35, 66, 69, 107, 159, 245
池田正之輔 67
石井光次郎 18, 37, 45, 66, 75
石田博英 147
石野久男 75
石橋湛山 22, 61
井出一太郎 110
伊藤博教 147
伊藤昌哉 248
（伊藤）淳子 248
伊東正義 206
井上正也 13
岩瀬 繁 148, 162

【う】

牛場信彦 79, 113
後宮虎郎 38
宇都宮徳馬 66, 137
宇野宗佑 249
宇山 厚 125, 144, 148, 165, 169, 172, 226
ヴェーバー（Max Weber） 17, 247

【え】

江鬮真比古 86, 88
江崎真澄 137
枝村要作 76
衛藤瀋吉 72, 154

【お】

王 暁雲 101

王　效賢　121, 211, 221
王　洪文　231
王　国権　82、201
大久保直彦　104, 115
大坪保雄　86
大野市郎　234
大野伴睦　66
大平正芳　13, 35, 99, 107, 111, 112,
　　114, 122, 137, 141, 153, 159,
　　167, 175, 189, 190, 192, 196,
　　198, 202, 205, 222, 227, 229,
　　246, 249
大森久司　156, 162
岡崎嘉平太　76, 105, 139
岡沢完治　85
岡田　晃　83
岡田春夫　103
小川平二　137
小倉和夫　156
小沢一郎　249
小沢辰男　100
小原育夫　201
小渕岩太郎　162
小渕恵三　249

【か】

海部俊樹　249
何応欽　34, 103, 150, 169
郭　沫若　219, 225
何　香凝　103
柯　振華　147, 148, 149, 150, 151, 156
春日一幸　86, 103, 233
加藤常太郎　162, 167
金丸　信　34, 110
鹿野彦吉　162

賀屋興宣　30, 45, 65, 138, 153
川上為治　162
川崎秀二　66, 105, 150, 175
川島正次郎　66, 69
川島　真　14
韓　念龍　194

【き】

木内昭胤　121
菊池義郎　162
岸　信介　16, 22, 29, 34, 45
北沢俊美　253
北沢直吉　45, 137
キッシンジャー（Henry A. Kissinger）
　　79
魏　道明　44, 46, 74
姫　鵬飛　195, 198, 202, 203, 205, 206,
　　211, 222, 223, 227, 229
木村四郎七　37
木村武雄　56
木村俊夫　137
靳　尚　219
金　蘇城　103

【く】

鯨岡兵輔　137
楠田　實　59, 78
楠　正俊　162
屈　原　219, 220
久野忠治　62, 66
栗山尚一　121, 189, 201, 203, 222,
　　252

【け】

倪　文亜　170

ケネディ（John F. Kennedy） 57, 58
厳 家淦 43, 71, 72, 74, 80, 126, 169

【こ】

小泉純一郎 250
（小泉）純也 250
江 青 231
高 宗 215
江 沢民 251
河野一郎 45, 66
江 培柱 122
高良とみ 22
辜 寛敏 144, 145
胡 錦濤 254
谷 正綱 33, 174
小坂善太郎 137, 174
辜 振甫 173
呉 祖禹 167
小谷秀二郎 126, 154
小平 忠 86
後藤新平 144
小長啓一 194
小村寿太郎 144

【さ】

桜内義雄 45, 192
佐々木更三 114, 192
佐々木良作 192
佐多忠隆 23
佐藤 昭 190
佐藤栄作 16, 45, 55, 59, 67, 69, 72,
　　75, 81, 99, 107, 118, 119, 140,
　　154, 245
（佐藤）寛子 56, 73
（佐藤）信二 56

（佐藤）龍太郎 56
サルトーリ（Giovanni Sartori） 247

【し】

椎名悦三郎 45, 143, 155, 156, 161,
　　165, 167, 171, 174, 192, 233, 248
（椎名）素夫 164
重宗雄三 75
島 重信 38
清水 麗 14
周 恩来 61, 63, 70, 79, 80, 85, 100,
　　103, 104, 107, 113, 117, 118, 119,
　　120, 121, 127, 139, 170, 193, 194,
　　195, 196, 199, 200, 202, 206, 207,
　　208, 210, 211, 218, 223, 225, 227,
　　229, 231, 247, 252
周 書楷 85
周 彤華 167
周 斌 205, 221
朱 熹 219
周 鴻慶 36, 40, 45, 245
蔣 介石 30, 35, 38, 40, 42, 44, 45,
　　72, 73, 75, 119, 149, 156, 161,
　　168, 172, 175, 177, 199, 226
蔣 経国 14, 75, 126, 146, 149, 152,
　　171, 172, 173, 223
肖 向前 103, 115, 122, 123, 124, 174
章 宗 193
襄 王 219
ジョンソン（Lyndon B. Johnson） 67,
　　76
ジョンソン（Johnson U. Alexis） 80
白土吾夫 85

【す】

スカルノ（Sukarno） 69
杉原（正） 189
鈴木善幸 192, 249
砂田重民 162
スハルト（Soeharto） 75

【せ】

齊世英 153, 154
銭 復 174

【そ】

宋 時選 147
宋 中 79
添谷芳秀 12
曽祢 益 21
孫 運璿 150
孫 文 103
孫 平化 122, 123, 124

【た】

高碕達之助 34, 76, 139, 191
高島益郎 189, 195, 198, 203, 252
高橋季義 156
高見三郎 162
田川誠一 63, 76, 78, 105, 123, 137
田口忠男 162
竹入義勝 82, 103, 114, 116, 127, 192, 233
竹下 登 162, 249
竹山祐太郎 67
田中明彦 12
田中角栄 13, 99, 103, 108, 109, 110, 112, 137, 140, 142, 153, 161, 175, 189, 193, 196, 203, 205, 218, 223, 226, 227, 229, 231, 234, 245, 249
田中龍夫 34
谷口雅春 149
玉置和郎 149, 234
ダレス（John F. Dulles） 21

【ち】

千葉三郎 34, 86, 153,
張 玉鳳 220
張 群 34, 35, 43, 45, 46, 74, 81, 125, 147, 148, 149, 176
張 香山 200, 208
張 春橋 231
張 宝樹 149
張 厲生 30, 36
陳 建中 37, 43, 153
陳 江章 156
沈 昌煥 30, 43, 44, 71, 145, 148, 149, 151, 153, 165, 166, 169, 170, 226, 232

【つ・て】

塚田十一郎 137
鄭 彦棻 126
丁 民 191

【と】

唐 家璇 122
唐 聞生 201, 211
頭山統一 162
富樫左衛門 173
ド・ゴール（Charles de Gaulle） 32, 57

人名索引　291

【な】

中江要介　147, 162, 169, 172
中川一郎　153
中嶋嶺雄　83, 220
中曽根康弘　99, 122, 248
中野四郎　234
中村弘海　162, 167
中山正暉　234
灘尾弘吉　63, 151
七海祥朗　162
成田知巳　233
鳴海国博　189
南漢宸　22, 62, 63

【に】

二階堂進　110, 124, 167, 189, 192, 195, 196, 203, 211, 221, 231
ニクソン (Richard M. Nixon)　15, 76, 79, 80, 82, 100, 140, 141, 142, 143
西田(真也)　189
西村英一　111
二宮文造　103
鈕乃聖　144, 232

【ね・の】

ネ・ウィン (Ne Win)　75
野田武夫　78

【は】

萩原吉太郎　143
橋本登美三郎　56, 69, 111, 123, 192
橋本恕　101, 113, 122, 144, 156, 189, 190, 200, 203, 207, 209, 225, 252

橋本龍太郎　249, 250
羽田孜　233
服部龍二　13
鳩山一郎　22
鳩山由紀夫　252, 254
羽生三七　78
浜田幸一　162, 167, 234
早坂茂三　99, 128, 194, 248
ハーター (Christian A. Herter)　56
パーソンズ (James G. Parsons)　56

【ひ・ふ】

日野吉夫　192
卑弥呼　220
福井勇　162
福田赳夫　16, 34, 66, 84, 99, 108, 111, 153, 248, 249
福田康夫　252
福永一臣　162, 167
藤井宏昭　189
藤尾正行　138, 234
藤山愛一郎　66, 69, 88, 123
藤原弘達　115
武則天　215
船田中　37, 45
麓邦明　100
古井喜実　67, 76, 78, 107, 121, 123, 137
古川万太郎　12,
フルタク (Zyamunt Furtak)　86
文王　213

【ほ】

帆足計　22
法眼晋作　113, 154, 225

彭 真　64
彭 孟緝　124, 146, 154, 172, 226
堀田庄三　86
保利 茂　83, 84

【ま】

マイヤー（Armin H. Meyer）　82
前尾繁三郎　83
マクナマラ（Robert S. McNamara）　86
マコノギー（Walter P. McConaughy）　80
正木良明　116, 127
松浦周太郎　110
松沢俊昭　114
松田康博　14
松野頼三　56, 84
松村謙三　18, 34, 67, 69, 82, 139
松本彧彦　146, 162
松本俊一　139
真鍋賢二　190
マンデス゠フランス（Pierre Mendès-France）　86

【み】

三池 信　112
三木武夫　66, 68, 69, 75, 88, 99, 110, 112, 122, 233, 249
水野 清　149
源 頼朝　173
美根慶樹　197, 199
美濃部亮吉　83
宮腰喜助　22
宮沢喜一　245, 249

【む】

武蔵坊弁慶　173
陸奥宗光　255
村上 勇　162, 169, 172
村田良平　79

【も】

毛沢東　19, 85, 100, 119, 120, 127, 210, 212, 213, 215, 216, 217, 219, 221, 222, 254
毛利松平　37, 43, 110
森田 一　101, 189, 190, 223, 247
森 喜朗　249

【や】

安岡正篤　159, 220
安川 壮　80
矢次一夫　86
矢野絢也　87
矢吹 晋　220
矢部貞治　255
山岸一平　146
山田久就　137
山村新治郎　162

【よ】

楊 永明　14
楊 振亜　251
楊 西崑　147
姚 文元　231
横瀬昌博　162
吉田健三　174, 189
吉田 茂　19, 40, 55, 245
吉村和子　40

【ら・り・ろ】

ラール（Rolf Otto Lahr）　59
ラスク（Dean D. Rusk）　67，68
李　煥　150
劉　維徳　145
劉　希文　78
梁　粛戎　153，154
廖　承志　34，63，103，116，117，121、
　　122，211，213，214
廖　仲愷　103
林　金莖　14，171，225
林　麗韞　201
ロジャーズ（William P. Rogers）　79，
　　80，84
ロストウ（Walt W. Rostow）　60

【わ】

若山喬一　162
渡辺美智雄　138，153
渡邊満子　190
綿貫民輔　162

謝　辞

　本書は拓殖大学大学院国際協力学研究科に提出した博士論文「『国内問題』としての『日中問題』：日中国交正常化の政治過程と日台関係1960-1972」に若干の加筆・修正を施したものである。その下地は2012年9月に出版した『日中国交正常化と台湾：焦燥と苦悶の政治決断』（北樹出版）だが、博士論文執筆中、新たな文献・資料を入手し、さらに想定外の知られざるエピソードの発見が相次ぎ、事実上の書き下ろしとなった。

　　　　　　　　　　　　　　　＊

　本書が完成するまでには実に多くの方々からのご支援、ご協力を賜わった。博士論文の審査では、主査の佐藤丙午（へいご）先生、副査の川上高司（たかし）先生、名越健郎（けんろう）先生、小枝義人（こえだよしと）先生（千葉科学大学）から温かくも厳しいご指導を頂戴した。

　「教養人」という形容詞が最も似合う佐藤先生には、普段の何気ない会話の中からも知的刺激を受けることが多い。博士論文執筆過程でも、しばしば相談に応じて下さり、的確なアドバイスをいただいた。

　ようやく完成した博士論文を先生に手渡してから約1ヵ月後のことである。膨大な付箋を貼った博士論文が返ってきた。そこには誤字脱字に加え、事実関係の間違いや矛盾点、疑問点を指摘する鋭いコメントが細かく記されていた。それからは何度も直しては先生に確認してもらうという作業を繰り返した。頭がパンクしそうになるほど重い「宿題」を与えられこともあったが、その甲斐あって、内容が徐々に洗練され、自分なりに満足のいくものに仕上がった。

博士論文執筆は、いずれ取り組まなければならない課題であることは分かってはいたものの、日常業務の忙しさを理由に後回しになっていた。そんな筆者の背中を押して下さったのが川上先生である。

　忘れもしない2016年4月4日、本学八王子国際キャンパスで行われた入学式の帰りにJR立川駅近くにあるホテルのティーラウンジでコーヒーを飲みながら雑談を楽しんでいた時、言わば「業務命令」として博士論文執筆のご指示があった。執筆開始後は随時、進捗状況をお伝えし、その都度、有益なコメントを頂戴した。川上先生の後押しがなければ間違いなく先送りになっていたと思う。

　これまで筆者は、理論に囚われ、現実から遊離しがちな政治学を含む文系アカデミズムを少しでも実学へとシフトさせなければならないとの思いを抱きながら、できるだけ現場に赴き地に足の着いた研究に取り組んできた。正統派から見れば邪道であろうし、天に唾するようなものなのかもしれない。

　そのような筆者のスタンスを誰よりも理解して下さっているのが名越先生である。先生は35年間、報道界において社会の病理、世の中の不条理と戦い続けてきたジャーナリストでもある。博士論文執筆に際しても、筆が進まなくなると先生の研究室に出向き相談に乗っていただいた。筆者にとって何よりの「精神安定剤」となった。

　学外から審査に加わって下さった小枝先生には筆舌に尽くし難い学恩を受けている。先生と筆者は年齢差25歳と、親子ほども離れているが、大学院在学中に一緒に机を並べて学問に勤しんだ「同級生」でもある。

長年に亘って政治ジャーナリズムの世界に身を置き、リアルタイムで永田町の動向を追い続けてきた先生の専門分野は日本政治であるが、中国・台湾問題にも造詣が深く、本書と同じ日中国交正常化に関するものも含め、何本もの関連著書・論文を発表している。博士論文執筆時は内容だけでなく、論理構成、分析枠組み、文章表現に至るまで「鬼教官」となってご指導いただいた。

　手元の外交史料だけでは不十分故、途中、何度か台湾にも飛んだ。アシスタント役を買って出てくれたのは教え子で国立政治大学に留学中の権田猛資君である。権田君は筆者が必要であろう外交史料を事前に集め、フィールドワークでも、毎回、最初から最後まで筆者に同行してくれた。

　大勢の台湾の友人にも支えられた。何思慎（輔仁大学）、邱榮金（淡江大学）、許宏徳（国立高雄科技大学）、蘇振源（台北市台日経貿文化交流協会）、陳永峰（東海大学）、姚銘偉（成蹊社）、劉慶洲（高雄市台日経貿文化交流協会）の諸先生・諸氏、台北駐日経済文化代表処の皆様、特に朱文清、蘇啓誠の両氏から有形無形のお力添えを賜わった。

　今から10年ほど前、在外研究のため、数回に亘って中国に長期滞在した際にサポートして下さった湯重南先生（中国社会科学院）にも心からお礼申し上げたい。当時、現地にて収集した文献・資料も博士論文執筆に際して大いに活用できた。

　博士論文執筆過程には直接は関わっていないが、これまで筆者を育てて下さった皆様にも感謝申し上げたい。まずは拓殖大学という最高の研究環境を与えて下さった福田勝幸、森本敏、小倉克彦、川名明夫の諸先生・諸氏である。

中でも「推薦の言葉」を寄せて下さった森本先生は、筆者にとって人生の恩人であり師である。先生なくして今の筆者は存在しない。
　幹（専門分野）を伸ばし、枝葉（専門外分野）を広げよ……。初対面の際に先生からいただいたお言葉である。政治学を究めると同時に、あらゆるテーマに精通するゼネラリストを目指すよう仰った。元防衛大臣で、日本を代表する安全保障問題のスペシャリストでもある先生の学識には驚嘆するばかりか畏怖の念すら覚える。
　博士論文執筆中も、たくさんの建設的なアドバイスを頂戴した。偏屈な理論を振り翳し、専門用語を多用して自己満足、自己陶酔に陥ることなく、常に読み手のことを意識しながら書き進めよとのご指摘は、筆者の胸に最も響いた一言だった。
　開発経済学の第一人者で中国・台湾問題の碩学である渡辺利夫先生には日頃から研究を進めていく上での貴重なご助言を賜わっている。故人となられた遠藤浩一、花岡信昭の両先生には公私に亘って数々のご厚情をいただいた。所属先である海外事情研究所の諸先生・諸氏、事務的サポートして下さっている研究支援課の方々にも深甚なる謝意を表したい。
　学問の世界に入って以降、研究発表、共著書の執筆といったチャンスにも恵まれた。何より田村重信先生（自民党政務調査会）は筆者が最も苦しんでいた時期に物心両面で支えて下さった。ここまで研究を続けることができたのも先生の励ましによるところが大きく、感謝してもし切れない。
　大学院在学中から出入りしている日本戦略研究フォーラムの長野俊郎・禮子夫妻にも言葉には言い尽くせぬほどの温情を賜わっている。日本臨床政治

学会の諸先生・諸氏、取り分け藤本一美（かずみ）（専修大学）、浅野一弘（かずひろ）（札幌大学）の両先生には各種研究プロジェクトへの参加の機会を何度も頂戴した。学問の面白さと厳しさをご教授下さった山内和夫（やまうち）先生（東海大学）、いつも温かい眼差しで筆者を応援して下さる榊原喜廣（さかきばらよしひろ）先生（青森中央学院大学）にも感謝申し上げたい。

　本来であれば、他にもお名前を挙げなければならない方々が大勢いるが、紙幅の都合により、それが叶わなかった。どうかご容赦いただきたい。

*

　本書の刊行に際しては、拓殖大学研究叢書出版助成をいただくことができた。審査をして下さった研究所運営委員会の諸先生に記して謝意を表したい。厳しい出版事情の中、快く本書の出版をお引き受け下さった一藝社の菊池公男、小野道子、松澤隆の諸氏にも厚くお礼申し上げたい。

　最後になるが、家庭を犠牲にして研究に没頭する筆者を辛抱強く支えてくれている妻・紀子と息子・航大、今日に至るまで最大限の支援をしてくれた両親、家族に感謝したい。今後も引き続き皆様からの叱咤激励を糧に新たな研究課題に取り組んでいきたいと思う。

2018年初春

丹羽 文生

[著者紹介]

丹羽 文生 (にわ・ふみお)

拓殖大学海外事情研究所准教授
博士 (安全保障)

1979年、石川県生まれ。
東海大学大学院政治学研究科博士課程後期単位取得満期退学。
作新学院大学総合政策研究所研究員等を経て現職。
この間、東北福祉大学、青山学院大学等で非常勤講師を務める。
2017年から拓殖大学海外事情研究所附属台湾研究センター長。
著書に『日中国交正常化と台湾：焦燥と苦悶の政治決断』(北樹出版) 等多数。

装丁 —— アトリエ・プラン

「日中問題」という「国内問題」
―― 戦後日本外交と中国・台湾 ――

2018年2月1日　初版第1刷発行

著　者　丹羽 文生

発行者　株式会社 一藝社
発行所　菊池 公男
〒160-0014　東京都新宿区内藤町1-6
Tel. 03-5312-8890　Fax. 03-5312-8895
e-mail : info@ichigeisha.co.jp
website : http://www.ichigeisha.co.jp
振替　東京 00180-5-350802

印刷・製本　モリモト印刷株式会社

©Fumio Niwa
2018 Printed in Japan
ISBN 978-4-86359-162-2　C3031

乱丁・落丁本はお取り替えいたします